上海三联人文经典书库

编委会主任　　陈启甸

主　　编　陈　恒　黄　韬

编　委　会　（以姓氏笔画为序）
　　　　　　于　沛　　王　旭　　王晋新　　王晓德
　　　　　　王海利　　王晴佳　　卢汉超　　刘　昶
　　　　　　刘北成　　刘津渝　　刘新成　　向　荣
　　　　　　江晓原　　宋立宏　　张绪山　　张　强
　　　　　　李剑鸣　　杨巨平　　杨熙楠　　汪民安
　　　　　　范景中　　陈　新　　陈仲丹　　陈志强
　　　　　　陈　淳　　林子淳　　林在勇　　金寿福
　　　　　　侯建新　　查常平　　俞金尧　　贺照田
　　　　　　赵立行　　夏可君　　徐晓旭　　晏绍祥
　　　　　　高　毅　　郭小凌　　郭长刚　　钱乘旦
　　　　　　黄　洋　　彭　刚　　彭小瑜　　韩东育
　　　　　　魏楚雄

国家出版基金项目
NATIONAL PUBLICATION FOUNDATION

上海三联人文经典书库

98

欧洲文艺复兴的人文主义和文化

[美]查尔斯·G. 纳尔特 （CHARLE G.NAUERT） 著

黄毅翔 译

HUMANISM AND THE CULTURE OF RENAISSANCE EUROPE

上海三联书店

"十三五"国家重点图书出版规划项目

国家出版基金资助项目

总　序

陈　恒

　　自百余年前中国学术开始现代转型以来,我国人文社会科学研究历经几代学者不懈努力已取得了可观成就。学术翻译在其中功不可没,严复的开创之功自不必多说,民国时期译介的西方学术著作更大大促进了汉语学术的发展,有助于我国学人开眼看世界,知外域除坚船利器外尚有学问典章可资引进。20世纪80年代以来,中国学术界又开始了一轮至今势头不衰的引介国外学术著作之浪潮,这对中国知识界学术思想的积累和发展乃至对中国社会进步所起到的推动作用,可谓有目共睹。新一轮西学东渐的同时,中国学者在某些领域也进行了开创性研究,出版了不少重要的论著,发表了不少有价值的论文。借此如株苗之嫁接,已生成糅合东西学术精义的果实。我们有充分的理由企盼着,既有着自身深厚的民族传统为根基、呈现出鲜明的本土问题意识,又吸纳了国际学术界多方面成果的学术研究,将会日益滋长繁荣起来。

　　值得注意的是,20世纪80年代以降,西方学术界自身的转型也越来越改变了其传统的学术形态和研究方法,学术史、科学史、考古史、宗教史、性别史、哲学史、艺术史、人类学、语言学、社会学、民俗学等学科的研究日益繁荣。研究方法、手段、内容日新月异,这些领域的变化在很大程度上改变了整个人文社会科学的面貌,也极大地影响了近年来中国学术界的学术取向。不同学科的学者出于深化各自专业研究的需要,对其他学科知识的渴求也越来越迫切,以求能开阔视野,迸发出学术灵感、思想火花。近年来,我们与国外学术界的交往日渐增强,合格的学术翻译队伍也日益扩大,同时我们也深信,学术垃圾的泛滥只是当今学术生产面相之一隅,高质量、原创作的学术著作也在当今的学术中坚和默坐书斋的读书种子中不断产生。然囿于种种原因，人文社会科学各学科的发展并不平衡，学术出版方面也有畸轻畸重的情形（比如国内还鲜有把国人在海外获得博士学位的优秀论文系统地引介到学术界）。

　　有鉴于此，我们计划组织出版"上海三联人文经典书库"，将从译介西学成果、推出原创精品、整理已有典籍三方面展开。译介西学成果拟从西方近现代经典（自文艺复兴以来，但以二战前后的西学著作为主）、西方古代经典（文艺复兴前的西方原典）两方面着手；原创精品取"汉语思想系列"为范畴，不断向学术界推出汉语世界精品力作；整理已有典籍则以民国时期的翻译著作为主。现阶段我们拟从历史、考古、宗教、哲学、艺术等领域着手，在上述三个方面对学术宝库进行挖掘，从而为人文社会科学的发展作出一些贡献，以求为21世纪中国的学术大厦添一砖一瓦。

欧洲文艺复兴的人文主义和文化

在这份修订后的经典文本中,查尔斯·纳尔特(Charles Nauert)对人文主义的兴起进行了梳理和描绘。在他的笔下,人文主义是欧洲文艺复兴时期社会、政治和精英知识阶层的一种独特文化现象。他讲述了人文主义在拥有独特的社会和文化状况的十四世纪意大利的发端,以及从十五世纪后期开始逐步渗透整个欧洲的过程。他表明,尽管开端具有精英主义色彩,但人文主义在十五和十六世纪成为大众文化和高雅艺术的中坚力量,也对新教和天主教改革造成巨大的影响。他以主要作品和简要生平为要素勾勒出文艺复兴中的关键人物,为本书增添一抹亮色;并以人文主义的局限和在文艺复兴末期的最终转型对本书作了总结。这部全面讲述人文主义文化发展和意义的著作是学习欧洲文艺复兴的必读读本。

查尔斯·G.纳尔特是密苏里大学(哥伦比亚校区)历史学荣休教授。他发表的论述包括一些有关宗教改革前的学术和宗教争议的论文,以及《文艺复兴和宗教改革的时代》(*The Age of Renaissance and Reformation*,1977)一书。

目 录

插图一览

序

　　本书旨在全面讲述欧洲(包括北欧和南欧)人文主义文化在文艺复兴时期的发展和意义。从二战结束开始,超过一代学者孜孜不倦地研究,构成了本书问世的基石。当时,由雅各布·布尔克哈特(Jakob Burckhardt)奠定的、对文艺复兴文明的传统定义和描绘饱受批评,使文艺复兴的含义乃至其本身的存在受到严重质疑,很多历史学者甚至不再使用这一术语。对于这一现象,华莱士·K.弗格森(Wallace K. Ferguson)所著《历史思考中的文艺复兴》(*The Renaissance in Historical Thought*,1948)一书作了精彩的呈述。在这场史学大震荡之后,我写的一篇论文系统性地回避"文艺复兴"这一棘手的术语,而评审委员会中无人反对我的做法,甚至连提都没提。但是,从文艺复兴时期的历史中抹去"文艺复兴"和"人文主义"的做法是行不通的。在修改这篇论文,把它加入一本研究16世纪智识领域问题的书作时,我意识到这一点;当我为五十分钟的课堂讲座备课,准备向学院新生解释何为文艺复兴时,这份认识就更加深刻了。不管历史学者是否喜欢"文艺复兴"和"人文主义"的概念,这两个词所约定俗成地适用的那几个世纪是真实存在,也必须面对的。因为这几百年的历史对西方社会和文明的后续发展有着重大的影响。

　　在教学和编写本书的过程中,我得到无数学者的指引,是他们追本溯源,提炼出种种素材,后人方能从中得出关于人文主义文化及其历史意义的可信记述。关于我对这个时期的看法和思考,起到关键影响的有和我素未谋面的特奥多尔·E. 蒙森(Theodor E.

Mommsen)笔下数篇促人深思的文章,还有汉斯·巴龙(Hans Baron)、保罗·奥斯卡·克里斯特勒(Paul Oskar Kristeller)的著述和鼓励,以及我的导师威廉·J.鲍斯马(William J. Bouwsma)。继续罗列人名将是一种冗赘,因为整整一代同僚都是我学习的对象。他们的名字多可在参考书目中找到,以我的庸才,唯恐有负椽笔之托。

viii

我应特别感谢密苏里大学历史系的同僚,尤其要谢谢他们免去我一年的教学职责,得以专攻此书。最后,我要把这本书献给妻子简,还有爱子保罗、约恩。

第二版序

第一版问世已有十年,藉着修订第二版的机会,我得以对文本作一些改动。部分改动在细微处,只为改善表述的清晰和可读性;新版的参考书目中也显然会增加一些第一版成书后才问世的重要著述。但有三处重大的改动。首先,因为一些有关意大利教育的新著述问世,我重新考虑了该主题的表述方式,并在新版中将它编入第二章。不幸的是,关于意大利文艺复兴的"教育革命",我们的认识愈发复杂,但修订版依然坚持,意大利文法学校的教育性质在十五世纪发生了显著的转型。第二,有关我所称的意大利前人文主义和"城市人文主义"(假如确实存在)在意大利文艺复兴发展中的作用,新的著述让我有了新的认识,但对于十五世纪佛罗伦萨政治史和智识史之间存在决定性的历史关联这一基本概念,我依然未能信乎。由于这两方面的修订,原本的第一章分成了第一、第二两章,开场白是作为精英阶级主流文化的人文主义的兴起——不仅在佛罗伦萨,而是覆盖整个意大利。新版第二章的主题是人文主义的兴起和其推动力(如教育)。

第三处改动是添加新内容(也在第二章),和女性在文艺复兴人文主义中的作用有关。这是响应第一版的某位博识的评论者的抗议,也是我本人对于现状的反应,在我所教授的这代人当中,女性史已然兴起,成为一门重要的历史学专业课题。总体上,这一史学兴趣的转变在社会史领域带来的成果最为丰硕;在文化和智识史方面,专注女性的研究所获有限,多是只鳞片甲。虽然我在书中举出一些例子,表明确有女性以人文主义的博学为追求,还有更多女性成为成功的通俗作家,但在智识领域,这段历史中的女性依然被排挤到边缘。精通拉丁文(最好还精通希腊文)是涉足人文主义学习的必备关键,除了极少数高门大户的女儿,这一条件把几乎所有具备学术潜力的女性挡在门外。女性人文主义学者寥寥无几,而且连她们也被边缘化。对于使用通俗语言创作的女作家,情况要略好一些。通俗语的普及、古典文学当代语译本的增多,以及最重要的一点——印刷业的兴起,使不少有学识、有恒心的女作家获得认可。她们数量不多,但至少代表着女性活跃于文学领域的开端。

我要再次感谢家人和密苏里大学的同僚,也感谢剑桥大学出版社的诸位编辑对本书的兴趣和帮助。

引 言

翻开一本历史书,读者最不希望看到的,就是各种学派因解读不同而产生的史学争论。但是,面对文艺复兴时期的人文主义,任何严肃的读者都需要了解学术界从 1860 年至今所走过的路、如今又身在何方。1860 年,瑞士历史学家雅各布·布尔克哈特(Jakob Burckhardt)在其文化史杰作《意大利文艺复兴的文明》(*The Civilization of the Renaissance in Italy*)中第一次提出"文艺复兴"和"人文主义",在各种关键术语中,这两个概念长期占据主导地位。现在,绝大多数专家不会无条件赞同他对那个时代的描述,但当时,这本著作对同代人极有吸引力,至今也依然是一块丰沛的矿藏。

布尔克哈特的著述很快让文化群体遐想联翩,因为它凭借扎实的学识巧妙地综合了几个世纪以来蓄积的、有关文艺复兴的各种观点,这种兴趣在启蒙时代尤其强烈(弗格森,1948)。可以说,布尔克哈特为一篇本已人尽皆知的故事盖棺定论,为它编纂出一直缺失的、有力且通彻的表达。而这则故事,或者说历史之谜,是十八、十九世纪的世俗智识界为自身的信仰和价值探寻起源的产物。根据这则故事,公元五世纪古文明崩塌后,黑暗和野蛮持续整整一千年,其间,基督教会同时扮演两种角色,一是保存寥寥无几的古文明残余,二是压制一切可能削弱上层教士和武力贵族对一般民众身心控制的智识或宗教复兴。但最终,商业和城市生活的兴起(其理由解释寥寥)为古代文学的再发现打下根基,同时也为世俗的,乃至反宗教的价值观打下根基。在重新发掘出的古代非宗教文学的有力支撑下,这些价值观构成了一套全新的、具有明显近现代气息的生活哲学,弘扬个体、赞美尘世的诱惑。这套世俗的个人

2　　主义价值观从根本上不见容于基督教信仰。这一世俗人生哲学被
　　　称为"人文主义",标志着一个从古代汲取主要思想和启迪的高等
　　　文明的彻底重生,而这一重生就是"文艺复兴"。在这套人文主义
　　　哲学的启迪下,人们挣脱封建的、前资本主义欧洲的社会和经济桎
　　　梏,打破教士权柄,抛开政治的伦理约束。近代专制世俗国家的出
　　　现,甚至文艺复兴末期自然科学的巨大发展,都离不开他们所打下
　　　的根基。概言之,他们终结了中世纪,也是近代世界的先驱。这则
　　　故事其实很简单。以世俗方式思考的智识分子尤其被它所吸引,
　　　直至今日,他们依然常自称为"人文主义者"。从布尔克哈特著作
　　　问世直到二十世纪中叶,这则故事主导着文艺复兴人文主义的普
　　　遍观念。它只有一个重大缺陷:从整体主旨到每个细节全都不真。

　　　　　更早的文艺复兴人文主义的叙述真假参半,使这套理论看起来
　　　足够可信。相当微妙的是,它的创造者雅各布·布尔克哈特对于
　　　当时物质至上、渴求权力的资产阶级文化并非毫无批判。他的杰
　　　作比过去的简单记述要精妙得多。之后整整两个世代的每一篇文
　　　艺复兴著述都接受他的结论,无人认真质疑。但二十世纪出现了
　　　反"布尔克哈特主义"正统学说的思潮,一是因为新研究动摇了他
　　　的一些具体观点,也是因为血腥暴力的二十世纪史让世人无法再
　　　轻易接受布尔克哈特的著述所蕴含的奔放乐观的进步信念。

对布尔克哈特文艺复兴观的抨击

　　　　　在二十世纪的反布尔克哈特思潮中,中世纪史的学术发展有特
　　　别重要的意义,这使得任何见识不再闭塞的历史学者都不能不怀
　　　疑一个传统认知:中世纪是黑暗野蛮的时代。在原本的认知中,文
　　　化"黑暗"的中世纪和启蒙且"现代"的文艺复兴时代之间有着黑白
　　　分明的界线,随着中世纪学者的发现,这条界线渐渐消散。他们发
　　　现,中世纪具备所有应属于文艺复兴的关键特征,文艺复兴时代也
　　　有很多传统要素,证明中世纪依然延续。中世纪学者发现,文艺复
　　　兴(即古典复兴)在"他们"研究的时段——卡洛琳王朝的法兰西、
　　　盎格鲁撒克逊时期的英格兰、奥托王朝的日耳曼——同样存在。不
　　　过在整个中世纪,意大利都没有文艺复兴的痕迹,也许这一事实有

其重要的含义。其中的一段——"十二世纪文艺复兴",已在历史学用语中牢牢占据一席之地。美国中世纪史学大家查尔斯·霍默·哈斯金斯(Charles Homer Haskins)的著述《十二世纪的文艺复兴》(*The Renaissance of the Twelfth Century*, 1927)使它成为一个权威概念。哈斯金斯认为,"文艺复兴"一词,作为一个代表高等文明兴起、包含对古典拉丁文学的巨大热情的概念,是十二世纪的明显特征,而且这一文化复兴是后续欧洲文明的直系祖先。其他学者进一步声称,真正意义上的、标志着欧洲从蒙昧到进步的根本转变的文艺复兴,并不发生在十四世纪后期的意大利,而是在十二世纪的法兰西。二十世纪四十和五十年代,甚至有人怀疑文艺复兴是否真正存在过。

尽管争议犹存,"文艺复兴"这一术语和概念还是沿袭至今。主要原因在于,不管历史学者用什么术语,都不能为了争论合适的用词,而对布尔克哈特所描述的那段历史的真实视而不见。大量新研究的涌现极大丰富了史学者对该时期的认知。五十年代,这些研究催生出对文艺复兴文化的新思考,以及定义"人文主义"、"文艺复兴"等基本概念的新思考。在统合这一新研究的过程中,迈伦·P.吉尔摩(Myron P. Gilmore, 1952)、德尼斯·海(Denys Hay, 1961;第二版,1977)的著述是重要的前期贡献。很多批评布尔克哈特的学者仅仅致力于否定其术语的适用性,而非探讨该时期的主要特征。现在,任何严肃学者都不相信,意大利文艺复兴之前的欧洲在黑暗、野蛮和迷信中沦陷了一千年。彼特拉克等人文主义者宣称,他们在一千年的文化黑暗后恢复了文明。这话并没有说错。对于文艺复兴时代,这份宣言可能蕴含着深刻的真相。但对于中世纪而言,这么说显然是错的,错到如今任何有一定发言权的历史学者都无法认同。

因此,对于任何想理解文艺复兴时期人文主义文化的人而言,首先要明白文艺复兴的高等文明从中世纪的高等文明中发展而来,也始终留有这一起源的印记。研究中世纪的学者至少有一点是对的:文艺复兴不是西方文化蓬勃兴盛的起点,而是一个已有两三百年历史的发达文明在方向上的重大调整。如哈斯金斯无可争议的论述所言,在中世纪盛期的学校里,很多古罗马重要作家的名字不仅为人所知,且相当有名。但从十三世纪开始,所有大学课程都以古代最伟大的哲学家之一、亚里士多德的著述为基础。很多人认为,人文主义是与虔诚的经院哲学敌对的世俗哲学,并在文艺复兴时期取代了后者。这一定义并不准确。首先,我们会在后文中详述,人文主义根本不是哲学。纵观整个文艺复兴时期,在哲学和自然科学的专业研究领域,经院主义(以及亚里士多德)保持着不可动摇、几乎无可挑战的统治地位,一直持续到伽利略和笛卡尔的时代,也就是亚里士多德科学垮台的时代。人文主义文化没有产生替代经院主义的新哲学,后者不仅继续存在,而且还沿着自身的轨道发展,保持着思辨合理性,并继续取得哲学成果。

但布尔克哈特正确地意识到新文化的崛起,也至少找到了崛起的一大渊源。本书第一部分把意大利的新人文主义文化和一套独特的社会、政治和经济状况联系到一起。乍看之下,这种新文化只是十七世纪晚期意大利北部资本主义、贸易和城市崛起的反映。但这种纯唯物论的解答有难以自圆其说之处,最明显的一点在于年代。城市发展和贸易扩张可以追溯到十一世纪。为什么新文化直到十四世纪末才吸引到大批追随者呢?现在,很多研究该时期的历史学者确信,十四世纪四十年代见证了新资本主义经济的第一次大萧条,甚至可以说,新文化发展的开端,正和资本主义经济漫长衰落期的开端吻合。不管怎么说,资本主义的诞生和新人文主义文化之间并没有显然的关联。

意大利独有的社会特质

但十二和十三世纪的意大利确实是欧洲发展程度和城市化程度最高、最富庶的区域。在阿尔卑斯以北,这两个世纪的经院哲学、哥特艺术和世俗文学,与统治中世纪的教会及封建贵族有明显的关联。意大利没有完全脱离这种旧派的贵族和宗教文化。但哥特艺术和建筑从未完全主宰意大利;在巴黎兴起的经院主义,自第一批人文主义者活动的时期进入意大利大学之后,一直都不是意大利文化中的主导元素(至少在十六世纪后期的保守天主教改革之前）。

　　在比较活跃的意大利北部，主导文化的不仅有教会和封建贵族，还有城市富商；十二、十三世纪，北方各城联合教皇，打破了自称罗马皇帝、试图控制意大利北部的日耳曼诸王的军事和政治藩篱。意大利不仅像法兰西和英格兰那样发展出以封建制度为基础的、强大的中央化君主政体，还有林林总总的、**事实上**（*de facto*）享有独立的共和城邦，布尔克哈特对此作了一定篇幅的阐述。虽然这些城市共和体的居民信奉天主教，还时不时被一波波宗教复兴浪潮所裹挟，但教会在意大利城市中处于边缘化的地位。城市被富商、从业者和工匠统治，但在十三世纪，越来越多的城市服膺于为阶级内部冲突和外部入侵提供保护的军阀领主。

　　在这种基于个人财产和私人契约的社会里，最重要的受教育群体是工商业活动的经办人。他们就是律师和文书员，从事规章和书面合同的拟定和解释，以此促成大宗业务。随着意大利资本主义的发展，社会迫切需要起草、记录、鉴别契约及信函的技能。满足这些需求的人就是文书员，这些专门家不需要接受法律学校漫长而昂贵的教育，只通过培训掌握拉丁文法，以及名叫**函撰**①（*ars dictaminis*）的修辞风格。这种信函书写和法律文书起草培训往往采取学徒制的形式，但在帕多瓦、博洛尼亚等法律学习中心，一些职业教师不仅传授正确的公文书法，还提供一些罗马法方面的指导。起先，文书员只要掌握读写能力就能胜任。但随着意大利商贸交易的规模扩大和复杂化，以及城市男性识字率的不断提升，职业文书员必须有别于泛泛，掌握更复杂的技能，例如精通法庭用语拉丁语、引用经籍和教会名篇润饰文案等等。此外，由于律师和文书员对罗马法有学以致用的需求，促使他们不仅发展出对古代法律的兴趣，也产生了对古代语言、文学、制度和习俗的兴趣。自诩为新文化事业领袖的文艺复兴人文主义者常把彼特拉克和薄迦丘视为开拓者，但他们有时也向十三世纪末期的先驱致敬。这些先驱（现在有时被视为人文主义者）不是律师就是文书员，这不是单

5

6

---

①　信函文书书写，特指信函，与另一种重要技能 *ars dictandi*（非信函文书书写）相对。——译注

纯的巧合。

帕多瓦的"前人文主义"

帕多瓦是一座大学城,尤以法律和医学教育闻名,是已知最早的古罗马语言文学爱好者聚集点。其核心人物是法官洛瓦托·代·洛瓦蒂(Lovato dei Lovati,约1240—1309)。在他为数不多的传世诗稿中,可以看出对古拉丁诗学的博通。洛瓦蒂致力于捍卫古律,反对倾向当代通俗韵文的风气。他还试图找寻特洛伊战争中的安忒诺尔的遗体,想为这位神话中的帕多瓦创建者复葬。罗马剧作家塞内加①是他景仰的对象。他学习塞内加的文笔,从中洞察古拉丁诗文格律,写下了最早的中世纪格律专著。其诗作遣词有强烈的古典拉丁色彩,但散文则为中世纪法律行业所通行的拉丁语风格。

洛瓦蒂文采卓然、秉性昭昭,展现出很多人文主义特征,但在帕多瓦以外名声无多。比他年轻的同代人阿尔贝蒂诺·墨萨多(Albertino Mussato,1261—1325)从事文书员职业,在意大利广为人知;也许因此故,他的存世文稿要多得多。虽然他对古典神话和诗文的解读时而流于中世纪的寓言式风格,但根本的诗学和历史研究方法具有创新性。他的散文受罗马历史学家萨卢斯特的影响,历史著述则受萨卢斯特、凯撒和李维的影响,李维是古罗马最著名的历史学家,对他影响尤深。他的诗文也奉古代为圭臬。他视洛瓦蒂为导师,推崇塞内加的悲剧就表明受到后者的影响。墨萨多参照塞内加的悲剧,创作了自古典时代以来的第一部世俗剧本《爱瑟里尼》(Ecerinis),对意大利人文主义的后续发展意义重大。该剧具有政治宣传目的,旨在鼓舞帕多瓦市民抵抗维罗纳寡头的吞并野心。

意大利文化最具迷雾色彩的地方是佛罗伦萨,这座后来和繁盛的人文主义文化紧密相联的城市,在前人文主义发展过程中扮演

---

① 尼禄时期的卢西乌斯·阿奈乌斯·塞内加(Lucius Annaeus Seneca),代表作悲剧《美狄亚》。——译注

着不起眼的被动角色。佛罗伦萨在十三世纪末期的学术水平不高，只有少数人和致力经典的帕多瓦律师及文书员有个人往来。该城不是大学城，除了托钵修院，几乎没有存放古典文献的图书馆。但城市在十三世纪后期飞速发展和繁荣起来，还有大量律师和文书员，即帕多瓦早期古典文化活动中最活跃的群体。传统学派将佛罗伦萨的首位文学和智识伟人但丁·阿利吉耶里（Dante Alighieri，1265—1321）归于中世纪而非文艺复兴范畴。在但丁之前，最重要的佛罗伦萨学者是从事文书的布鲁内托·拉蒂尼（Brunetto Latini），此人学识广博，但更接近中世纪的百科全书式学统，还流亡法兰西数年，代表作也在法国写成。佛罗伦萨欣欣向荣的商人阶级发展出一套智识活动方式，以自身的需求和兴趣为主导，而非大学教授和教士的需求和兴趣，但并没有和中世纪经院哲学割裂。据说，但丁在十三世纪九十年代上过"宗教和哲学辩论学校"——可能指道明会和方济各会中的神学讲座。这两家修会的藏书楼是但丁获取大量古代和中世纪书籍的唯一来源，这一来源在他的诗歌和散文中都有体现。

但拉蒂尼和但丁非同一般的博学似乎主要属于中世纪文化，两人都不在教会，关心的主要是道德实践和政治问题，而非抽象和思辨问题（例如逻辑学、形而上学和神学），这表明中世纪晚期意大利新的社会现实带来了新的文化动因。这些佛罗伦萨智识人士所欠缺的是清晰的认识——认识到一场影响深远的新文化运动即将发起，这场运动将搜集和再解读古典文学，并有意识地批驳中世纪文明。发现这些新动向的是另一名佛罗伦萨人弗朗切斯科·彼特拉克（Francesco Petrarca，简称彼特拉克）。或许意味深长的是，彼特拉克虽是佛罗伦萨人，却一生未居家乡，他父亲是政治流亡者，供职于阿维尼翁教廷。因此，彼特拉克在法国南部成长，而非意大利。和早期古典复兴所涌现的模式相符的是，他虽从未涉及法律行业，但接受罗马法的大学教育。史称人文主义的新文化理念，将藉由他在意大利勃发。这将是下一章的主题。

7

第一章　人文主义文化的诞生

　　不管是帕多瓦律师和文书员对古典的热衷,还是布鲁内托·拉蒂尼和但丁等佛罗伦萨人的文学创作,都表明在十四世纪初的意大利诸城中,受过教育、家境良好的非教会人士在摸索一条有别于中世纪贵族骑士文化和教会经院文化的新文化之路。这是他们对当时生活状况的自然反应。从十九世纪开始,历史学者给这一新文化贴上"人文主义"的标签,但这个抽象术语是一名德国学者在1808 年发明的,在文艺复兴时期的作品中从未出现过。当时切实存在的术语是"**人文主义治学**"(*studia humanitatis*),意指人文主义者特别热衷的一系列学术课题。十五世纪上半叶,"人文主义者"(拉丁语 *humanista*)一词被人使用,起初是学生的俗话,指教这类学术课题的老师,具体包括语法、修辞、诗、历史和道德哲学。作为"人文主义者"在拉丁文法学校和大学通才教育课程中教授的课题集成,"人文主义"并不囊括一切人类所学,甚至也不尽收传统"七艺"〔包括三学(*trivium*):文法、修辞、逻辑;**四术**(*quadrivium*):算数、几何、天文、音乐〕,而这是大学学士硕士理论上都要学习的。"人文主义治学"也不包括中世纪三种高等学府中传授的课目:法学、医学、神学。

　　作为已经丢弃大部分古典传承的现代人,我们可能会觉得奇怪:一场只涵盖文法、修辞、诗、历史和道德哲学的教育范畴和文学运动,竟然能够开创纪元。自十八世纪以来,学界致力于让人文主义承载更广泛、更重大的意义,即新哲学的兴起,这种哲学通常的定义,是以人性的弘扬、对世俗目标的赞美,取代在中世纪主宰人

9　　们生活的、对身后世界和灵性价值的追求。但这条思路行之不通，因为无可辩驳的是，人文主义者（从彼特拉克本人开始）依然被非世俗的宗教价值观深深打动。

　　而在文艺复兴中，人文主义从未被定义为哲学，也没有作为学术课目传授过。在整个文艺复兴时期，所有严肃哲学研究都建立在这种或那种互相对立的中世纪亚里士多德经院哲学形态上。虽然人文主义者最终得以传播除亚里士多德及其分支以外的其他古代哲学传承，但学校里只教亚里士多德哲学。这一经院哲学的统治地位一直维持到十七世纪，直到物理科学诞生，使亚里士多德自然哲学不再孚众为止。在学院以外，有人把柏拉图、斯多噶或其他古代体系视为经院哲学的对手。但人文主义从来都不是，因为它根本不算哲学。以二十世纪学者保罗·奥斯卡·克里斯特勒为首的一些学者反对一切把人文主义定义为与经院派相对立的哲学类型的做法。除了认识到**人文主义治学**一词的实际起源和在当时的含义以外，他反对的一大动机在历史地理层面。十九世纪文艺复兴学术探讨中关于"人文主义哲学"的捉摸不定、无籍可考的长篇大论，经不起针对中世纪文明，或人文主义诸领袖著述的严肃考究。自彼特拉克以来，人文主义者确实常常抨击经院主义，但其要旨在教育和课程设置的分歧，而非严格意义上的哲学争论。人文主义者反对统治经院式教育的狭隘的、拘泥于特定专业的教学方式，还责怪经院派不愿按人文主义者的要求对课程做一些非常有限的改动。有时，他们（如彼特拉克）攻击经院主义是因为后者过于理性和唯物质论，有颠覆宗教信仰之嫌。他们没有为那个时代呈上一套完整的新哲学，因为根本就拿不出来。不存在一套可甄别的、所有人文主义者都信奉的哲学教义，可成为定义、使其成为独立的哲学派别。他们的大部分著述和哲学无关。克里斯特勒总结，"总体上，意大利人文主义者既不是好哲学家也不是坏哲学家，他们根本不是哲学家"。

　　在其本身的语境下，这一结论无可指摘。但这给现代学习者留下一个难题，即解释人文主义为何对当时和后世的历史学者都如此重要。对于十九世纪古典学校的毕业生而言，人文主义者致力于更纯粹、更古典的拉丁文范式，以及更广泛的古拉丁希腊文学知识，这也许是堪称开拓性的思潮；但对于完全放弃了希腊和拉丁语学习的我们这代人，这些成果又为何重要？这个疑问合情合理。因为传世至今的古拉丁文学中，有很大一部分也被整个中世纪的人所熟知、阅读、研习乃至衷爱，所以就更要探个究竟。

　　值得深思的是"失传"的古籍当时究竟佚失得有多彻底。以在中世纪远不如拉丁文献为人所知的希腊文献为例。中世纪的阿拉伯人就对亚里士多德感兴趣；十二、十三世纪之交，基督教欧洲的智识圈发展到一定程度，也开始对亚里士多德产生兴趣，在仅仅一代人的时间跨度内，其全部作品几乎都有了拉丁文译本。

　　还有一个广为人知但很少有人认真思考的史实是，从第四次十字军东征攻陷君士坦丁堡的 1204 年到 1261 年，该城和很多其他中世纪希腊文化中心一样，由威尼斯等意大利城邦安插的傀儡君王统治。源源不断的意大利商人和行政人员流向东方，在拜占庭都城长年生活。西方教士涌向东方，或劝服或强迫，让希腊人接受罗马的宗教统绪。但这些十三世纪的东西方接触，没有激发出对于古希腊语言和文学的太多兴趣。对于拉丁希腊语言及文学，有一个要点可能被忽略，即重点不在于古籍的获取（古籍就在那里，不难获得），而是观念的改变，使人愿意殚精竭虑地获取这些古籍、精通这些艰深的古语。

思想观念的转变

　　十三世纪的西欧人有和十四世纪一样好的条件去重新发现希腊语言和文学，但他们没有把握。十五世纪早期的人文主义者因"再发现"稀见的拉丁手稿而自豪，但这些手稿在中世纪盛期都可获取，只是没有被"发现"，也就是说，知其存在的读者寥寥无几。从十三世纪早期和十五世纪早期，关于拉丁和希腊古典文学，有一些情况发生了改变。这是思想观念和价值认知的转变，使人们愿意通过漫长而枯燥的学习精通古典语言、传播古籍。

11

　　文化历史学者经常以为，文艺复兴再发现古代语言和文学的过程应该不太困难，因为意大利是古罗马文明的故乡，也从未脱离该文明的熏陶。但这种脱离具体情况的假设从未得到证实，理由很简单，因为不可能。不仅是"十二世纪文艺复兴"，所有更早的中世纪古典复兴（卡洛琳、阿尔弗雷德、奥托）都以阿尔卑斯以北为中心。文艺复兴时期，有一些重要而不为人知的手稿在意大利图书馆中重见天日，但最重要的发现来自阿尔卑斯以北的图书馆，即中世纪文明兴盛的所在，而那时意大利处于文化落后的地位。发掘失传手稿成果最瞩目的是人文主义者波焦·布拉乔利尼（Poggio Bracciolini，1380—1459），其最大的发现取自勃艮第的克吕尼修院和瑞士的圣加伦修院。

　　人文主义史上的第一位重要人物彼特拉克在阿维尼翁附近长大，在那里接受早期教育，并生发出复兴拉丁语言和文学的志向。该地区属于法国而非意大利文化。彼特拉克年轻时，教廷正处所谓"巴比伦流亡"时期，偏居阿维尼翁（1305—1377）①，使那里成为活跃的古典学派活动中心。彼特拉克本人既有法国朋友，也有意大利朋友，都和他一样投身罗马文学。事实上，在十四世纪早期，法国和英格兰都有不少热忱的古典拉丁文学研习者，但他们以中世纪传统方法钻研古籍，没有展现出彼特拉克鲜明的治学特征。关于意大利人文主义者所谓的文艺复兴的"辉煌"和中世纪的"黑暗"，至少有一部分要归因于他们想卓显自己成就的动机，拿来与文艺复兴作对比的是其故乡意大利的中世纪文化，而非最发达的法国中世纪文化。

　　所以，人文主义为什么具有如此广泛和重要的价值，这依然是个未解之谜。如果中世纪已具备大部分传世古籍，倘若当时学者

---

① 是时，罗马教廷与法国王室产生矛盾，故新当选的教皇、法国人克莱蒙五世拒绝前往罗马。之后又有六任教皇留在阿维尼翁，都是法国人。这段时期被称为"教廷的巴比伦流亡"，以犹太人被尼布甲尼撒掳至巴比伦为喻。——译注

不辞辛苦,也能够获得其余多数文献,则"古典再发现"——哪怕是希腊古典——就不是文艺复兴人文主义的决定性特征。如果人文主义,即**人文主义治学**,仅涵盖少量学术课题,除了对文学发展和语言学怀有古趣的人以外,它还能有多少持续的价值可言?为什么人文主义者和众多同代人,包括资助他们的富商权贵,认为人文主义治学的发展将是世界历史中的关键转折?如果人文主义不是哲学,岂非只是一群业余文学爱好者的消遣?这正是一些科学史学者(桑代克)所提出的指控,他们把十七世纪科学的止步不前归咎于人文主义者,声称若非人文主义阻挠,十四世纪巴黎和牛津的科学家所做出的重大成就本该得到迅速的后续发展。

这些问题的解答必须遵循若干方向,也必须避开布尔克哈特的很多早期追随者所落入的陷阱——定义并证明人文主义是一种直接引领世界走向现代的新哲学。关于这点,克里斯特勒无疑很对:它不是哲学。但正如对他的某些批评所指出的,克里斯特勒给出的哲学和人文主义定义都很狭义。他治学审慎,坚持历史尤其是智识史,必须依赖于文献。但就算人文主义纲领不是哲学,也有一些哲学性的内涵。尝试定义这些内涵,有助于解释人文主义为何确实是人类史上的重要推动力,而不仅仅是宣称如此。

人文主义治学的意义

一条线索专注于"人文主义治学",这个拉丁短语的古典词源。它出现在文艺复兴人文主义者最推崇的罗马作家西塞罗的著述中。在《为诗人亚开亚辩护》(*Pro Archaia*)这篇力陈诗歌社会功用的演说中,西塞罗提到"**人文和字词**"(*studia humanitatis ac litterarum*)。这个短语的确切含义完全不明,但比照他的其他文本,*humanitas* 是指男孩为全面开发人类潜能所必须学习的课目。看来他用这个词指代通才教育,即适用于自由民教育的全部课程(传统为七项)。他指的是罗马男性公民,享有罗马共和国的管理权责,不必以匠人或侍人的劳动为生。在共和国时期和帝国早期,

12

5

这些年轻人所获教育非常重视拉丁雄辩术的养成（因此需要文法和修辞），以及对其参政的世袭特权和义务的体认（因此也关乎罗马史和道德哲学）。西塞罗的这一概念传续到后来的古典籍作中，例如奥卢斯·格利乌斯（Aulus Gellius）所作、世人耳熟能详的《雅典之夜》。**人文主义治学**一词或指共和国精英统治阶级的教育课程，有些类似希腊语中的 *paideia*，或现代德语中的 *Bildung*，该词不仅翻译为教育，也翻译为文化。因此，人文主义治学是指一种广泛的通识教育，也特别强调统治精英最需要的雄辩术和社会价值观，恰恰吻合人文主义者的学习课目：文法、修辞、诗（修辞学的特殊运用）、史（主要研究政治和道德决策的后果）、道德哲学（包括政治责任）。

但作为一套全面的教育课程，**人文主义治学**也有特定的哲学内涵。其道德哲学领域的内涵之一，是受教育者——罗马自由民——有责任参与共同体、参与政治生活。从十二世纪开始，意大利在一定程度上重现有利于该教育理念发展的社会状况。日耳曼诸王失去对意大利的实际控制，很多北部和中部城市成为自治共和城邦。由于阶级对立和政治旧敌，这些城市共和体往往不稳定，但都经历了共和政治的阶段。尽管大部分城市最终还是归于威权统治，但依然会保留一些共和体制和实践。因此，在一个粗放的尺度上，其政治结构和实践类似于古希腊和意大利的状况。文化人很快发现这一相似性，把目光投向罗马，寻求启迪和指引。

每个共和城邦都起草实施共和法，执行涉及讨论和辩论流程的共和政治。对中世纪的贵族和教会统治者毫无吸引力的罗马教育体系，恰恰能满足这类需求，提供极有针对性的雄辩术训练，培养管理这些意大利共同体所需的公共责任感。起先，对人文主义治学感兴趣的主要是法官、律师和文书员。但后来，十三世纪混乱的政治局势渐渐让位于十四、十五世纪稳固的共和或独裁政治，主导政治生活的社会群体发现，人文主义治学正是他们的后代行使统治权所需的教育。彼特拉克这位智识人士和大诗人设计了人文主义教育的课程。但它最终能成为意大利精英阶级的**派代亚**①（*paideia*），靠的并不是对贵族的吸引力，而是其实用性。

人文主义和佛罗伦萨

佛罗伦萨共和国是一个突出的例子。十四世纪后期，经历近一个世纪的政治、社会和经济动荡后，富商氏族获得政治体系的实际控制权，但体制中的共治元素得到些许保留，有二十一个法律认可的职业、商业和工艺行会分享一定的统治权。就在同一时期，上层家族的教育理论和实践都大大偏向人文主义而非商人学徒制，不仅如此，对于成年后注定要统治共和国的后代，他们的选择也往往是前者。因此，不管算不算"哲学"，人文主义无疑为十五世纪统治佛罗伦萨的家族提供了一种共有的教育范式。虽然很多历史学者部分或完全摒弃汉斯·巴龙著名的（见本书原文第30—34页）佛罗伦萨"公民人文主义"概念，但很难摆脱共和政治和人文主义教育存在共生关系的印象。研究十四世纪佛罗伦萨政治辩论的学者发现，1350年左右，对罗马过往的引述还很少见，十四世纪后期，引用古史的例子逐渐增多。缺乏雄辩技巧、不精通古典史的年轻人，将在政治活动中处于劣势。

重新定义"实用"学习

一个把参与政治决策定义为公民首要责任的社会，自然会生发出另一种广泛的政治态度，即怀疑抽象归纳的效用，对主导中世纪教育的逻辑、形而上学和自然科学的地位提出挑战。政治决策可以被经科学证实的事实所影响，但政治并非基于确然性的科学。它是一种技艺，要在多种备选方案中选择，每一种都具备（或声称具备）特定的优势。不管提案的支持者如何言之凿凿，政治决策不

14

---

① 古希腊的广博教育体系，即上文 *paideia*——译"教化"。——译注

可能具备几何或形式逻辑结论所包含的确然性。政治家只能依据对或然性的评估提供(和做出)选择。而中世纪经院教育把逻辑置于一切通才教育之上,似乎只适合用来追求神学和自然科学所需的绝对确定性,不太可能吸引那些未来属于政府或法庭年轻人;他们要做的,就是可商榷的、只有或然性的判断。人文主义文法(即正确和清晰的书面及口头表达)和修辞(即具有说服力的论述和基于或然性的实用决策)似乎更适用于政治统治阶级的青年。

15　　人文主义教育声称能提供修辞技巧,帮助这些年轻人有效地参与政治。它还以着重道德训诫自诩,宣称能培养和统治精英休戚相关的道德责任感。传统大学教育对这方面极不重视,只专注逻辑分析、亚里士多德科学,以及法学、医学和神学的专项训练。大学训练出的是知识和技能方面的专家。但意大利城市富裕阶层的生活中需要广博的通才教育,并特别注重有效的口头表达和社会责任感的开发。古罗马社会有类似的情况,并发展出一套本质上属于雄辩或修辞学的教育体系,为贵族青年的未来打下基础。西塞罗关于伦理和雄辩的著述反映(也传承)了这种修辞式教育。到十五世纪后期,这些著述已成为人文主义学习的标准教科书。

　　现代人难以理解但对文艺复兴时期的意大利人显而易见的是,人文主义学科的教育确实是务实的,因为相比之下,中世纪通才教育课程中占主导地位的逻辑和自然科学只能孕育出空洞的对现实生活毫无用处的纯思辨论述。可当时最重要的不是关于自然真实(哪怕它们确实为真)的知识,而是如何做出明智的道德选择。这一道德目标和相关的技能需求——通过精心修饰的言辞和文笔说服他人——在彼特拉克的著述中就有明确的表达。于是,修辞技巧和人格发展便成为人文主义教育所宣称并一直维持的优势,尽管近年的学术研究表明,在课堂实践中,对于西塞罗和其他古典道论家的文章和演说,人文主义教育对拉丁文范式的关注似乎远远大于对道德问题分析的关注(布莱克,29、32—33、315—316、323—324)。

　　这种教育概念构不成"哲学",但蕴含一些关乎人性的重要观念。首先，虽然并没有任何正式的怀疑论论调，但它确实暗示，从智识角度掌握绝对真理、获得中世纪亚里士多德哲学所推崇的形而上学确然性，也许不是人力所能及，也绝不是日常生活的必需。这暗示人的终极目标并非托马斯·阿奎那的传统教诲所说的追求真理。提到这一问题的人文主义者往往宣称，人生的目标是在日常生活的轨迹中做出明智的道德决定。这种决定需要基于或然性来选择，而非确然性。因此，人文主义思想从其最根本的源头——不仅是彼特拉克，甚至能追溯到自称为雅典学园怀疑论追随者的西塞罗——就用不起眼的方式定义了智识追求的目标。这一绝弃经院主义思辨的倾向，在彼特拉克理念最重要的后继者、佛罗伦萨人科卢乔·萨卢塔蒂(Coluccio Salutati,1331—1406)的著述中十分明显。他语重心长地说，人生目标不是了解上帝——上帝超出了我们的认知范围，而是爱上帝——这取决于信念而非理性。现实生活中，指引人的更多是感情而非理性，人生的真谛在于良好的伦理判断。于是，道德相对主义价值观在人文主义者的思想中占得一席之地。任何涉及物质的可辨议题的结论必然带有一定或然性。如果能获得绝对确然性，那么一切辩论、讨论和说服就都是荒唐的。勾股定理的真实性无法争辩，但诸如选择哪个盟友、战争还是和平、结婚还是单身、是否投资某项生意之类的问题，就只能在多种或然性不一而足的选项中选择。构成生活实质的，是涉及日常经验的实际道德判断而非勾股定理。特别注重或然决定和道德选择的人文主义教育，相比针对思辨和科学疑问的经院训练，看起来要务实得多，也更适合人的情形。

因此，人文主义显然暗含——事实上也公开宣称——关于人性本质、人类理性的范围和局限，甚至关于人生终极目标的观念，所以具有哲学性。人文主义之所以能成功定义教育目标和方法，有赖于对当时政治和社会需求的适应。诗学确实比医学更实用；现代人之所以觉得这个结论奇怪，也许不仅仅因为我们的医学知识比古人更多，可能还折射出现代世界的精神、伦理和社会性的匮乏。

16

古典：中世纪和文艺复兴

上一节指出，无可否认，文艺复兴时期的人文主义者比中世纪学者了解更多的古典文学，但文化上的实际变化和知道多少古籍基本没有关联。中世纪文明也非常依赖古代传承，一切严肃思想几乎只用拉丁文表达就是很好的体现，亚里士多德在学院中的统治地位也是明证。文艺复兴的差别部分在于社会体制和环境。中世纪文明是封建和教会精英创造的。但在十二和十三世纪，意大利已经是一个完全不同的社会了。

17   虽然若干意大利人在中世纪盛期的文化圈扮演重要角色（如托马斯·阿奎那），但这个国家在中世纪文明创建过程中的作用很有限。意大利大学以法学和医学为主导，而非经院哲学和神学，这满足由世俗人士统治的城市化商业社会的需求。在通俗文学方面，意大利中世纪诗歌用法语而非意大利语写成。对于公共祭祀和一切高等教育及学术活动都使用拉丁语的社会，古典研究至关重要，而意大利在这方面一直落后，直到十三世纪的最后十年。

对于这个特色鲜明的社会，人文主义新文化是一种可持续的解决方案，提供了适合其特征的文化和教育体系。同是自治城邦社会的产物，古代教育和文学实践为意大利新文化带来启示和具体细节，这种文化自十三世纪后期开始萌发，在十四世纪后期急速发展。意大利是从事商业，至少**事实上**由本地公民行使自治的城邦社会，中世纪文明是大部分智识分子都是教士、其一生都被封建贵族和高等教士所掌控的社会，两者看待和评价古代文学的方式，也必然会有所不同。因此，在人文主义文化兴起方式的差异中，有一部分纯粹属于社会学范畴。

智识习惯的改变

在智识习惯上，文艺复兴时期的古典主义也和中世纪古典主义有根本区别。从古代后期到中世纪，古典（以及基督教）文献一直被视为"正经"，即一系列关于具体事件或话题的事实陈述。每段具体陈述都可判定真假，但不管真假，都被视为相关主题的权威论述。实际上，每个权威著者的每篇已知作品都被肢解成一系列单一陈述，每则陈述都被单独引用和解读，完全不考虑原本的语境，更不考虑历史背景或作者的原始意图。当法国北部天主教学校的风头被专业型大学盖过，把古典文本肢解成一系列孤立陈述的趋势变得更加明显。这种陈述在拉丁语中称为观点（*sententiae*），大学学者把这种观点丛集成册，完全脱离原始语境，也往往背离其原始含义。这种丛集包括彼得·阿伯拉尔（Peter Abelard）的名著《是与非》（*Sic et Non*），以及十二世纪神学家伦巴第人彼得（Peter Lombard）所著、后成为神学标准学习手册的《教父名言集》（*Book of Sentences*）。这种书按论题（*quaestiones*）组织，并在每个问题的陈述之下附上支持和反对某个特定结论的摘选。然后通过逻辑分析判断哪个观点正确，并解释或驳斥与其相对的各种观点。涵盖广泛论题的哲学或神学作品称为大全（*summa*），如圣托马斯·阿奎那著名的《神学大全》（*Summa theologiae*）。这是经院学派进行智识研究的方法。这种研究方法的巨大优点在于以有序的、理性的方式探究每个问题，收集各种可能的观点，判断其中哪一个正确。其巨大的学术缺点在于简化歪曲著者的观点，把每个著者的观点肢解成孤立的陈述，完全脱离原始语境。

18

　　这正是人文主义者从十四世纪开始批评和反对的缺陷。从彼特拉克开始，人文主义者坚持结合上下文阅读每个观点，丢弃丛集和解读，返归原文，寻求著者的真意。换言之，让古典（和基督教早期）著者重生为有血有肉的人，生活在特定的历史时期，评价具体的问题，这些问题和中世纪文选中利用著者的话所解答的问题可能毫无关联。对于经院文选的学习者而言，古代著者就是一堆零散观点，而非真实的人类个体；其著述针对普世问题，而非反映自身状况、针对当下具体问题。彼特拉克和后继者发觉这一整套方法——也是中世纪学术的根基——有智识上的缺陷，甚至虚假。在他们对经院派文本和范式缺陷的不满背后，还有这一深刻得多的否定。

因此人文主义者认为，传统的中世纪古典治学方法从本质上失格。经院哲学思想家把这些断章取义的观点应用于自己的问题，而非原作者的问题。他们所写的解读或评注把古代素材改头换面，服务于自己的目的。因此，人文主义者摒弃一切以西塞罗、亚里士多德等古代作家的著述为基础的后人评注，主张返回原始文本。他们认为，有效解读古代文本的唯一方式，是参考整部作品以及撰述所处的历史环境；仅针对狭义的论题提取信息，会丧失阅读的意义，事实上还扭曲了阅读的意义。

彼特拉克的历史观

中世纪文明对历史事件独特性的理解非常欠缺。文艺复兴时期的人文主义者察觉到这一缺陷，并加以否定。人文主义者的思想以历史条件为前提，和文艺复兴相联系的、一种新史观的兴起是该时期的关键创新，以这一史观为基础，才能"再发现"和重新解读古典文献，强调知识的"致用"而非"思辨"，敏锐地意识到人类理性的局限，整体上完全背离中世纪传统。这种新史观成为文艺复兴思想家最突出的特质。虽然现代学术界一度认识到这种独特的历史视角是文艺复兴的一大特征，但这一转变的全部意义还没有得到充分的重视。这是一种扎根于文艺复兴这一术语本身的思想观，耳目一新的文艺复兴式古典文学阅读是其直接产物。彼特拉克创立了这种新的历史观，这也解释了为何他在世时就被视为至关重要的创新者、文明新纪元崛起的奠基人。

简言之，彼特拉克创造了历史断续性的概念。他审视自己所处的、困难重重的时代，得出一个结论：当下毫无价值。事实上，他把罗马衰亡以后的全部历史时期都定义为"黑暗时代"。彼特拉克把这一后古典或"现代"时代——我们所称的中世纪——定义为黑暗时代，意味着野蛮、蒙昧和文化落后。这一描述涵盖中世纪的千年跨度，激进且明显不充分，既不真实也不公平，但其思想本身在文艺复兴时期是真实的史实，因为其追随者都完全认同这一观念。他们还认同他的断言，即人文主义古典学术将终结黑暗，他们的努力将使古希腊和罗马盛极一时的高度文明重生。概言之，他们宣称将在千百年的"黑暗"后带来文化的重生：一场文艺复兴。他们希望创立一段文化盛期，构成人类历史上的第三个纪元，所以彼特拉克和他的同道把历史分成三部分：第一时代是古代，第三时代是即将开始的文化盛期，两者之间的中世纪是第二时代，被人文主义者视为黑暗和野蛮的时代——这种看法或许不公正，但很强烈。是人文主义智识群体首先定义乃至命名了这个特有的历史时期，即古典文明盛期和将临的古典重生盛期之间的中世纪。

　　因此，对彼特拉克而言，世俗人类史不是中世纪思想家眼中无差别的时间长河和事件的汇集——哪怕才如但丁也如此认为。相反，它由多个独立的文化构成，每个文化都有独特的特质。任何文学作品或其他档案，都必须对照其特定时代的文化乃至具体环境来审视。这不代表过去的经验与当下无关，但意味着过去的经验只能在历史语境下使用或理解。这种历史意识、这种对文本和历史记录乃至一字一词的本义的敏感，是文艺复兴时期人文主义者以焕然一新的方式解读古典的基础。哪怕是亚里士多德、西塞罗、圣奥古斯丁这些在中世纪知名的著者也不例外地受到这种方法的审视。在某种意义上，文艺复兴思想和中世纪经院哲学一样紧紧依附于权威，但看待权威的方式不同。权威的陈述不再被视作有关永恒真理的绝对宣言，而是具体的人在特定的情况下所作的陈述。经院主义思想和人文主义思想都批判权威，但经院主义者的批判来自对逐条陈述的逻辑分析，而人文主义者试图把握撰述时的特定环境。对于人文主义者而言，真理是具体的、有条件的、带诸多限定的。

　　在过去和将来，经院主义亚里士多德哲学始终是一套完整的哲学体系，人文主义不是，但确实是一种处理智识问题的特有方法。由于经院主义本质上也是一种治学方法，而非单纯的教义或结论，

20

13

所以,在人文主义者和经院主义者之间诸多看似偶然的冲突——这些冲突是文艺复兴时期思想史的标志——背后,蕴藏着思想方法论的冲突。

人文主义者的新史观强烈影响他们的自我认知。虽然彼特拉克从未有胆量公开表述,但他宣称这种全新的古典治学方式将开启新的文明盛期,其含义已不言自明——他的工作将不折不扣地开创纪元。他等于在宣称:"除了光辉的古代文明盛期、现代(我们则称中世纪)的黑暗和野蛮,还有第三个时代,即新的光辉时代,而这个时代从我开始!"这种身处人类史转折点、复兴失传文明的体认,解释了很多看似夸张的自大从何而来。雅各布·布尔克哈特把这种展望命名为"个人主义",并以人文主义者对声名的渴求加以充分的佐证。布尔克哈特本人清晰地看到,仅仅针对古典语言和文学的兴趣并非文艺复兴文明的决定性特征,因为中世纪文明一直生活在古代的阴影下。文艺复兴对古典的"再发现",与其说是真正的再发现,不如说是用新的历史观重新审视古典。

当历史学者拿出批判的眼光,尝试定义文艺复兴人文主义的概念,把它定义为作"新的生活哲学"或对世俗人性的赞美,这份概念就立刻化作一片迷雾。除非把条件限定得非常宽松,否则是无法定义出一套绝大部分已知的人文主义者所共有的信念的。同样,布尔克哈特解读中的核心特质,即所谓新的个人主义精神,也无形无定,几乎可套用到所有人类身上,看作人类的天性,在所有历史时期都有表现。布尔克哈特的错误在于用一种次要特质、一份被拔高的个人主义精神,来代替真正的主要特质,即彼特拉克的思想中涌现的新史观。在千百年的野蛮和黑暗后致力于恢复真正的文明,这份自我认识首先在彼特拉克的作品中得到清晰的表述。然后,几乎所有被史学界视为人文主义史上关键人物的著者(萨卢塔蒂、瓦拉、菲奇诺、伊拉斯谟)都做出类似的宣言。这份宣言被一再重提,但对中世纪的文化成果当然毫不公平。这是文艺复兴人文主义的标志性特征,想要理解人文主义,就必须考虑这一点。

彼特拉克的古典观

前文对人文主义含义的探讨中多次提到诗人彼特拉克（弗朗切斯科·彼特拉克，1304—1374），称他为这一新文化的真正奠基者。彼特拉克了解并赞赏洛瓦蒂和墨萨多的作品，但他相信，他是第一个也是唯一一个清晰地认识到让古罗马文明的内在精神重生的必要性和可行性的人。和他对古拉丁文学的大爱相结合的，是他对中世纪文化的完全弃绝。他把古典打造成武器，致力于再造世界，创造根基扎实的新文化，这个根基就是已经失落但可以找回的古代。他与当下传统的疏离、对文化重生的梦想，在其拉丁著述中都有鲜明的表达。

彼特拉克对古典学术的复兴有重要的贡献，这植根于他的古代和现代文明相分离的历史观。帕多瓦的先驱们已经取得了实质性的知识，例如，洛瓦蒂发现塞内加悲剧的格律规则。但彼特拉克的成就大得多，他对古代语言和文化所展现出的敏感要超越前人。现代图书馆中存有一些他的手稿，其边注展现出把握古人文脉和微言大义的非凡能力。相比之下，他找到原本失传的古代文献的成就，更容易被世人理解，但也许不能真正反映其才华。他喜好的西塞罗，在整个中世纪都广为人知，但有些重要作品已销声匿迹。1333 年，彼特拉克在列日找到了西塞罗最著名的演说之一《为诗人亚开亚辩护》（*Pro Archaia*），这篇演说因为肯定诗歌的社会价值而尤为重要。1345 年在维罗纳发现的三份西塞罗私人书信则更加重要，彼特拉克藉此了解到西塞罗的为人，他之前熟知西塞罗作为雄辩家和道德哲学伟人的一面，但从未窥见西塞罗被个人野心和恐惧所驱动的真实一面。彼特拉克在历史上的重要性不仅来自其发掘失传作品的功绩，也来自其求解基督教古典作家始终面对的内在冲突的功绩。其中之一，就是逃离世俗、求索上帝的冲动，与在世俗中追求名利的冲动之间的冲突。中世纪基督教的隐修传统高度推崇以旁观和沉思来对待生活的态度，彼特拉克也写过一本赞

22

15

美隐修生活的书。但总体上,他对隐修的赞美强调为学而隐,而非隐修行为本身。虽然彼特拉克主动寻找惠主支持其事业,也有很多拥有权势和财富的人被其吸引、提供赞助,但他个人倾向于遗世独立的学术生活。他从未从事所研习的法律专业,从未做过任何生意,从不积极参与佛罗伦萨或其他政治共同体的公民生活。因此,通过其个人经历可以理解,他尽管推崇古罗马,却很少表现出对罗马公民观的真正理解,还为新发现的西塞罗信札震惊:信中,这位被他当作哲学家来景仰的作者,却一心想要抛弃哲学研究、一头扎进濒死的罗马共和国的政治漩涡。不过,彼特拉克确实对罗马人的特质有充分的认识,能够赞美西塞罗在著名的梦想篇章《西庇阿之梦》(*Somnium Scipionis*)中表达的公共服务理念。尽管彼特拉克本人依赖教廷的资助,但率直地鄙弃宗教体系的世俗化和腐败,敦促教皇返回罗马,好好开展教会改革——只是教廷对他的构想恐怕毫无认识。他憧憬古罗马的荣光,极力倡导恢复罗马的权威。

彼特拉克的灵魂是分裂的,也为此痛苦,一是积极生活和避世思辨的矛盾;二是渴望领导基督教世界的道德重生,却对声名仍怀有世俗的欲望。在若干著述中,他以中世纪作家所不多见的主观笔触展露自己的痛苦。在他和圣奥古斯丁的假想对话录《秘密》(*Secretum*)中,他坦陈自己的疑惑——不是怀疑基督教的真理性,而是怀疑自己算不算一个基督徒。他想象中的奥古斯丁警告世俗野心的危害,但彼特拉克无法背弃西塞罗等他所钟爱的古代异教著者,因为他们不仅是其精湛的拉丁语的来源,也是其道德见解的来源。

雄辩和美德的统一

彼特拉克坚信,在西塞罗、维吉尔等罗马大家身上,真正的雄辩和真正的道德智慧是统一的,这是他解读古典文本的原则。在一篇捍卫基督教信仰、反对亚里士多德理性主义的后期作品中,他坚称西塞罗是比亚里士多德更优秀的道德哲学家，因为西塞罗可以在道德智慧中结合雄辩，不仅诉诸人类理性，也诉诸感情；不仅诉诸智力，也诉诸意志。亚里士多德太拘泥于智性，无法激发人的道德行动。彼特拉克把罗马的伟大归因于道德的辉煌，归因于加图、西塞罗等罗马人的"美德"或爱国主义，他们投身公共服务，始终（他宣称）把社会福祉放在个人得失之前。他相信，只要意大利人重拾道德品质，尤其是对共同体福祉的献身精神，当时意大利的可悲状况就可以缓解。这种献身精神是罗马之所以伟大的真正秘密。道德和雄辩的统一、美德和说服的结合，是罗马令他热爱的杰出所在。如果意大利青年在智慧和雄辩两方面得到合适的教育，罗马的伟大就可以复归。

彼特拉克的思想不可避免地使他产生革新教育的想法。他反 24 对中世纪经院式学习，因为智力上太狭隘，无法培养出可以领导意大利重返古代辉煌的伟人。经院式学习专注于两大目标：对概念的深入分析、对抽象科学问题的学习，两者都无法满足道德指导和启发的需求。彼特拉克没有当过老师，但他的一些崇拜者和追随者当过。人文主义不可避免地暗含对经院主义（以及其哲学基准亚里士多德）的智识观和科学观的批判，也必然致力于终结逻辑和自然科学在教育中的主导地位，代之以罗马教育的主干——伦理和修辞。

第二章　人文主义获得主导地位

彼特拉克提出了人文主义文化所关心的大部分问题,也为人文主义之后两百年的发展设下诸多方向。他在当时就是著名的文人,但漂泊在外,没有固定居所,也没有真正的归属。他精雅的诗文和古典学识确实为意大利文化指明了新方向,但短期内,他身边的群体主要是富裕有闲的教士和世俗王侯,这些人的资助确保了他的物质生活。让彼特拉克的作品得免于宫廷文学下乘的,是意大利诸城富裕的非教会智识群体对其理念的采纳,尤其是佛罗伦萨,在十四世纪后期和整个十五世纪,该城都是最重要的人文主义文化中心。现代学者探究过这座名城的历史,想弄明白为何她能在所有同样发展人文主义的城市中鹤立鸡群,也许这是一个没有明确答案的谜题。支撑新文化所需的财富和识字人口,在其他城市同样具备。而佛罗伦萨的特殊优势之一,可能在于其缺少的东西:不像帕多瓦、博洛尼亚、比萨和其他竞争对手,佛罗伦萨到1349年还没有一座大学。就算是之后,这座本地大学也从未在文化生活中占主导地位。因此,本地智识群体相对自由,不受大学生活的传统性和专业性的桎梏。很多富裕且有文化的非教会人士都同情彼特拉克对经院主义的反感,并且在摸索和找寻与他们对世界的体认相兼容的新文化。

尽管该理念也有反对之声,但没人否认新生的人文主义文化对共和政治理念和实践具有特殊的亲和力(巴龙 1966)。十三和十四世纪,意大利北部城市接连陷入极权统治,佛罗伦萨共和政体的存续显得愈发特别和重要。该城从未有过现代意义上的民主,但一直由自己的公民所组成的议会和委员会统治，直到 1532 年共和制被强行废弃。因此，该城的管理流程是讨论、辩论和取得共识，这是真正的共和制的特征，有别于威权政体的无条件服从和个人决策。共和城邦的统治者是富裕、受教育、拥有特权的寡头，他们具有共和意识，回顾古罗马，以其共和制为楷模。因此，彼特拉克对罗马的赞美很可能吸引到佛罗伦萨的统治精英。彼特拉克只是名义上的佛罗伦萨人，但他的文学作品获得该城很多公民的偏爱。1350 年，他去罗马朝圣时途径佛罗伦萨（第一次造访"故乡"），同一些本地文士会面，其中最有名的是乔瓦尼·薄迦丘（Giovanni Boccaccio, 1313—1375）。这次际遇使薄迦丘把主攻方向从撰写中世纪传统通俗散文故事——例如著名的《十日谈》（*Decameron*）——转向古典研究。对文艺复兴人文主义而言，薄迦丘最大的贡献是认识到彼特拉克的原创性和伟大，成为佛罗伦萨公开信奉彼特拉克的群体的核心。通过他的努力，彼特拉克的理念首度在这座城市扎根。

萨卢塔蒂和佛罗伦萨文化霸业

薄迦丘死于 1375 年，此后，佛罗伦萨人文主义者的领导地位被两个年轻人分享。一是路易吉·马尔西利（Luigi Marsili）（1342—1394），佛罗伦萨本地人，奥古斯丁修会托钵僧，曾在巴黎研习神学，被彼特拉克选为接班人，继续与意大利经院主义的非宗教倾向斗争的事业。他的修院成为人文主义文学圈的聚会场所。另一名后继的领袖人物则更重要：科卢乔·萨卢塔蒂，从 1375 年到 1406 年去世，一直担任佛罗伦萨共和国的首席文书，是促使人文主义流行、确立佛罗伦萨在意大利全境的文化霸主地位的关键人物。当彼特拉克在 1374 年去世，很多意大利城市中都有他的敬仰者所组成的小团体，佛罗伦萨并不特别突出。但当萨卢塔蒂去世时，佛罗伦萨已是无可争议的新文化中心，人文主义渐渐成为当地统治阶级的文化标准。这一变化部分得益于他针对古典文本的学术工作。他是第一个经常引用西塞罗《致友人书》(*Familiar Letters*)的人,这些书信堪称一座未被彼特拉克发掘的西塞罗宝库。他还积累了在当时堪称海量的手稿,共有超过 800 卷,从而为当地人文主义者提供了研究所亟需的资源。而且,作为负责共和国外交书信的专业文书,他建立起和意大利各地文人的私人往来,成为那一代人交换古典研究信息和灵感的枢纽人物。他写的官方文件以推行城市纲领为要旨,遵循传统外交格式,其实效为世人著称,但依然饱含古典韵味,令一代彼特拉克的欣赏者为之击节。1375 年就任后,短短数年内,他的书信就使他成为当时最著名的人文主义者。在他的影响下,人文主义成为一项吸引全意大利古典爱好者的集体事业,从而确立为受教育阶级的文化范式。

萨卢塔蒂还推进了人文主义文本和语言学学术标准的发展。他积极从事文本校勘工作,并意识到一个前人很少注意的现象,即拉丁语范式在古时发生过变化。例如,他证明在古代后期,第二人称代词主格 *tu*(汝)已被更正式的复数格 *vos* 取代,这一变化延续到很多现代欧洲语当中(法语 *vous*,意大利语 *voi* 或 *loro*,德语 *sie*,英语 *you*)。只要外交格式允许,他一概恢复使用古典的 *tu*。和彼特拉克不同的是,他不太愿意引用经院派著作,甚至不愿运用非古典技术术语,哪怕在适用的情况下也不例外;但他和彼特拉克都对当代经院哲学的世俗主义和唯物主义持保留态度。

萨卢塔蒂最伟大的人文主义学术贡献之一是参与希腊古典遗产的重生工作。只要认真阅读罗马人的著述,就必然会发现希腊学识对拉丁文学的深远影响。彼特拉克曾尝试学习希腊语,但成效不佳。萨卢塔蒂认识到,若要更深入地理解罗马著作,就必须掌握源自希腊的知识。1396 年,他说服佛罗伦萨政府,如果拜占庭古典学术翘楚曼努埃尔·赫里索洛拉斯(Manuel Chrysoloras)愿意来本地大学授课,就给他一份丰厚的薪俸。事成后,他从自己的人文主义友人中招了第一批学生。赫里索洛拉斯在 1396 至 1400 年的授课培养了人文主义者中关键的一代,他们开始学习和翻译希腊文学,并在将来把希腊学识传授给下一代。后来,当赫里索洛拉斯在意大利别处和巴黎继续讲学,所得的回应就没有如此热情。只有在佛罗伦萨,在萨卢塔蒂用心培育彼特拉克和薄迦丘的传承的地方,欧洲人方才乐于致力和吸收希腊文明。

和彼特拉克一样,萨卢塔蒂面对积极生活或避世的两难,但不   28
似前者那么纠结,这很大程度上是因为,通过个人的官员经历,他
能更好地理解给西塞罗等罗马人带来激励的公共服务理念和职
责,而彼特拉克看到的却是对公职的野心,并因此震惊。作为正统
基督徒,萨卢塔蒂认可隐修的高尚,但总体上相信人生的目标在于
脚踏实地,离不开积极参与共同体的道德和政治生活。虽然基督
的终极目标是天堂的平和宁静,但其一生充满波折和斗争,并非避
世无为。他反对托马斯·阿奎那强调智识主义、把思辨当成人生
目标的观念,更支持方济各会强调人类意志和爱上帝的态度。可
见他支持并捍卫佛罗伦萨非教会群体的积极人生观。

萨卢塔蒂吸引了一批有才华的年轻人,这群敬仰者的核心人物
有很多来自城外,记录了佛罗伦萨崛起为人文主义研究中心和翘
楚的过程。尽管很虔诚,但与彼特拉克不同,萨卢塔蒂总能坚持贯
彻积极的人生理念。作为已婚娶、要养家的非教会人士,以及经常
参与财产交易和政府事务的专业文书,他的人生和政治紧密交织。
事实上,他作为共和国首席公务员、成为意大利外交核心人物的成
功,有赖于运用人文主义修辞(有说服力的言辞和文书)技巧,进行
当时政治所需的困难的道德选择(即政治选择)。他的人文主义学
识并非无用的装饰,而是其成功的关键。他能敏锐地理解问题,运
用古代史和近代史知识分析当前问题,这是他政治力量的源泉。
在世纪之交的共和国抵御咄咄逼人的米兰大公詹加莱亚佐·维斯
孔蒂(Giangaleazzo Visconti)、竭力生存的过程中,这种力量就显得
尤为重要。在斗争最激烈的 1401—1402 年,萨卢塔蒂的外交信函
是宣传佛罗伦萨政治纲领的有效手段,他把该纲领重新定义为对
抗暴君、捍卫政治自由。对于他同时代的人,萨卢塔蒂的成就展示
了人文主义学习可以造就极为入世的人生。

对人文主义学习的批评

到十四世纪末,人文主义学习在意大利诸城的受教育精英中愈
发流行,不仅在佛罗伦萨等诸共和国是这样,在专制君主的宫廷中
也是如此。例如米兰大公,任用萨卢塔蒂以前的学生为首席文书,
开展反共和、反佛罗伦萨的政治宣传。但这股古典学习的热潮并
非无人反对。有些反对是宗教性的。所有学习异教文学的基督教
学生,哪怕在古代,都必须面对一个问题:其学习是否会削弱自身
的信仰和道德。萨卢塔蒂坚称,异教著述中的雄辩和道德反思对
基督徒极有价值。尽管个人十分虔诚,他在 1405 年还是遭到一名
保守但极为博学的道明会修士乔瓦尼·多米尼奇(Giovanni
Dominici)的抨击。多米尼奇撰《夜枭》(*The Night-Owl*),把矛头直
接指向人文主义者用古代异教著述向年轻学生授课的行为。他把
人文主义者斥为异教,指控他们轻蔑基督经籍,唾弃所有为使用古
典文本进行教育辩护的说辞,坚称基督教和异教文学水火不容。
萨卢塔蒂本人也赞同其中的部分看法,写过一篇审慎的回复,但从
未发表。

批判人文主义事业的绝不只有保守的修士。虽然越来越多的
佛罗伦萨人选择让儿子接受人文主义教育,但老派生意人还是觉
得拉丁文法和诗学对务实的人毫无用处。此外,某些人文主义者
放肆不恭的行为令很多思想传统的佛罗伦萨人震惊。佛罗伦萨贵
族奇诺·里努奇尼(Cino Rinuccini)写了一篇《痛斥对但丁、彼特拉
克和薄迦丘的毁谤》(*Invective Against Certain Calumniators of
Dante, Petrarch, and Boccaccio*)。他在文中指控,傲慢的年轻人文
主义者因过度尊崇古典而狂妄,蔑视这三位十四世纪的佛罗伦萨
大家。他还指责这些人热衷于学习瓦罗的古代罗马宗教著述,俨
然是认同古代异教。他对人文主义者公民行为不当的指控或许同
样沉痛。他控诉这些未指名的人文主义者藐视婚姻和生子延续未
来的责任,谴责他们追求混乱放纵的生活,且蓄意回避作为显赫家

族的一员应当承担的公共服务职责。他们抛弃家庭和公民职责，宁可浪掷人生于无益的异教著述，为此虚度光阴。

　　这一抨击不可能针对萨卢塔蒂。尽管他一生从事古典研究，但也投身公共服务，又结了婚，是一家之主，也非常虔诚，同样热忱地景仰上个世纪三位佛罗伦萨大家。但这些指控确实表明，有些佛罗伦萨人视人文主义为对传统的威胁。里努奇尼所指的可能是萨卢塔蒂的某些年轻追随者，例如富裕贵族罗伯托·德罗西（Roberto de'Rossi），他终身未婚、回避公职、毕生埋头书本；还有尼科洛·德尼科利（Niccolò de'Niccoli，1363—1437），他可能是最明显的例子。该世纪后期，詹诺索·马内蒂（Giannozzo Manetti）这样描写尼科利："他从不费心求取公职，……也不考虑结婚生子，只愿一生快乐读书，无财无名，无家无忧，闲适静清。"如果这种个人主义和反社会观念成为典型，人文主义就不会在佛罗伦萨社会中找到支持者。

佛罗伦萨的公民生活和人文主义学习

　　人文主义内部也有一股力量反对这种个人主义和脱离社会的倾向。最受景仰的拉丁作家西塞罗投身政治漩涡，且言之凿凿地教诲道，真正有德的人把服务社会视为最高价值。修辞雄辩和道德政治的结合是西塞罗教育理念的标志，也和政治行动直接羁系。萨卢塔蒂以首席文书的职业生涯展现了与雄辩和道德相结合的人文主义对社会的价值。大多数人文主义者都和城市福祉休戚与共，必然意识到人文主义学习很适合公职生涯。现代研究已大大削弱布尔克哈特留下的印象——典型的人文主义者是缺乏社会权益的穷困学究。可以肯定，在佛罗伦萨，重要的人文主义者或是出生于富贵家族，或是有才华的移民（如萨卢塔蒂），通过为市政府或富裕公民服务换得可观的特权和财富。十五世纪早期，守护既有社会秩序正是佛罗伦萨人文主义显要们极大的既得利益所在。

　　有些历史学者，尤其是德裔美国学者汉斯·巴龙，提出佛罗伦萨面临的迫在眉睫的军事和政治威胁对该城政治理念和文化生活具有革命性的冲击力。从 1385 年至 1402 年死于意外,米兰大公詹加莱亚佐·维斯孔蒂追求扩张主义外交政策,危及佛罗伦萨的独立和权益。大部分历史学者认为,当时人们对佛罗伦萨独立所面临的威胁有点言过其实。这多少有些事后高明的意味。很多市民确实感到城市危机重重。巴龙主张,该城政治远景和人文主义文化的根本变化是这种危机感的来源。面对失去独立的危险,统治精英齐心协力守护共和制,把这场政治危机解读为他们的"共和自由"和米兰大公的"暴政压迫"之间的斗争。在首席文书萨卢塔蒂所撰写的政治宣传文稿的启迪下,佛罗伦萨人接纳了植根于西塞罗政治思想的共和政治理念。因此,巴龙总结道,在佛罗伦萨,人文主义经历了从个人主义和非政治文化运动到政治理念的历史转型,该理念以罗马共和制为楷模,教导公民把积极生活和服务共和视为最高的世俗目标。巴龙把这一理念称为"公民人文主义"。

31

萨卢塔蒂的部分政治文稿主张,古罗马范式的共和主义是最佳政治形态,但在其他著述中也支持传统的中世纪观点,认为君主制是最佳政府形式,因为它映射了上帝统治宇宙的模式。本来,人们认为佛罗伦萨是尤利乌斯·凯撒的根据地,但他发现实际上是共和国将领苏拉设立的殖民地,所以其源头有共和色彩,而非帝制。巴龙认为,该城的独立地位与共和理念建立关联后,其最重要的文化后果是统治阶级资助人文主义者,并倾向于让男性后代接受古典教育。人文主义教育光大了古罗马。在一个通过辩论和讨论决定政策的共和国,它所培养的雄辩技巧也正是公民所需。

巴龙把萨卢塔蒂视为这一转型的发起人,他以令人瞩目的方式推动了人文主义学术在佛罗伦萨乃至整个意大利的发展。虽然他在自己的理论著述中接受中世纪的罗马普世君权论,但他所生活的真实世界不是古罗马,而是事实独立的中小国家构成的一片混沌。很多国家追求的政策危及佛罗伦萨的利益,尤其是教廷和米兰公国。为了正当化该城的立场,他发现,罗马共和国的范例不仅是政治纲领的来源,也具有外交启发性,从中可以得出守护佛罗伦萨独立的思路。巴龙总结道,萨卢塔蒂的历史成就是把人文主义运动和罗马共和传承的再发现结合到一起。

布鲁尼的共和理念

据巴龙的看法,萨卢塔蒂人文主义思想元素所带来的最重要的后继产物,是其最能干的年轻追随者阿雷佐的莱奥纳尔多·布鲁尼(Leonardo Bruni of Arezzo,1370—1444),他从本来埋头学术不问世事,转为积极守护共和政治价值观。从 1401—1402 年米兰危机最急迫时写的两篇对话开始,到《佛罗伦萨人民史》(*History of the Florentine People*)这一巅峰杰作(1415—1429),布鲁尼捍卫共和,称其为最佳政府形式,并引用古罗马为证。他的笔法是对古代和现代的历史激进主义的再解读。中世纪时期的史学者毫无例外地接受中世纪神圣罗马帝国的主张,即奥古斯都的帝国标志着古代史的巅峰,他贤明地创建这个帝国,是为了让全世界迎接基督的重生,中世纪诸日耳曼皇帝是古罗马帝国的合法继承人。布鲁尼则全盘推翻这一帝国神话,代之以完全不同的历史——雅典和罗马的古文明是公民的自由思想和行动的产物,他们在共和体制下自我统治;极权势力在罗马帝国时期的发展毁灭了政治自由和共和体制,最终毁灭了古代文明;帝王专制摧毁自由,而文明的兴盛离不开自由,因此古代世界已亡,在历史中留下永远不可超越的巅峰。

布鲁尼进一步主张,十二世纪托斯卡纳诸城兴起的共和自治是学术复兴的终极追求。以比彼特拉克更清晰的方式,他激进地定义了罗马世界终结后的历史断层,从而强化了文明重生的文艺复兴观。布鲁尼的共和理念否弃倾向隐思生活(不管是修会还是学术)而非积极公民生活的传统思想。在洋溢赞美之情的但丁传中,他赞扬这位诗人是理想的人:一家之父、活跃的公民、诗人和哲学家。活跃的世俗生活不仅没有与其伟大文学成就冲突,甚至还是伟大的条件之一。布鲁尼又补充道:"很多无知乡鄙觉得不隐世闲居就不算做学问,请容我反驳一句;我本人从未听闻任何噤声避世的人能掌握三种语言。"也许他所暗指的是尼科洛·尼科利等不事政治的纯文学古典主义者。

巴龙的"公民人文主义"概念从一开始就受到挑战,且不断引来众多学者的怀疑。虽然他的解读在二十世纪五十、六十年代得到广泛支持(尤其是北美),但近年逐渐失势(切伦扎,第36—38页)。巴龙强调1401—1402年的这场"危机"是人文主义从文学运动转型、开始受官方主导的转折点,现已证明,这是他最失败的结论。不过,他的更宽泛的主张,即人文主义学识和共和政治之间存在关联,则有着更持续的影响力。据他所说,"公民人文主义"为统治佛罗伦萨社会的富裕精英提供了适用的政治理念,该理念不仅基于罗马共和国和佛罗伦萨共和国之间的相似性,也基于积极参与社会、政治和经济生活属于精英集团道德义务的信念——这个精英集团一直主宰政治生活。有一则针对巴龙的批评颇有影响力,指出"公民"人文主义概念的根源不在十五世纪,而在"魏玛共和国的政治和智识史之中,彼时年轻的德意志自由民巴龙狂热支持这个共和国,直到被纳粹强迫流亡"(戈德曼,第293页)。巴龙在"公民人文主义者"身上发现的理念,染上了其本人信念的色彩——这一信念关乎现代文明社会的必备本质(康奈尔收录于汉金斯,2000,第16页)。但巴龙把这些理念追溯到古希腊罗马,从亚里士多德(布鲁尼把他的《政治篇》译成了拉丁文)、西塞罗和其他罗马重要史学家的政治思想中找到呼应。他力陈,人文主义者,尤其是布鲁尼,为现代世界找回了罗马共和制的政治精神。

关于布鲁尼本人对共和理念是否存在信念,历史学者进行了争论。他们发现,在尝试接替萨卢塔蒂的首席文书职位但失败后,这位自诩的共和主义者离开佛罗伦萨,去堪称极权政治温床的教廷担任秘书。但当他所叙职的教皇卸任后,不是佛罗伦萨出身的布鲁尼选择定居佛罗伦萨(1415)并取得公民身份。此后,他的文学创作主要致力于该城历史。1427年就任首席文书后,又投入大量精力对抗来自米兰大公的新一轮军事威胁。

有些针对"公民人文主义"的批评否认共和政治理念对佛罗伦

萨文化的影响,指出该城政治体系实际上并不民主。在共和制的表面背后,实权集中在少数富有的大家族手中。但该反论并不能成立。共和主义不等同于民主,以该术语的现代含义来看,古罗马、中世纪和文艺复习时期的佛罗伦萨都从来不算民主,也从不追求民主。类似古罗马,文艺复兴时期的佛罗伦萨由富裕家族实行贵族统治。非富裕公民实际享有的权力在不同时段各不相同,从1293年共和制建立以来,普通公民该享有多少政治权力一直是当地政治中反复出现的争议点。就算在美第奇家族(1434—1494)的非正式专制统治下,城市仍保留共和形式;皮耶罗·德·美第奇(Piero de'Medici)失去民心后,在1494年被市民轻易驱逐,表明美第奇家族的霸权也依赖公民的默许。佛罗伦萨人依然敬畏共和体制。1494年驱逐美第奇后,本地政治的主导者设法在保留共和政策的同时加以改革。他们的目标是维持建立已久的富裕阶级统治,同时至少在表面上坚持普遍参与,并防止个人或派系获取过多权力。佛罗伦萨人依然以公民而非臣民自居。"公民人文主义"没有威胁城市富裕贵族的传统统治地位。事实上,人文主义教育对统治阶级的吸引力,在于他们相信这种教育是让后代为下一代领导人的身份做好准备的最实用的办法。

34

在佛罗伦萨,公民人文主义最后的重要象征是尼科洛·马基雅维利(Niccolò Machiavelli)。其最著名的作品《君主论》的读者应该记得,他反复强调一个观点:如果条件许可,共和政府是最佳的统治形态。不过他还阐明(在《君主论》和另一部重要政治著述《论李维》中),共和制的成功有赖于历史条件,有些社会在道德上不适合自我统治——令他恐惧的是,其中也包括他所热爱的故乡。在争取共和体制改革的过程中,在本人的政治生涯(1498—1512)中,他认同适度贵族化的、为所有有产公民提供一定政治发言权的共和制。

在萨卢塔蒂和布鲁尼的著述及个人榜样的推动下,人文主义文化从彼特拉克等少数文人的非主流兴趣转变成文艺复兴时期意大利精英阶级的标准文化。这是汉斯·巴龙的核心论点,也还未被有效地推翻。要想成为十五世纪意大利生活中的一股重要力量,人文主义最终离不开难以取悦的生意人、寡头和诸侯的认同——认为人文主义治学有助于他们的统治。对西塞罗和罗马历史学者的研究使人们对佛罗伦萨共和政府的兴趣一直如暗流不息,有些现代早期政治思想研究者指出,布鲁尼和马基雅维利的佛罗伦萨政治传统,以及亚里士多德和西塞罗这两个古代来源,对十七世纪四十年代英国共和主义的诞生起到重要影响,甚至影响到十八世纪后期美国及法国革命中的共和主义和政治自由主义(波科克)。

35　　也许,如一份近期研究所称,十五世纪中,关于意大利文化方向的真正斗争,与其说是在共和制和君主制之间展开,毋宁说是在对人文主义学习的两种观念之间展开:一种把它视为积极投身政治、商业和家庭生活的准备,另一种则视其为投身哲学思辨和文献学术的准备(戈德曼)。人文主义被拉扯到两个截然不同的方向:年轻人投身公共生活的修炼("致用"思想)和纯学术,不管这种纯学术是马尔西利奥·菲奇诺(Marsilio Ficino)及其弟子的新柏拉图主义思辨,还是安杰洛·波利齐亚诺(Angelo Poliziano)的语言比较和文献学研究。

专制宫廷中的人文主义

　　虽然佛罗伦萨共和主义在十五世纪后期美第奇家族的统治下渐渐消弭,最终在 1532 年被得到西班牙和教廷武装支持的美第奇公爵所灭,但人文主义教育尤其适合政治生活的理念没有被毁,因为该理念在其发源地佛罗伦萨共和国以外同样适用。早在萨卢塔蒂时期,人文主义者已经凭借人文主义学习所获得的政治技巧被显赫公王任用,为他们拟定政治纲领。例如,萨卢塔蒂最重要的共和理论著述就是对安东尼奥·洛斯基(Antonio Loschi)所写的一本反佛罗伦萨宣传册的回应。洛斯基本是萨卢塔蒂文学圈的一员,后成为米兰的首席文书。如果佛罗伦萨算得上罗马共和国的传人、政治自由的故乡,那么米兰大公就可比肩奥古斯都那般伟大的统治者,为全意大利带来统一与和平。布鲁尼秉持的公民人文主义理念可以轻易改头换面，拿来证明为宽厚仁慈的君王效力的正当性。在人文主义流行的新风尚下，人文主义者具备首席文书、外交大臣、政治宣传家等职务所需的技巧。

人文主义中的佛罗伦萨元素在小宫廷传播得最为迅速：帕多瓦的卡拉拉（Carrara）、费拉拉的埃斯特（Este）、曼图亚的贡萨加（Gonzaga），都任用人文主义者担任公职，也资助这一新文化。较大的意大利宫廷，如那不勒斯、米兰和教廷，跟随佛罗伦萨风潮的脚步要慢得多，但也早就接纳人文主义者。教廷尤其觉得人文主义者典雅的拉丁文风和词藻特别适合文书工作。布鲁尼本人也在教廷任职数年。相当令人意外的是，意大利第二大共和城邦威尼斯对人文主义的反应速度却较慢。威尼斯置身事外的原因之一可能是该城的政治相当稳定，而这有赖于审慎地保留传统。另一原因是其一直延续到十五世纪伊始的、不参与意大利战争和结盟的政策。但在十五世纪，威尼斯开始寻求在大陆的立足点和盟友，因此领导者也逐步被新文化所吸引。尽管如此，直到该城于 1509 年面对和教廷的直接武装冲突，其统治阶级方才接纳类似佛罗伦萨人文主义共和政治的理念。

至十五世纪中段，人文主义文化已成为意大利北部特权阶级的习规，甚至在那不勒斯王国、罗马等社会欠发达区域，人文主义者对宫廷也有很强的影响力。人文主义教育所养成的修辞和语言技巧对君主和共和国都适用，用途也基本相同：从事秘书、公共行政、政治宣传，也为统治者及其幕僚的后代提供教育。严格参照古罗马的拉丁语说写能力，充分的古代历史和文学知识储备，乃至会一点希腊语，成为对意大利受教育者的普遍期许。这些独特的文艺复兴文化现象，结合服务社会的理念（常常表现为服侍君主），构成了非共和制下的"公民人文主义"，但往往还混杂其他传统宫廷技艺，例如马术、军事、通俗散文撰写、歌唱、乐器演奏，以及交谈的艺术。巴尔达萨雷·卡斯蒂廖内（Baldassare Castiglione）伯爵所著《廷臣之书》（*The Book of the Courtier*）反映了十五世纪后期乌尔比诺（Urbino）公国的人文主义宫廷的优雅风景。该书直到 1528 年才

36

出版。以单卷本能做到的极限,展示了人文主义如何成为文艺复兴时期意大利"丽人"文化的主要元素。

探寻古代文本

关于十五世纪意大利人文主义,卡斯蒂廖内的书里漏了一个重点,即继续并完成早期人文主义者搜寻古文学失落手稿的事业。前文谈到彼特拉克和萨卢塔蒂发现的手稿,这项工作持续到新世纪。离经叛道的尼科洛·尼科利通过书信指挥一场无止尽的新文学探宝,也取得可观的成功。一名和他通信的人在德意志找到了罗马史家塔西陀的作品,而之前意大利人对他一无所知。在德意志参加康斯坦茨会议时,波焦·布拉乔利尼甚至有更好的运气。他在北方各图书馆的发现包括西利乌斯·伊塔利库斯(Silius Italicus)、卢克莱修(Lucretius)、曼尼里乌斯(Manilius)、阿米安·马塞林(Ammianus Marcellinus)、阿斯库尼(Asconius)、瓦勒里乌斯·弗拉库斯(Valerius Flaccus)、斯塔提乌斯(Status)和彼特拉克的文本——可以凑成一座古典图书馆。但最惊人的发现在瑞士圣加伦,他找到了昆体良《雄辩术原理》的完整文本,该作品之前仅以手稿片段见世。昆体良在古典修辞方面是仅次于西塞罗的权威,而古典修辞是罗马和人文主义教育的基石。《原理》不仅是演说的技术指导,也设计了一整套结合雄辩术和道德让公民胜任高级官职的教育方案。

赫里索洛拉斯把希腊知识植入佛罗伦萨人文主义群体,意味着恢复希腊异教和教父文学也成为人文主义文化复兴事业的组成部分。1403 年,当赫里索洛拉斯返回君士坦丁堡,他的意大利学生、维罗纳的瓜里诺·瓜里尼(Guarino Guarini)和他同行,用了五年时间磨砺古希腊语言和文学技艺。1408 年返回意大利时,他带回五十份意大利原先没有的希腊书籍手稿。西西里人文主义者奥里斯帕(Aurispa)收集了不少于 238 份希腊手稿,包括埃斯库罗斯(Aeschylus)和索福克勒斯(Sophocles)之前不为人知的戏剧。1427

年,在君士坦丁堡出任使节七年后,人文主义者弗朗切斯科·菲莱尔佛(Francesco Filelfo)返回故乡威尼斯,带回了新发现的四十名古代作家的作品。翻译这些文本尤其重要,尽管人文主义学校中的很多学生学过一点希腊语,但能轻松阅读的人相对很少。因此,希腊文学传承的彻底恢复依赖于拉丁语译本。莱奥纳尔多·布鲁尼积极从事翻译,还提出了关于文学翻译标准的新概念。他的导师赫里索洛拉斯批评中世纪译者逐字死译的做法,布鲁尼的《论翻译》(On Translation)发展了这一观点,并支持不拘泥于字词、采用自然的目标语言、注重表达思想的译法。

到十五世纪三十年代,意大利最优秀的希腊文化学者已做好语言准备,可以应对希腊哲学思想洪流,以及参加费拉拉—佛罗伦萨大公会议的拜占庭学者带到西方的争论。前路已开,柏拉图思想热潮将在该世纪后半叶席卷佛罗伦萨智识圈。教廷任用人文主义者的做法也使罗马成为重要的人文主义学术中心,尽管那里有错综复杂的个人利益,该时期若干教皇的智识水平也很平庸。教皇尼古拉斯五世(Nicholas V,1446—1455)的就任对人文主义发展尤其重要。他不仅收集了大量书籍,以此奠定梵蒂冈图书馆的基础,还聚集一支学者队伍,从事包括基督教和异教作品在内的所有希腊作品的拉丁文翻译。此计划未能在他相对短暂的任期内完成,但表现出十五世纪人文主义者搜罗所有希腊文学的决心。

现代世界可能难以理解人文主义者搜寻古文献的狂热。但使现代读者得以了解古代文学、历史和哲学的重要现代版本,都依赖于文艺复兴时期的古典学术成果。若是没有柏拉图、埃斯库罗斯、索福克勒斯、阿里斯托芬(Aristophanes)、希罗多德、修昔底德和波利庇乌斯(Polybius)等人的希腊语作品,以及李维、塔西陀、卢克莱修、昆体良等人的拉丁语作品,西方文明将贫瘠许多。但在十五世纪发现手稿之前,这些作家都完全或基本不为人知。到文艺复兴末期,现代拉丁和希腊古典的主体已经完成,其中的希腊部分也有拉丁译本。十五世纪五十年代问世的印刷术使这些发现得到更广泛的传播,也确保其存续。

38

瓦拉和批判方法

如果现代历史学者难以对文艺复兴时期人文主义者探寻失传古典文学的激动之情产生共鸣，至少应该会被人文主义者创造的新式历史批判方法所打动。有时，中世纪作者也意识到隐藏在古典、教父甚至经籍文本中的错误。但总体上，他们盲目信赖手头文本的准确和权威性。中世纪是作伪者的天堂，文学文献和法律文件都经常被无中生有，以满足各种目的。此外，也有很多属于古代的文本被归给错误的作者。就连被研究得最透彻的世俗作者亚里士多德，也背着一列后人伪托在他名下的书目，其中有很多和他大量真作的观点毫不兼容，因此很容易辨识，却无人发现。拉丁语作者中，小普林尼的书信和老普林尼的《自然史》在整个中世纪都已为人所知，但一直被当作同一作家的作品。分清叔叔和侄子这种手到擒来的成果都一直没人去领（侄子在一封信里甚至提到叔叔死于维苏威火山爆发的离奇经历），最后总算有一位早期人文主义者指出这一明显的错误。

39

彼特拉克以降的人文主义者开始意识到很多古典文献中存在缺漏、添字和误字，这纯粹是千百年来不断转抄所积累的抄写错误。于是，人文主义者不仅寻找文献，还致力于修正文本错误，其方式是对比多部手稿，或基于他们对作者的认识和上下文语境判断。① 然而，就算以最乐观的方式看，早期人文主义者对古文献的批判和修订工作也是问题重重的。批判方法的决定性改良来自洛伦佐·瓦拉（Lorenzo Valla，1407—1457），他是罗马的人文主义者，一生中与教廷的关系最为长久。他就学于费尔特雷的维多利诺（Vittorino da Feltre）在曼图亚开办的著名学校，在帕维亚（Pavia）大学教过修辞，的十五世纪二十年代结识佛罗伦萨人文主义圈的重要人物，为那不勒斯国王效力多年，最后返回罗马担任教廷文书

① 分别对应中国史籍校雠的死校和活校法。——译注

院秘书。最近的学术研究取得共识，单论智识能力和原创性，瓦拉是最有才的文艺复兴人文主义者。他具有取得卓越的学术成就所需的敏锐头脑和自我鞭策，是当时少数对哲学有突出兴趣的人文主义者之一，在一切所涉及领域，他都表现出非传统的，甚至极端的立场。

但本章最关切的，是作为人文主义修辞学家和文法学家的瓦拉——他抓住了文艺复兴的两个真正新思想中的另一个（第一个是彼特拉克发现的历史断续性）。这个古代和中世纪一切思想家都没有看透的观念是：人类语言和物质世界中的一切存在一样，是人造的文化产物，所以语言也经历历史发展，随着时间的流逝而变化。对于他本人最感兴趣的文法领域，这意味着之前所有人文主义者追求拉丁文造诣的努力都缺乏可靠基础，因为他们都未能考虑到语言的发展。之前的人文主义者往往热衷于追求兼容并蓄的"古典"风格，这种努力实际上不能形成任何风格，因为这些当代作家不加区分地学习古代作者的文法和词汇，而不同古代作者的年代可能相差六七百年之遥。瓦拉坚称，想要写好拉丁文，就必须界定一个时期，以共和国后期和帝国早期为佳，并且只使用该时期作者所使用的词汇和文法实例。这实际上是委婉地指出，所有前人和同代人都不懂文学风格。把情况搞得更糟的是，他不仅敢于指出泰斗西塞罗并非可靠的文风准绳，不如近期发现的修辞学家昆体良，而且还锋芒直露地给当代名人的文笔挑刺，甚至鲁莽地公开自己的观点。

瓦拉的语言变化论是现代语言学的基础。此概念最广为人知的表达见于他的《拉丁文的典雅》(*Elegances of the Latin Language*，约 1440)。这是一本古典范式、用法和文法指南，以对拉丁文黄金时代主要作家的细致探究为依据。其中篇幅最长也最有价值的部分之一，是对一个个拉丁词语精确含义的细致的比较式研究，堪称福勒《现代英语用法》(*Modern English Usage*)的十五世纪的前身。在那个人文主义者凭高超的拉丁文笔安身立命的年代，其价值尤为凸显。他死后十年，当印刷术传到意大利，《典雅》

40

33

一书即被早早一再重印。它成为拉丁文风格的最佳指导书；伊拉斯谟极推崇此书，在他死去的 1536 年，这本既厚且贵的书已付印五十九个版本。

瓦拉的批判精神带来的累累硕果充分表现在他的《李维校勘》(*Emendationes Livianae*)中，此书确凿无疑地证明李维的罗马史中存在的错误，并表明就算最伟大的史学家也必须接受批判性分析。对李维的校勘成果表明，瓦拉在语言文献批判研究中的深明见解并非其全部才华，只是他更广泛的历史批判理念的一部分，这种理念让历史文献的评价产生天翻地覆的变化。秉持该理念，他对当时公认的经籍学术发起攻讦，质疑众多已被普遍接受的文献的可信度，例如所谓使徒保罗和罗马哲学家塞内加的往来书信。

其批判方法最著名的实践是代表其雇主、那不勒斯国王阿方索(Alfonso)所写的文章，当时国王正和教皇开战。这篇《君士坦丁御赐教产谕辨伪》(*Declamation on the Forged Donation of Constantine*，约 1440)矛头直指中世纪教皇用来证明对全西欧都拥有政治(而不仅仅是宗教)权威的文献。据称，《御赐教产谕》是第一任基督教皇帝君士坦丁把政治权授予教皇西尔维斯特一世(Sylvester I)的诏谕。事实上，这是八世纪(比君士坦丁晚四百多年)人明目张胆的伪造。但此文被收入教会法典，在教廷和中世纪日耳曼诸王的冲突中被教廷捍卫者引用。之前，其真实性受过一些审慎的怀疑。但瓦拉不仅仅是怀疑。他运用历史和语言批判的法则，把此文置于严密的批判分析之下，这两种思考方法在中世纪都无人运用。首先，瓦拉提出纯理论性的反论。贤能如君士坦丁皇帝不可能颁发这种御赐，就算确有其事，圣明如西尔维斯特教皇也必定拒绝，因为他毫无世俗野心。任何中世纪的王权支持者都写得出这种影射当前教皇政治野心的春秋笔法。瓦拉的第二道论证更有创新性，运用了历史批判的一条基本原则，就是独立互证的要求。如果君士坦丁确实让出了西方诸省的控制权，那西尔维斯特统治的其他证据在哪？以他名义颁发的法律、特许状和其他文

41

件在哪里,他任命的官员名录在哪里,刻有他头像的硬币在哪里?有哪个当时或后期的编年史家记载了西尔维斯特治世的事件?转向文本本身,他进行了细致的、逐字逐句的分析。例如,"君士坦丁"把新都称为"君士坦丁堡",可此名在他生前从未用过。另外,"皇帝"谈论贵人派①的口气,就仿佛后者是罗马贵族,但学过罗马史的人都知道,他们是共和国晚期内战中的贵族政派。而最具说服力的,是瓦拉运用语言比较科学得出的决定性结论:该文使用的语言不是四世纪真正的帝诏中使用的拉丁语,而带有很久以后的古典拉丁语退化后的特征。例如,为何作者用中世纪拉丁词 *banna* 来指旗帜,而不是罗马人使用的正确词汇 *vexillum*?君士坦丁不属于教会,他能否把司铎授品权赐予主教已是疑问,哪怕不谈这点,为何此文用中世纪词汇 *clericare* 来指授品?瓦拉还挑出一些极不符合古典范式的语法形式。简言之,此文必系伪造,在历史和语言两方面都包含严重的年代错误。如艺术史学者和文学史学者所反复指出,中世纪对年代错误毫无概念,因为历史断续性和分期性的概念是彼特拉克首创的。

　　瓦拉的批判是毁灭性的,但事实上教廷已有几百年没怎么引述《御赐教产谕》来主张政治权力了。1519 年,德国人文主义者乌尔里希·冯·胡滕(Ulrich von Hutten)付印此文最早的印刷版,作为反教皇的新教宣传材料,意图表明教廷主张的权柄建立在蓄意的谎言之上。但瓦拉完全没意识到这篇文章是对教廷整体的攻讦,只以为仅攻击现任教皇针对那不勒斯国王的政治野心。他最大的成就是发展了语言变迁的概念,并创造了语言比较及历史批判的观念,同时他也是同代希腊学者中的佼佼者。他把荷马《伊利亚特》,以及希罗多德和修昔底德的作品译成拉丁文。其最有历史价值的希腊学术成就是《新约注释》(*Annotations on the New*

42

---

① 精英派,希望强化元老院权力,限制公民议会权力,防止将领个人得势。——译注

Testament)。他在当时使用的通俗拉丁文本圣经(Vulgate)①中发现严重的范式缺陷,打算参照希腊原文予以修订。他坚持,严肃的新约学术必须援引希腊文本,通俗拉丁文本圣经中难以理解的段落可以参考希腊文厘清。这套想法最终催生了一系列对具体段落的校注,其中不清晰的语句或明显的错误可通过比照希腊文来修订。这一先驱式的努力获得关注寥寥,直到1504年,北方最伟大的人文主义者伊拉斯谟才在鲁汶附近的一所修院中发现瓦拉校勘的手稿。他于次年发布该手稿,这成为他本人圣经学术发展中的重要一步。

瓦拉最丰硕的成果——他所创造的语言和历史批判的学术方法——几乎没有得到同代人的理解。他以怀疑和批判的态度对待文献,这太离经叛道,违背从中世纪继承下来的、被广泛接受的思维定势。至于其语言比较学成果,只有《典雅》一书,作为人文主义者改良拉丁语格调的实用指南,在十六世纪之前被广泛传阅。

在瓦拉去世的1457年,人文主义研究是意大利宫廷和城市中最热的潮流。大量人文主义者竞争教廷、各个城市和宫廷中的职位,使人文主义者之间产生仇隙,毁谤他人成了抬升自我的一种手段。瓦拉很擅长这套把戏,但他非凡的原创性,尽管得到现代人文主义历史学者的高度推崇,却被同代人视而不见。

在瓦拉学统的继承者当中,最有能力的人是安杰洛·波利齐亚诺(1454—1494)。他对古典文献的修订依然保留在现代版本的注释中,也是年代最早的、达到这一成就的文艺复兴时期学者。波利齐亚诺只发表过一篇重要著述,即《杂篇》(*Miscellanies*,1489),是有关各种文献问题的评论短文集。此书在很多方面都堪称突破性

① 天主教会使用的拉丁文圣经。382年教皇圣达马苏斯指派圣哲罗姆参照各种译本编译一本合用的拉丁文圣经,他修订完成了福音书,又据七十子希腊文本旧约先后译出诗篇、约伯记等卷,后发觉所参照的七十子希腊文本有缺陷,遂根据希伯来文重译整本旧约,于405年左右告成。此后数百年间出现过众多以此为基础的改编本,皆可算作不同版本的通俗拉丁文本圣经。最后一次改编校订由1965年第二次梵蒂冈会议决定成立的委员会负责进行。——译注

作品。首先,他使用手稿的新方法也许是最重要的突破。人文主义者此前一直在寻找未知手稿,但没有系统和批判地利用手稿校订和评注古典的方法。如果有多个存异版本,他们选择的方式随意而散乱。实际上,他们择定文献版本时依赖的是个人的拉丁语感,这就是瞎猜。波利齐亚诺抛开猜测,而是专注于手稿本身。他的指导原则是,最早的可用手稿可能最接近原文。相比经过好几代誊抄员之手、积累了种种猜测和抄写错误的手稿,其错误之处也更接近正确拼写。他展现了检视一组手稿、确定其相互关系的实践方法。波利齐亚诺还意识到平行参考的需要,尤其是镌文和教会法,并求证于希腊平行文献,因为很多拉丁作者都以希腊范式为榜样。他不仅精通希腊语,也精通希腊文学,所以能纠正很多拉丁文著述中的错误拼写和含义,而这些错误令他所有的前辈都感到困惑。凭借这一比较式方法,他确立了另一项现代古典学术的基本流程。

　　他的成就非常伟大,但依然有局限。波利齐亚诺是文艺复兴人文主义特定支流的杰出代表,该支流后来发展为专业古典语言比较学。但他只为极少数精英学者著述,主要是以其资助者洛伦佐·德·美第奇(Lorenzo de'Medici)为中心的智识圈。他和与他为友的佛罗伦萨新柏拉图哲学家,都对萨卢塔蒂、布鲁尼等人的共和政治理念毫无兴趣。他对于促进参政意识、赞美家庭生活,或凸显古罗马和当代佛罗伦萨的历史相似性,都没有显示出丝毫兴趣。他对古代的兴趣远离日常生活。他使人文主义成为真正的科学,但也使它(或者说他这一类型的人文主义)脱离于公民生活。洛伦佐的友人、威尼斯的埃莫劳·巴尔巴罗(Ermolao Barbaro)也是当时杰出的人文主义学者,他们的生涯标志意大利人文主义的顶峰。两人都卒于 1494 年。在他们之后,意大利依然有才华出众的人文主义者。下一世纪,罗马教廷确认意大利在人文主义以及艺术和音乐方面的领导地位。但十六世纪人文主义真正的创新人物,是伊拉斯谟、比代、斯卡利杰尔(Scaliger)、卡索邦(Casaubon)等北方人;是他们的著述使瓦拉和洛伦佐作品中的学术创造精神和挑战传统的智识方法得以延续。

意大利中世纪晚期的教育

彼特拉克以雄辩和哲学统一为基础的基督教社会文化和道德重生之梦对教育有重大的影响。而且，他反复表达对当时使用的蛮夷（即后古典）拉丁语，以及大学里埋首于逻辑、自然科学等学科的风气的鄙夷，认为这些纯思辨学科对真正的人类生活毫无用处。他对传统教育的抨击似乎主要针对大学。

但在意大利，尽力传授更好的拉丁古典范式、对古典文学投入更多关注，不仅是大学面对的压力，也是下一级学校所面对的。这类学校在现代可称为高中。意大利大学本质上是专业学部（主要为法学和医学，还有少量神学）的联合体。在北部的大学，十三四岁的男孩即可入学，他们必须先完成通才教育才有资格进入专业学部；而意大利大学招收十八岁左右的学生，他们已读完大部分预科，可以开始法学和医学的专业学习（Grendler，2002，第3—5页；参见 Grendler，2004，第3—12页）。意大利的拉丁文法学校向已经学会阅读但拉丁文法知识非常基础的孩子提供教育，彼特拉克的人文主义追随者盯上了这类学校，想引入更古典的书写范式和大学预科教育。

彼特拉克本人并未提出详细的教育改革方案。十二世纪到十四世纪，大量拉丁文法学校在意大利创建，有些由城市议会兴办和控制，但大多都私属于一名有经验的师长，向孩子传授实用但不古典的拉丁语。他们的目标是让孩子为大学的三大世俗职业教育打好基础，即律师、医生和文书员。与文法学校平行的是另一套算数（abbaco）学校体系，用通俗语向打算从商而不读大学的孩子传授商业算数、几何和会计知识。不管是拉丁语法还是算数学校，几乎全都被非教会人士控制，有些是城市议会管理的公共学校，有些是私人学校。不管是哪种形式，学校必须满足出资家长的要求，他们希望学校按他们自己的抱负培养孩子。中世纪后期，教会控制的学校数量不多,重要性也不大(Grendler,1989,第 6—7、10—16 页)。
公共学校在意大利小城市相当普及,因为公民领袖都希望后代得
到有益的世俗职业教育,不管是基于大学的专业学习还是商业教 45
育(**算数**学校就是为此创建的)。在较大的城市,教育资源更多样,
公共学校就不那么重要了。私人导师向富裕家庭的子嗣传授高级
拉丁文法,家境略差的孩子则有私立学校指导。

　　到十四世纪,这一系列学校为中等收入家庭的子嗣提供学习算
数或拉丁文法的机会。有些孩子在两种学校学习。因为学校广泛
存在,城市男性普遍掌握通俗语。文法学校希望入学的孩子在小
学里学过非常基础的拉丁语法。但初级学校教育的真正目标是通
俗语扫盲;严肃的拉丁语学习始于文法学校(Balck,第 41 页)。这
类二级学校使用的传统文法教科书是罗马晚期语法学家多纳图斯
的《小艺》(*Ars minor*),此书被视为无法让学生达到很高层次的肤
浅教材。但另一部古代标准文法手册普里西安(Priscian)的《语法
原理》(*Institutiones grammaticae*)又太细,结构也杂乱,不能满足学
生的需求,不过有些老师会引用其中的材料。十二世纪,人们几次
尝试改编此书,以适应意大利学生的需要。后来开始使用一份通
称《门道》(*Ianua*)、有时也称 *Donado* 的教材,此教材采用问答集的
形式。对手稿的文法研究表明,中世纪和早期文艺复兴文法学家
在教学中使用范式简单而直接的拉丁语,模仿的是当时的意大利
拉丁语,而非古典拉丁语。因此,孩子们学的拉丁语使用意大利通
俗语的词序,换言之,他们学的是我们今天所称的中世纪拉丁语。
当时的法国智识圈以巴黎新成立的大学为中心,对意大利学校有
可观的影响力,后者对《教理》(*Doctrinale*)的广泛使用,就是该影响
力的体现。这是一部意大利教师维尔迪厄的亚历山大(Alexander
of Villedieu)在 1199 年编写的韵文式文法书。此书韵格散乱,用词
和范式也不够古典,后来成为人文主义者嘲笑的借口,被责为"野
蛮"的当代学院拉丁语。尽管如此,《教理》一书也有很多可取之
处。其内容全面、结构得体,甚至被人诟病的蹩脚韵文也不无用
处,有助于学生记忆语法规则。十三世纪,意大利开始经常使用

《教理》及同样有韵文的各种语法书,大多来自法国。就连主要以无韵文写成的语法书也会加入韵文以帮助记忆。

46　　到十五世纪后半叶,意大利学校中开始使用新的人文主义文法,旨在传授古典风格的拉丁文。但就算是这些批判《教理》的著述,也遵循其大纲和编排顺序。其中很多教材包含《教理》或其他韵文式语法书的节选,作为记忆辅助材料。但其中最有名的一本——尼科洛·佩罗蒂(Niccolò Perotti)所著《基础语法》(*Rudimenta grammatices*)(1468;首印于 1473)是例外(Black,第124—136 页)。十五世纪后期,亚历山大蹩脚的韵文式文法书不再是意大利优质文法学校中的主要教材,教师开始援引《教理》,因为其内容全面,韵文也颇有助益。现代学者普遍认为,1500 年以前,《教理》在意大利已经用得很少(但未完全绝迹。Grendler,1989,第 139、168、182 页);但最近研究表明,其手稿在十五世纪意大利也广泛流传。其印刷版很早问世,且频繁重印(1500 年前至少有四十六个意大利文版),并一直重印到近十七世纪。其最后的意大利文版问世于 1588 年(Black,第 153—157 页)。大约从 1520 年开始,德国学校和文科学部不再使用《教理》,但意大利不是这样。在文艺复兴人文主义的发源地,这本"野蛮"的中世纪拉丁文法书存续的时间比其他国家都要长。

中世纪后期学校中的古典

但中世纪后期意大利学校中确实发生了一系列变化,那就是文法学生的阅读列表。大学在欧洲北部和意大利的兴起,终结了十二世纪发展起来的、学习古代拉丁著者(主要是诗人)的广泛常规。十三世纪的文法学校采用当时的阅读材料,旨在加快学童进度,尽快让学生达到大学专业学部要求的程度即可,所以没有研究古诗的时间。实际上,不仅十二世纪赫赫有名的法国天主教学校中最早的人文主义课程渐渐失去底蕴,意大利文法学校中也有同样的变化,其性质"不亚于古罗马古典学习的式微"(Black,第 75 页)。

《教理》的作者、维尔迪厄的亚历山大公开嘲讽天主教学校中盛行的文学课程设置。博洛尼亚的一位著名教师以从未模仿西塞罗、也没有教过他的修辞作品自诩。

人们爱用宏扬基督教道德观的简短作品代替西塞罗的修辞作品和古拉丁诗。其中有些是古典晚期作品，例如波埃修《哲学的慰藉》（*Consolation of Philosophy*），或取自一世纪荷马《伊利亚特》的拉丁删节本。还有一些是近期创作，文风是和《教理》一样的后古典风格。其中包括三份拉丁词表：《帕皮亚》（*Papias*，十一世纪佚名作品①）、《屈折》（*Derivationes*，比萨的于古齐奥［Hugutio］写于1200 年左右）、《全书》②（*Catholicon*，某个热那亚的道明会修士在1286 年左右撰写的拉丁词汇和文法）。还有各种韵文体道德笺言集被广泛使用，例如佚名且广泛使用的《生理》（*Physiologus*，可能写于十一或十二世纪）和《雅》（*Facetus*，实际上是品行手册，由嘉兰的约翰［John of Garland］写于十三世纪）。文法学校也教授某些古典晚期作品，例如《加图对句集》③（*Disticha Catonis*）——罗马帝国时期使用的道德笺言集，一直用到十六世纪；以及《伊索寓言》——从希腊语译成拉丁语的散文故事集（Grendler，1989，第113—114页；Black，第198—200 页）。这类课本在中世纪后期课堂中取代了古典诗，其中大多数有一个共性：它们主要（或完全）不是文学，而是功能性的手册，为帮助学生速成简单的拉丁文法编写，好让他们进入大学进行正经的专业学习。

十三世纪后期，帕多瓦前人文主义再次兴起，文艺复兴时期的首个重要人文主义者彼特拉克的作品也再次流行，这是对十三世纪抛弃古典的行为最早的回应。彼特拉克的影响也许能部分解

47

---

① 疑误，帕皮亚为著者名，其词典名为《初级教学入门》（*Elementarium Doctrinae Rudimentum*）。——译注

② 全名 *Summa grammaticalis quae vocatur Catholicon*，英译 *Summary of Grammar Which Called Universal*。——译注

③ 此加图为此书著者，名狄修尼·加图，公元三或四世纪人，不是罗马共和国的加图。其余不详。——译注

释,为何对古典著者的研究在十四世纪意大利学校中会再次有所复归。在中世纪较早时,学校中学习诗人的作品,尤其是贺拉斯、奥维德和卢奇安。西塞罗的道德短篇(例如《论老年》(*De senectute*)和《论友谊》(*De amicitia*))在十二世纪的好学校中被广泛阅读,但在十三世纪不再使用,没有在这一古典复归的早期阶段中沾光。相反,学校讲授的是塞内加悲剧和萨提乌斯及克劳迪安的诗作。他们还复归了中世纪早期被广泛使用的一份古典晚期文献:波埃修《哲学的慰藉》。

以古典著作为教材的做法在意大利文法学校一直持续到十五世纪,人文主义者的微词也一直持续到十五世纪,抱怨学习后古典作品会背离古代范式、词汇和语法标准。但该世纪的大部分时间里,回归古典的运动绝不激进。中世纪后期,大部分传统拉丁课程
48 依然被沿用,包括最初级语法的老教材《门道》,还有一些次要的拉丁著者(尤以波埃修为重,还有《加图格言集》中的加图、伊索)和普鲁登修斯(Prudentius)等基督教拉丁诗人。虽然饱受人文主义者的批评,包括《教理》的韵式式中世纪文法书依然在使用。

新式人文主义文法书中最有名的两本,维罗纳的瓜里诺所著《语法规则》(*Regulae grammaticales*,约 1418),和尼科洛·佩罗蒂所著《基础语法》,清晰地标志着更接近古典范式的转变,瓜里诺的语法手册还刻意写得比中世纪语法书更简短。两位著者都避免使用中世纪语法书中存在的学术术语。实际上,瓜里诺依然依靠《教理》作为其小册子的补充,还从老语法书中取用了一些辅助记忆的韵文。比他晚半个世纪著书的佩罗蒂则完全抛弃辅助记忆的韵文,但他借鉴古代多纳图斯所著《小艺》和中世纪文法书《问道》中的问答形式,可能是想以此替代韵文来辅助记忆。

教育革命?

有些意大利教育史学者认为,这些新的人文主义语法书是一场教育革命的证据,标志着从中世纪到人文主义拉丁的决定性转

移——虽然有些中世纪元素依然留存（Grendler，1989，第 167—169、172—174 页）。另一些学者更强调中世纪教育的延续性，认为当时的情况既有中世纪残余的重要实践，也有创新（Black，第 124—135、153—157)页。尽管存在非古典元素，《教理》还是提供了一种教授拉丁语的实用解决方案，这种拉丁语范式也许不算古典，但适用于当时的一般事务。中世纪文法学家要面对也基本解决了一个古罗马学校所没有的问题，即学生的母语并不是拉丁语；而文艺复兴时期的后继者从中借鉴，因为他们也面临完全相同的问题。

　　在意大利文艺复兴时期，就和之前三个世纪一样，教师首先教学生所谓的"自然句式"，现在则称为"中世纪拉丁语"。这是一种直白无修饰的范式，遵循意大利通俗语的词序：主、谓、宾。在学习的早期阶段，既不追求典雅，也不着意修辞。对基本语法正确性（屈折、变格等等）的关注高于一切。古时，文法学习之后是修辞学习；若干中世纪文法书的最后部分包含修辞元素，通常基于一篇伪托西塞罗（但确实是古典）的论述《与贺伦尼乌斯论修辞》（*Rhetorica ad Herennium*）。和文法一样，晚期中世意大利学校起初采用法国的修辞学教材，尤其是温萨夫的杰弗里（Geoffrey of Vinsauf）所著《新诗》（*Poetria nova*，写于大约 1208—1213 年）。尽管采用韵文形式，且书名就叫《新诗》，但此书不是用来教授作诗（韵格技巧）的，而是教授拉丁散文写法的。杰弗里的著述专注于范式，并把范式分为"自然式"和多种"人造式"，后者旨在创造希望的修辞效果。教得最普遍的人造式类型是书信和公文体，即文书员为个人和机构起草的书信和公共文件。

49

　　这种拉丁书面技巧被称为**函撰**（*dictamen* 或 *ars dictaminis*）。文书员以学徒方式学习，或参加大学法学部的附属课程。十四世纪和十五世纪早期，这依然是文法语法学校中所教的修辞类型。人文主义者撰写此类文书时也用该体例，因为其细腻而正式（也不古典）的风格比较合适。例如，佛罗伦萨最早担任首席文书的人文主义大家萨卢塔蒂就曾接受文书员教育，也从事过私人文书行业，为顾客撰写函撰体例的文案。获得佛罗伦萨共和国首席文书这一具有影响力的职位后,虽然萨卢塔蒂本人推崇彼特拉克,且私人书信和学术著述都极力模仿古典散文作家的修辞体例,尤其是西塞罗,但他继续以文书体例撰写公共文案。

　　人文主义者对古典风格的执著,逐步使语法学校教育末期的修辞教学方法发生变化。佩罗蒂的《基础语法》写于1468年,否定了函撰体例中的若干常见用法,其中有一些是温萨夫的杰弗里所推荐的。佩罗蒂将这些用法斥为"粗蛮"。他引用西塞罗书信(人文主义文献学的一大再发现),将它立为善文应有的范式。锡耶纳人文主义者阿格斯蒂诺·达蒂(Agostino Dati,1420—1478)所著《初级手册》(*Isagogicus libellus*,又称 *Elegantiolae*,《论雅》)详细阐述了这一体例教育的新趋向,此书首印于1470年,在摇篮本时期(即1501年之前)共重印一百多次,并在十六世纪一再再版。虽然达蒂继承杰弗里传授典雅的文体的追求,但他不再以函撰为善体,鄙其"粗蛮"无药可救,转以罗马古典作家为善,尤其是西塞罗,有越来越多的人认他为最好(有人觉得他是唯一)的拉丁散文模范。类似杰弗里和其他函撰体导师,达蒂认为,使用其教材的前提是具备以自然、平直的方式正确使用拉丁语法的能力,这种拉丁语就是传统中世纪拉丁语。同样和杰弗里相似的是,达蒂旨在把学生的文体从平直提升到更典雅的书面语形式;但他的目标不是函撰体,而是一种人文主义或古典体例,要阅读西塞罗的作品并用心模仿其用法才能掌握。这种拉丁书面语修辞目标和文体范式的转变,就是拉丁文教育从中世纪标准转型到文艺复兴标准的两大要素之一,该转型在十五世纪后半叶趋至成熟。

　　另一大要素是进一步增加古典拉丁文学的学习比例。伴随这一变化的,是对传统教材频繁的攻击,例如《教理》(但如前文所述,《教理》一直是帮助记忆的适用材料)。《全书》等常用参考辞书以及《生理》等道德短文也被继续使用。十四世纪的教师重拾对古典著者的教学,首次令贺拉斯、奥维德等古代诗人重现于课堂,他们都是十三世纪反古典潮流之前常用的教学内容。意大利文法教师还添了一些被中世纪所忽略的拉丁文本,例如塞内加的悲剧、瓦勒

50

里乌斯·马克西姆斯(Valerius Maximus)和斯塔提乌斯的阿基里斯
(Achilles of Statius)的历史著述——总体上,诗多于散文。后期古
典和早期基督教作家(波埃修、伊索、普鲁登修斯、阿基丹的圣普洛
斯柏〔Prosper of Aquitaine〕)得到课堂的更多关注。反古典时期出
现的速成式教材被冷落,但没有马上消失。但奇怪的是,这一古典
复归缺少两名最伟大的罗马作家。对诗人维吉尔的学习并不多
见,罗马最伟大的散文家西塞罗也没有在课堂中立即重获其道德
短文在公元1200年前所拥有的地位。

　　十五世纪,虽然中世纪文法、词汇和道德教材并没有从课堂消
失,但一些罗马重要韵文作家的作品被恢复使用:贺拉斯、奥维德、
杂咏诗人帕西乌斯(Persius)和尤文纳尔,以及戏剧家泰伦斯
(Terence)。一个重要的新现象是最伟大的拉丁诗人维吉尔地位的
提升,被课堂使用的不仅有《埃涅阿斯纪》,也有《田园诗集》和《农
事诗》。自古代以来,维吉尔第一次成为学习范围最广的罗马诗
人,并一直保持这一地位至今。历史学者萨卢斯特在很多学校占
有一席之地。但最令人瞩目的,还是西塞罗地位的崛起。在十三
世纪退出课堂的道德三论(《论友谊》(De amicitia)、《论老年》(De
senectute)、《论责任》(De officiis)再次流行;存世手稿中密密麻麻
的边注表明这些作品经过细致的研究。有证据表明课堂中会使用
他的演说,但总体上,恢复使用的都是公元1200年以前曾被广泛
学习的西塞罗著述。

　　十五世纪后期,课堂选材的倾向性有了进一步的重大变化。一
些重要的人文主义者(尤其是洛伦佐·瓦拉)把波埃修的拉丁文体
批成语言实践的谬种,后者的《哲学的慰藉》本是十四世纪教师中
意的教材,十五世纪中期后很快从课堂中消失,但在欧洲北部依然
有很多学校使用其印刷版。一些古代和中世纪的非知名拉丁作家
本来是学校传统的正规课程内容,在十五世纪后期也渐渐失去地
位(Black,第270—271页)。到1500年,西塞罗一统拉丁文体,权
威地位无与伦比,以至于一些最有才能的人文主义作家——比较突
出的有十五世纪佛罗伦萨的波利齐亚诺、十六世纪欧洲北部的伊

51

拉斯谟——抗议西塞罗至上主义过于狭隘，排斥一切不能在西塞罗作品中找到的词语、格式和用法，哪怕被其他古代著作采用。理论上，波利齐亚诺、伊拉斯谟等新拉丁作家所捍卫的兼容并蓄的拉丁文体可能是更高明的选择。但对于当时盛行的高级拉丁散文体，西塞罗的权威不仅是最好的，也几乎是唯一的指导依据。要想写出像伊拉斯谟那样漂亮的杂体拉丁语，就需要相当敏锐的语感和无与伦比的古拉丁及希腊文学储备。若干大学者可以达到这种境界，但普通教师无法清晰地定义并系统传授给学童。西塞罗文体也许有其局限，也许加速了拉丁语在后文艺复兴时代的衰亡，但该文体可以传授，早在十六世纪结束之前就确立了现今依然主宰拉丁语课堂的统绪地位。

在极力主张采用更古典的拉丁语、丢弃中世纪手册式教材的过程中，人文主义者提出的理由是，一流拉丁著述（除了一些性挑逗或哲学唯物论的篇章，主要以诗歌为载体）的价值在于树立学子的道德基准、促进其文体发展。尤其是在十五世纪后期及以后，最成功的人文主义教师都把以文载德、以文授体作为教学准绳。与人文主义教育方案中的很多元素类似，宣讲道德和传授拉丁文法的主张并不算全新的事物。始于罗马后期，从非常简单的《加图格言集》开始，文法学校的教育就涉及道德文章。十二世纪学校中广泛使用的西塞罗短论在十三世纪退出课堂，又于十五世纪作为道德探讨文回归；十三世纪取代大部分古典文献（包括西塞罗）的中世纪教科书中有很多讨论道德的文章。

但人文主义教育可树立道德哲学观这一人文主义者的主张还是受到了挑战。尽管会用一些论道德的书讲课，但对备课材料的研究表明，道德问题只是偶尔提及，课堂主要用于枯燥的词义和词源记忆，以及文体问题。老师不关心西塞罗或课堂所用其他作者的总体思想。真正紧要的是掌握语言机制，发展出得体的"古典"文体。对教材中的思想只有肤浅的关注。通常，老师只对作者进行浅显的一般介绍。意大利文法学校的真正教学目标是掌握正确的拉丁语法、培养出以西塞罗为模范的雄辩式文体，而非人格的养成。人文主义者的职业生涯依赖于高超的拉丁文体,而非高超的道德(Grafton 和 Jardine,第 20—22 页)。一项分析批注、了解十五世纪意大利教师课堂日常状况的近期研究表明,这些批注专注于语言比较问题,而非道德问题(Black,第 27—29、275—288 页)。文艺复兴时期的意大利学童确实会接触讨论道德问题的书本,但关注的是文法和西塞罗文体,而非道德说教。阅读对道德的裨益被视为水到渠成,也经常被教育理论家所赞扬,但道德在课堂中得到的关注很少。教育界想当然地认为阅读肯定有道德效用,因此教师并没有深入讲解道德问题的责任感。

　　关于人文主义进入意大利第二级教育的范围和时间段,目前的观点存在显著的分歧。根据对课堂中使用的大量手稿的分析,罗伯特·布莱克(Robert Black)认为意大利学校中真正的革命性变化发生得较早,在十二、十三世纪,大学的兴起向文法学校(包括意大利和欧洲北部)提出了新的要求。当时拉丁文法的学习分成两个等级:一是针对男孩的初级入门教学,仅指导拉丁阅读,但实践中的主要目的是通俗语扫盲;二是更高级的高中或文法学校教学,让部分孩子获得大学和其他需要掌握拉丁语的专业学习所需的预科教育。布莱克承认十五世纪后期也发生了偏向西塞罗文体的重大转变,但认为中世纪时期是意大利教育最具创新性的阶段。就连十五世纪最著名的人文主义文法家,维罗纳的瓜里诺(1418)和尼科洛·佩罗蒂(1468),也遵循中世纪文法书所包含的大框架和主题定义,尽管这些颇具创新性的读本是他们竭力鄙视的对象。布莱克承认,人文主义者确实改变了拉丁文法(以及修辞)的教学;但他主张,这种变化慢于人文主义者的期望,也达不到他们所宣称的创新度。他不否认,1500 年左右,人文主义者已促成拉丁教学类型的决定性转变,从中世纪和经院类转为古典和修辞类。他们还恢复了对罗马重要作家的学习,尤其是维吉尔和西塞罗。

　　与布莱克相对,保罗·格伦德勒(Paul Grendler,1989,第140—141 页)主要研究人文主义教育者的教育论文和学校结构,他把十五世纪教育的变化视为一场真正的教育革命。以他的描述,

53

这场革命是意大利文法学校从传统拉丁文体（经院或文书）教育向新人文主义文化养成的转型。这种新文化由彼特拉克等早期人文主义者启发而生，经十五世纪人文主义教师的培育而成熟。教育的新方向使人文主义成为决定十四和十五世纪意大利生活方式的社会阶级所认可的文化；在欧洲各地生根后，又把全欧洲的教育体系翻耕为古典学的土壤，其统治地位至少保持到十九世纪后期。格伦德勒不否认，在新人文主义文化具备影响力之前，意大利已具有发达的学校网络（公立和私人）；也不否认很多中世纪元素在文艺复兴时期的学校中依然保持稳固的地位。同样，布莱克不否认第二级教育的目标和内容在十五世纪发生了显著的变化，但他认为这些变化在 1450 年前算不上深远。至于哪些变化更为重要，两位史学者存在分歧。

54 　　其他学者的研究或可为此论题发明。有充足的证据表明，早在十四世纪后期，意大利北部和中部城市的精英统治阶级中，较有抱负者已为其子嗣提供人文主义教育。这一教学新趋势的推动力建立在一种信念上，即基于拉丁古典的教育比十三世纪占据学校课程的教材更适合贵族青年。意大利的职业预科教育主要由文法学校提供，这些学校有些是公民机构控制的公立学校，有些是校长本人控制的私立学校，都必须满足出钱的家长的愿望。家长渴望更古典的教育，为了适应，课程内容逐步变化，也没有引来太多抗拒，因为教师要服从市场。意大利文法学校的体制比较简单，只有一名校长和他本人掏腰包择用的若干助理。校长不能过于前卫，也不能给人以课程落伍的印象。

　　欧洲北部学童的文法修辞教育则很不一样，主要在大学的通才教育学部中进行，这类机构的入学年龄在十岁以上。不像文法学校（也不像受当地社区密切控制的意大利大学），北方的大学为独立机构。其学部更加独立，可以在一定程度上抵抗人文主义者增加新教育目标、实践和课程的压力。因此，当人文主义者在 1500 年前夕竭力推动教育改革，在阿尔卑斯以北，尤其是大部分政府比较弱势、大学几乎完全自治的德国，文法和修辞教育的转型面对更大的体制抗力,有时会导致激烈喧嚷的冲突(但大部分冲突仅限一地)。

女性和新学

文艺复兴社会延续了中世纪排斥女性的传统,把女性置于从属地位,以习俗和法律规定她们服从某个男性——父亲、丈夫、(某些寡妇)成年儿子。男性的身份取决于职业和社会及政治地位,而女性则取决于和某个男性的关系,其身份是某人的女儿、妻子、母亲或寡妇。宗教改革之前,教会提供了婚姻之外的另一种选择:保持独身,加入修会。但进入修道会就和嫁人一样,必须提供嫁妆,所以这条路通常只对有产阶级的女性开放。修女发誓服从等级更高的女修士;而等级最高的女修士也要服从男教士。这些社会限制意味着女性总体上几乎得不到正式教育。抚育孩子、操持家务、投身宗教,是社会对女性仅有的要求,也只允许女性从事这些活动。但到十三和十四世纪,一定数量的贵族和城市中产女性得到一些教育,通常仅限通俗语阅读,也许还有基础算数。除了少数极有特权的女性,其教育基本不超出扫盲的范畴。来自城市中心和贵族家庭的女孩有机会入学,通常会进入单设的女班,由本身只受过初级教育的女老师指导。对于中上层阶级的女性来说,阅读是有用的补充技能,所以这些学校传授通俗语阅读,选材上偏重宗教虔诚、圣徒生平和(在较好的意大利学校)但丁、彼特拉克等名作家的通俗语作品。尽管如此,最重要的主题还是纺纱、针线等传统女性技能。当然,宗教也无所不在,只是仅限于培养虔诚心,而不涉及复杂的神学,因为受尊敬的女性应当虔诚且婚前守贞。意大利有一些初级学校也接收女孩,但完成数年的初级教育后,女性的正规教育也就结束了。只有男孩会进入更高级的学校,学习拉丁文法或(在意大利的**算数**学校)学习经商所需的商业算数和簿记。女孩只有两种选择,一是进修会,二是嫁人,不需要文法学校培训的技能。拉丁文是高等教育和一切严肃智识活动的主导语言,因此除了极少的例外,女性被语言技能和社会压力的门槛挡在智识圈

55

之外。

这种教育实践几乎剥夺了所有女性直接接触人文主义文化的机会，哪怕出身于高等家庭也不例外，因为人文主义学习必须掌握拉丁语。到十六世纪，希腊和拉丁古典作品的通俗语译本在印刷术的刺激下问世，聪慧且对智识活动感兴趣的女子可以通过译本了解古典传承的只鳞片甲，以及部分当代人文主义者的著述。就算是出身极好的女性，一旦结婚，就要为家务和孩子操劳，年轻时又怀胎多次，即便有能力读书，追求学识的机会也很有限。只有在结婚之前，或在孩子长大且配偶去世之后，才有屈指可数的女性能追求人文主义智识，条件极好的女性才能从事这一事业（年轻时学过拉丁语）或创作通俗语著述（更常见）。成为人文主义者或通俗语作家的女性寥寥无几，且几乎都在结婚后放弃了智识追求。罕有的例外是那些早年丧夫，且能（通常是凭借家族财产）保持财务独立，不必委身于人，也不用走上放弃自我的修道生涯的女性。

被忽视千百年后，对中世纪及文艺复兴时期受教育女性的研究在最近数十年间兴盛起来。一个不可避免的研究结论是，女性人文主义者很少。而且，就连这些少有的、具备人文主义相关语言技能和文学知识的女性，也因社会和传统宗教及学术界对女性的歧视，而无法和古典学术界的大人物（都是男性）自由交流。和男性人文主义者不同，有学问的女子找不到能发挥所学的职业机会。所有大学都不收女性，所以她们无法获得法学或医学从业资质。女性也无法正式参与政治（除了世袭成为统治者的例外，如英国伊丽莎白一世），所以不能像男性人文主义者那样担当政府文书，实现抱负、取得成功。在为数不多的擅长拉丁文的女性中，有极少数可以在初级学校中教授最基础的拉丁文法。不管学识多高、社会关系多广，女性永远无法在作为文艺复兴时期意大利古典学习中心的拉丁文法学校担任老师，也完全没有加入任何大学学部的资格。

有才华的女性被人文主义圈排斥，这种排斥往往带有羞辱性。一个经典的例子是维罗纳某贵族家庭的两名女儿的经历，其寡居的母亲请来一位在费拉拉著名的宫廷学校就学的男导师，该学校由维罗纳的瓜里诺创办。姐妹都凭才学在当地得名，居住在附近的人文主义者也纷纷寄信给予鼓励。但姐姐吉内芙拉·诺加罗拉（Ginevra Nogarola）在二十岁成婚后，就像所有已婚的女性人文主义者一样，永久地放弃了学业。妹妹伊索塔·诺加罗拉（Isotta Nogarola，1418—1499）则更为坚定。她颇为长寿，也坚持治学一辈子，但终身未婚，二十三岁时突然离世隐居，立誓守贞，把求学著述的重点从古典转向宗教。在一名友善的威尼斯贵族的指点下，她投入了以大学教育为框架的个人哲学研究。这种脱离常规的做法得到了社会的接纳，但只是因为她隐居且虔诚。 57

　　伊索塔选择隐居生活，是她年轻时尝试参与学术圈的后遗症，尽管这种参与只是书信往来。十八岁那年，她试着给显赫的政治人物、教士和人文主义者写信，那些人居住在姐妹的名声所不及的远方。有些收信人完全没回应，有些回信极尽夸赞，但有些回信轻视其所学，明言女子不可能被学界视为同侪。一封匿名回信谴责她不知男女之别，甚至斥她为乱伦（这毫无证据，除非她对知识的兴趣也算证据）。而最具侮辱性的，是同居一城、大名鼎鼎的瓜里诺·瓜里尼的回复。作为师祖，瓜里诺没有回复她的第一封信。当她发去第二封信抗议他的沉默时，瓜里诺回信指责她毫无矜持地寻求认可的行为，并警告她，如果继续拿出女子的做派，就别想得到学术界的认可。连伊索塔本人也认为女子天生不如男。在一篇关于亚当和夏娃究竟谁背负更大原罪的著述中，她坚称夏娃的原罪较少，因为女性本质上劣于男性。女性造得不完美，所以夏娃不能成为更大的罪人；而亚当是造得完美的男性，因此其罪孽也更重。

　　在另一个例子中，得到赞扬的女性也遭到轻忽，那就是卡桑德拉·费代莱（Cassandra Fedele，1465—1558）的经历。费代莱生于威尼斯的一个富裕家庭，该家族在当地几代为官。父亲为她提供教育，请了一名人文主义僧人教她拉丁和希腊语，让她免于学习家政——这通常是威尼斯女孩主要的学习科目。父亲的目的也许是

51

把聪明的女儿培养成神童,以提升自己的名声,这一目的成功了。还是少女时,帕多瓦大学就允许卡桑德拉向威尼斯人作公开演讲(但当然不是以任何学部成员的身份),甚至连城市的主执政官也当过她的听众。1487年,二十二岁的她发表了一本小书,收录她的四篇拉丁信函和一篇演说。她和知名学者往来书信,包括显赫的佛罗伦萨人文主义者安杰洛·波利齐亚诺、佛罗伦萨首席文书巴尔托洛梅奥·斯卡拉(Bartolomeo Scala)及其女儿亚历山德拉(Alessandra),后者也是当时少有的女性人文主义者之一。西班牙王后伊莎贝拉甚至还邀请她入宫,但威尼斯元老院认为她是共和国的宝贵财富,禁止她出城。通过费代莱的传世作品可以看出,她精通拉丁文、谙熟古典,但也能窥见其文学和智识能力的局限及原创性的缺乏。她能成名是因年幼,以及做到了人们以为女性的智识能力绝对办不到的事情。她只能算是异类,而非真正意义重大的学者。到了二三十岁,她就不再显得那么出众了。到三十三岁的1498年,依然美貌但不再是神童的她嫁给了一名医生。通常,就像吉内芙拉·诺加罗拉的经历那样,婚姻将永远终结她的学术生涯。但她没有生育,丈夫又在1520年去世,让她重获学习的自由,但也陷入贫困,因为丈夫的财务状况很糟。她少时的名声早已成为过去,向威尼斯政府和教皇请求资助但徒劳无果,只有不情不愿的亲属给了有限的支持。被忽视多年后,当她八十二岁高龄,教皇保罗三世终于对她的恳求报以同情,说服威尼斯元老院让她担任当地一家孤儿院的院长。在余下的十一年人生中,她一直保持这个不起眼的身份,但得到了最后一次重温年少时名望的机会。1556年,共和国请她——现在以高龄称奇——以拉丁语向到访该城的波兰王后致辞。

现代学者还发现另几名能在当时赢得一些声望的博学女子。但无一人为古典学术作出重大贡献。几乎毫无例外,她们有些是富贵人家的千金,有些来自殷实的中产之家,且父亲受过很好的教育,也宠爱她们,允许她们接受严肃教育。学拉丁语当然是其中决定性的一步。大部分同时代人视有学问的女子为怪人,甚至看作

58

暗藏危险的异类,其活动和抱负威胁到神圣的自然秩序。

有些才智过人的女子不追求人文主义之道,但致力于广泛阅读——至少是通俗语阅读,作为通俗语作者获得更大的成功。这种行为可能依然会招致社会保守派的敌视,但至少不会挑战到男性对严肃学术的垄断。有些女性成为受人尊敬的通俗语诗人和无韵文小说作家。其中大部分也来自富贵之家,可以得到充分的教育,但并非都是贵族出身。法国作家路易斯·拉贝(Louise Labé,约1520—1566)的父亲是里昂的商人(但事业有成)。不寻常的是,她获得了完整的古典教育,其挽歌展现了她对卡图卢斯和奥维德的熟习。她发表过十四行爱情诗,也发表过一则谈论爱情盲目的对话体神话,从中能看出她熟悉意大利文艺复兴时期作品《笑集》①(*facetiae*)。她在诗歌中表露出对男性价值观主宰文学爱情的讽刺,其《全集》(*Œuvres*,1555)中的前言堪称女权意识的宣言。但大部分成功的女性作家来自比路易斯高得多的社会阶层。一个有名的例子是虔诚且具改革思想的诗人维多利亚·科隆纳(Vittoria Colonna,约1492—1547),她有很强的个人影响力。和大部分女性智识分子一样,科隆纳生于权贵之家——一户罗马贵族,她没有孩子,早年寡居且家财殷实,因此不用走上隐修的道路。其通俗语诗篇在生前就被发表(未经本人同意)并重印多次。昂古莱姆的玛格丽特(Marguerite of Angoulême,1492—1549)身份更高贵,她是法国国王弗朗索瓦一世的姐姐,经第二次婚姻成为小王国纳瓦拉的女王。她积极襄助法国男性人文主义者和宗教改革者,通俗语创作才能也相当不俗,但古语能力不足以成为人文主义者,只能算是人文主义的赞助人。其作品包括通俗语诗篇、散文故事和宗教冥思文。玛丽·德·古尔奈(Marie de Gournay,1565—1645)和法国人文主义的关系更密切,受蒙田提携,为他编修作品、推广文誉。古尔奈来自一个贫困的贵族家庭,她一心投身学海,精通拉丁语言和文学,并顶住了家庭要她成婚、保障个人生计的压力。她在1588

①　波焦·布拉乔利尼所作笑话集,出版于1470年。——译注

年得见蒙田的《随笔集》，并成功投身这位年迈的文豪门下，从而在文学界赢得地位。她发自内心地景仰蒙田的学识和文学成就，但明白，因为蒙田肯定她、视她为养女、让她私下为其执笔，这才有她的地位。对此，她也不无忿恨。就像人文主义者所得到的认可只属于男性，真正的文学声望也基本被男性把持。

第三章　人文主义和意大利社会　

　　十五世纪末期，从罗马以北一直到阿尔卑斯山，人文主义主导所有意大利重要城市统治集团的文化。虽然佛罗伦萨恰如其分地获得最多的关注，也是新文化和政治行动及公共服务伦理之间存在关联的最好证明，但人文主义不仅能满足这个共和国的需求，也几乎同样完美地契合了诸多王廷的需求：需要一种特有的非宗教文化，需要一批为统治者服务的、接受过古典教育的行政官和谏言者。连罗马教廷也觉得文书院用得上人文主义者的语言和学术技能，因为该部门负责起草教皇书信和很多其他正式文件。教皇尼古拉斯五世对人文主义的认同加快了人文主义者进入教廷的进程。他兴建图书馆、赞助希腊作品翻译计划，都是这种认同的表现。教皇保罗二世一上任就大量遣散教廷的人文主义者，甚至在1468年以莫须有的不敬神罪名逮捕了其中的几位，其真正原因可能是对政治阴谋的恐惧。但即使在他的任期（1471—1484），人文主义者在教廷行政中依然发挥重要作用。1500 年，罗马不仅在艺术扶持领域夺得领导地位，也有超越佛罗伦萨、成为最显赫的人文主义文化中心的趋势。

印刷术和新文化

　　教廷和宫廷人文主义的兴起、人文主义教师在拉丁文法学校中重要性的提升，大大推进了人文主义在意大利文化中确立主导地位的进程。人文主义地位提升的另一推动力是印刷这门新技术。

十五世纪五十年代,印刷术在尚未触及新文化的德国发展起来,但第二个接触该技术的国家就是意大利。1465 年,德国印刷业者康拉德·斯维赫伊姆(Conrad Sweynheym)和阿诺尔德·潘纳尔茨(Arnold Pannartz)已在罗马附近的苏比亚科(Subiaco)开设作坊;1467 年搬到罗马。他们最早付印的书籍体现了文艺复兴的基调:一本拉丁文法、一本西塞罗作品、一本拉丁教父拉克坦提乌斯(Lactantius)的著作。但意大利印刷业真正的未来不在罗马教会,而在威尼斯。到该世纪末,这个欣欣向荣的国际贸易中心已开始统治意大利书籍市场。第一家威尼斯印刷工厂创办于 1469 年。哪怕在人文主义兴盛的意大利,古典和人文主义书籍也并非市场的唯一产品,甚至没有占到最大份额。意大利语的廉价宗教小册子可能份额更大,例如圣徒冥想集和生平录。印刷术没有马上改变书籍的内容,但极大增加了书籍的数量。随着发行方式的转变,原本稀少、昂贵、手工制成的书籍数量大增,价格急降。

到 1500 年,很多古典文本都已在意大利付印,几乎都是拉丁文版本,甚至连希腊作品也是。手抄无法完全避免疏忽错漏;彼特拉克和萨卢塔蒂以来的人文主义者都意识到,他们所钟爱的古典文学的一切手稿都在逐渐劣化。在人文主义者只能依靠手抄的时代,当老版本做了修订,修订后的新版本的抄写又会重复这一文本劣化的过程。十五世纪六十年代后期开始,印刷使古典文本的状态发生了重大改变。哪怕用于印刷的文本远非完美,至少印刷能生成标准化的参照基准,创造千百份相同的复本,每一页每一行的字词都完全一样。因此,印刷使古典作品(或者说一切作品)的文本标准化,以后的修订都可参照标准印刷文本进行。印刷术的问世使人文主义者对文本的修订和改进得以固化,并能循序渐进地积累成果,这是手稿不可能实现的。相比一切中世纪古典复兴,十五世纪古典复兴对于西方文明的影响之所以更加长久、更具核心地位,原因之一就是成千上万的印刷本使十五世纪文献学者的成果得以凝结和广泛传播。

但印刷术的意义远不止古典学术版本的稳定化,还使这些学术、连同其激发的兴趣和思想广为传播。印刷术出现之前，大部分书籍的复本数都很少。现在，连最早的印刷社所出版的书籍也至少有两三百的印数。书籍成本在下跌。在 1472 年的罗马，书籍市场可能经历了有史以来第一次供货饱和与价格暴跌。中世纪课堂依靠口述，要一词一句地口授课本，这完全是因为几乎没有学生买得起书。现在，每个学生都能拥有书，很多旧的教学方式虽然没有很快消失，也正在被逐步淘汰。通过印刷，推广新思想的书可以很快面对上百读者，而非寥寥数人。思想、观念和信息以前所未有的广度和速度流动起来。十五世纪末，意大利人文主义文化加快了向阿尔卑斯山另一头传播的速度，其原因之一无疑是印刷本的流通。

62

　　印刷术还拓宽了人文主义学术的智识活动领域。早期人文义修订者的兴趣主要在文学、修辞和伦理文献，也就是和定义为"人文主义"的学术课题相关的文献。但适用于西塞罗或李维的文本批判技巧也可以应用于其他古代文献——例如大学自然科学和法医神专业学部的知识基础。人文主义无意占领所有知识领域，也不想成为一套完整的、可以和传统经院哲学或法学、医学和神学的专业研究分庭抗礼的哲学体系。但正因为人文主义蕴含着一套智识研究方法，而非一套哲学体系，所以才具备其有限的外延所不能体现的宏大内涵。关于人文主义、关于人文主义与盛行的学术文化之间的关系，当时的人可以明显看到一种不协调性，可现代解读往往很不重视。中世纪和文艺复兴时期的所有学识领域，包括专业和非人文主义领域，都基于特定的权威文献，而几乎所有权威文献都来自古代：《民法大全》之于法学，加伦之于医学，圣经和教父文集之于神学。就连如今完全依赖实证观察和数学计算的物理学，当时也基于亚里士多德的文献。如果经验和权威发生冲突，就认定古代权威文献中必有解答，只需找到正确的阐释和解读。没有人会假设冲突的原因纯粹是古代权威的观点不适用。科学（物理、医学、法学和神学）都存在于文本之中。

作为普适方法的人文主义

但其中有一个很大的问题，也是人文主义和传统学识之间更深刻的冲突之源：古籍的文本正是人文主义者宣称可以掌控的领域。中世纪学者对他们所学的文本的质量和准确性极为漠视，人文主义者不会如此：文本批判正是他们的专长。对古代学识的兴趣将不可避免地引导他们研究和评估三大专业学部使用的权威文本，并且——尤其在医学和神学领域——拓宽潜在的权威来源，寻找学界认可的权威所著的其他作品——例如加伦之于医学、诸希腊教父之于神学——然后翻译成可用的拉丁文版本。但他们批判性地评价法学、医学和神学的基础文献，实际上就是夺取对这些领域的控制权。如果人文主义修订者更改了关键段落的措辞、质疑作品和作者的对应关系，甚至质疑某词某句的含义，就是从根源上进行该领域所有专家必须遵从的判断。瓦拉证明《君士坦丁御赐教产谕辨伪》系伪作，等于是告诉教会法学家，以后不能把该文献作为有效的教会法来引用。在十六世纪发生的这类事件中，引发争端最大的，也许是尼德兰人文主义者伊拉斯谟发现他所见过的所有新约希腊手稿都没有**约翰引句**（*comma Johanneum*，约翰一书 5：7），此段被神学家长期用作三位一体教义最明显的经文证据。于是，伊拉斯谟在其希腊文新约的最初两个版本中删去了这一段，包括希腊文和拉丁文版本。伊拉斯谟完全信奉正统的三位一体教义，也不认为支持该教义的神学家犯了错，可他的做法就是在告诉这些神学家，以后不能用这段好用的经文证明教义。他纯粹从文本修订角度做出（也完全合理）的决定，无疑捅了神学界的马蜂窝，招来狂怒的指控，称他妄图复辟古时的阿利乌（Arian）异端。

这一难题的根源在于，尽管人文主义不是哲学，却是一种适用于一切古代文本的鉴定和解读的智识方法。这类冲突在人文主义早期很少，但到十五世纪末，随着对自身治学方法自信心的提升，人文主义者确实在所有学术领域都发表过见解。他们可能觉得这些见解并没有触及该领域的根本原则,但在某种意义上,其方法中就隐藏着一套人文主义者自己的原则。很多传统学者认为人文主义者在制造事端,神学界甚至视他们为异端。这些十五世纪后期的冲突只是一个开始,也基本限于学术界内部;但在下个世纪,尤其是阿尔卑斯山以北,这些矛盾演化成一系列激烈的争论。

人文主义和宗教

虽然人文主义挑战了学术界传统权威,包括经院神学,但无意挑战基督教信仰或天主教正统。例如,彼特拉克曾怀疑自己的灵魂、不知算不算基督徒,但从不怀疑基督教是真理;他反对当时的意大利经院主义,只因经院主义的唯物质论违背教会教导,尤其是关于灵魂不朽和创世的问题,而不是因为经院主义过于宗教化。萨卢塔蒂赞同让大部分人过积极的世俗生活,本人也走上这条道路,但依然敬畏于修道的感召。十四世纪九十年代,他和家人参与一场由虔诚的平信徒发起的复归运动,鼓励恢复传统的敬神方式。文艺复兴人文主义内在而普遍的非宗教性是十九世纪历史学者的发明——不管是世俗自由派(支持这一非宗教性)还是保守天主教(对此深恶痛绝)——但绝非文艺复兴时期本身情形。的确,人文主义者渴望彻底改革教会,也对教廷的滥用职权提出很多批评。但如果认为中世纪后期和人文主义时期的天主教会就像特伦托会议之后那样,认同罗耀拉(Loyola)的建议,绝不公开批评教职者,就是很大的错误:改革前的教会并非如此。批评打消人们对教会的热爱,但没有减损信仰。改革前教会的悲剧在于,宗教感最深的人最可能被其腐化所激怒,进而发表言论。不在乎宗教的人又何必在意呢?

　　承认文艺复兴时期的意大利人文主义者依然(大部分)属于宗教,并非否认他们对世俗的兴趣。尽管受教育阶级和普通民众往往被萨卢塔蒂所在佛罗伦萨的比安基(Bianchi)运动或萨沃纳罗拉(Savonarola)在整整一个世纪后的布道所深深打动,可文艺复兴时

64

期的意大利人也被物质财富、权力、人间的爱和家庭生活强烈地吸引。这些诱惑能解释为何大部分人不入修会,但不代表人们没有宗教意识。文艺复兴人文主义主要是一种平信徒文化,尤其面向精力充沛、富有才华的城市人,他们使意大利成为基督教欧洲最富有、文明程度最高的区域。

赞美家庭生活的文章在十五世纪意大利非常普遍。作为第一批具有重要价值的威尼斯人文主义者之一,弗朗切斯科·巴尔巴罗(Francesco Barbaro)写下《论婚姻》(*Concerning Marriage*,1414),驳斥美化贫穷的传统观念,认为获取财富是家庭生活的基础,也是威尼斯共和国本身的根基。该世纪后期,捍卫平信徒积极生活的权利、美化一家之主的职责和获取财富的行为,构成了莱昂·巴蒂斯塔·阿尔贝蒂(Leon Battista Alberti,1404—1472)《论家庭》(*On the Family*)一文的主题,他是十五世纪中期最有才能的人文主义者之一,也是建筑和艺术领域的重要著者。虽然模仿了亚里士多德学派传人克塞诺丰(Xenophon)的作品,此文反映当时意大利人的兴趣所在,且明确表达积极生活优于避世的观念。《论公民生活》(*On Civil Life*,约 1435—1438)的主题也很相似。其作者是佛罗伦萨人马泰奥·帕尔米耶里(Matteo Palmieri,1406—1475),不像流亡的阿尔贝蒂,他一生都在佛罗伦萨,财产殷实,积极从事商业的同时也深爱古典,且成功地参与政治。

尽管这类观点的确表达了在佛罗伦萨富裕统治阶级中盛行的某种价值观,却很难冠以"人文主义哲学"之名。这套价值观不够肃穆,认为婚姻、家庭、获取财富和参与政治是合乎自然的好事。但尽管如此,也不能支持很多老一代历史学者的观点——声称这套价值观反基督。这些人文主义作者实际上是道德家,设定了一套适合基督教平信徒的伦理标准。他们认为在世俗目标之外还有超验的精神目标;但这些目标要通过宗教探寻,而这种宗教的现实(尽管有时难以接受)是,绝大部分基督徒不会成为修士。

人文主义者关于世俗生活的论述并非其古典学识的产物,而是对通行的社会态度的文学反思。和古典启示联结更紧密的,是十五世纪很多人文主义作家赞美人性的倾向。这一倾向再一次被有些历史学者误读为人文主义有内在反宗教精神的证据。包括彼特拉克和萨卢塔蒂在内的早期人文主义者都对人性表达了乐观的看法,但也意识到所有人都面对死亡和痛苦,以及罪恶的倾向。相比之下,洛伦佐·瓦拉的《论快乐》(*On Pleasure*)是远比他们坚定的人性本善宣言。此作品往往被误读成伊壁鸠鲁哲学框架下的、脱离宗教的感官享乐主义宣言。但近期研究表明,此书真正想表达的是:传统基督教纲领既不现实也不基督。这份纲领源自斯多噶哲学,敦促人们放弃世俗美好、戒绝享乐。然而人类获得快乐的指望不是人的挣扎,而是神的恩典。这一观点被某学者称为"深刻的基督思想,甚至堪比福音"(Trinkaus,1970,第 103 页)。

从十三世纪开始,对人生境况的一切讨论都被一本极端消极的书所主导:《论人生的悲惨》(*On the Misery of Human Life*),作者是中世纪最伟大的教皇英诺森三世(1198—1216)。在那不勒斯国王阿方索的鼓励下,佛罗伦萨派往那不勒斯的使节、人文主义者詹诺索·马内蒂(1396—1459)写下一篇赞美人性的文章加以反驳。作为当时最著名的演说家之一,马内蒂强烈信奉公民人文主义观念,积极参政,也有虔诚和正直的美名。和瓦拉一样,他否定智者应压抑激情、仅追随理性的这一刻板的斯多噶派观点。他把这类观点斥为非人类的;他认为弃绝人的爱和激情既不自然也不现实。亚里士多德和西塞罗是他更乐观的人性评判的权威来源,但圣奥古斯丁、拉克坦提乌斯等教父作家也是。教皇把肉体的腐坏和排泄物视为人性真实的象征,马内蒂则赞美人体的和谐与美,以此作为上帝以自己的形象造人的证据。上帝把人安置到世上,命他行统治、劳作生息。人的尊贵体现在创造性的活动中。马内蒂的文章并不出众,也缺乏原创性,但以一套严整的基督教布局,把彼特拉克、萨卢塔蒂、瓦拉等前人所表达的很多关于人类尊严的观点整合到一起;他对人性、对平信徒及公民的乐观判定被时人广泛接受,尽管不是全部(Garin,1965,第 56—60 页;Trinkaus,1970,第230—250 页)。该世纪后期,佛罗伦萨的新柏拉图主义者将以一种

66

迥异的实践内涵发展出关于人类尊严的类似主题。

佛罗伦萨文化的世代更替

作为自萨卢塔蒂时代以来最具创造性的人文主义中心,佛罗伦萨社会在马内蒂的生平年代发生了改变。美第奇家族在 1434 年掌权,1494 年遭驱逐。这段过程中,虽然共和体制得到保留,但家族的统治地位变得越来越公开化。佛罗伦萨人依然为他们的"自由"自豪,但很多富有而强大的旧家族都无法获取官职,甚至被迫流亡。马内蒂本人就是其中之一,因反对科西莫・德・美第奇(Cosimo de'Medici)的外交政策,被迫于 1453 年流亡。在他流亡的同一时期,那个使佛罗伦萨成为人文主义学识中心的群体也实质上解体了。很多重要人物都走到生命尽头:例如尼科利和布鲁尼分别卒于 1437 和 1444 年。在杰出但极度保守的佛罗伦萨主教圣安东尼诺(St Antonino)的领导下,学习异教文学的热情甚至遭到了宗教界的激烈反对。

这一文化变迁有一部分是不可避免的世代更替造成的,但还有更深层次的原因。除了从其他托斯卡纳城镇迁来的职业公务员(例如萨卢塔蒂和布鲁尼)的参与,佛罗伦萨人文主义之前是主宰政治体系的富裕商人贵族的文化。布鲁尼提出的共和国"公民人文主义"是该群体的理念定位,让一个相当庞大的特权集团有理由共享政治权力,自视为正当的统治阶级,堪比管理古罗马共和国的贵族。但该世纪中期以后,统治贵族中更年轻的一代似乎有了不一样的看法。对"公民"和修辞的热情开始消散,对精神、宗教和思辨的兴趣开始提升。约翰内斯・阿伊罗普洛斯(Johannes Argyropoulos, 1410—1487)在 1457 到 1471 年间开办亚里士多德讲座,听该讲座成了一种潮流。以此为开端,被上一代斥为对现实生活无用的哲学,现在成了有闲富人的风尚。虽然有些学者猜测这些讲座一定有很强的柏拉图主义倾向,但近期研究表明,他还是以传统经院哲学的方式阐释亚里士多德哲学。这与另一个明显的转变不谋而合：旧统治家族下一代的兴趣从修辞和道德转向了思辨和哲学。

柏拉图主义和探寻精神启蒙

最终从这种兴趣的转变中受益的不是亚里士多德哲学，这套哲学太传统，也显然太世俗，不适合这些高雅的潮流追随者；最终受益的是柏拉图哲学和新柏拉图主义。在中世纪，柏拉图和新柏拉图派解读已经有力地影响了基督教思想，但那时还是间接的，来自西塞罗、圣奥古斯丁、大法官狄尼修（Dionysius the Areopagite）等教父，以及阿维森纳（Avicenna）等中世纪阿拉伯哲学家的作品。柏拉图本人的著作中，只有《蒂迈欧篇》（Timaeus）在中世纪广泛流传。但在古代，柏拉图可以和其学生亚里士多德匹敌的哲学声誉是广为人知的。彼特拉克等人文主义者攻击亚里士多德经院派时，常常引用柏拉图作为反驳的权威依据，尽管他们实际上完全不了解其思想的细节。十四世纪末，赫里索洛拉斯成功地把希腊学术引入意大利，多少改变了这一状况，他的几位学生翻译了几部柏拉图对话集。

在希腊化东方，柏拉图主义依然是有生命力的哲学，1438 至 1439 年间，前来参加费拉拉—佛罗伦萨大公会议的拜占庭使节团激起了西方对柏拉图的广泛兴趣。拜占庭使节团中有几人自称柏拉图主义者，包括年轻的尼西亚（Nicaea）长老贝萨里翁（Bessarion）和年长的乔治斯·格弥斯托士·卜列东（Georgios Gemistos Pletho），后者公开认同柏拉图哲学，但这只是他反基督而略带柏拉图主义色彩的一神论思想的遮掩，他奉古希腊神祇为神权象征。他显然没有向新结识的意大利朋友推行自己最激进的观点，所以给见面的人留下了深刻的印象。很多佛罗伦萨智识分子被卜列东的主张——所有看似对立的希腊哲学体系本质上都互相认同，彻底掌握柏拉图思想即可导向哲学大同和宗教统一——所吸引。与卜列东不同，他们在基督教宽泛概念中能感受到这种大同和统一。

68

马尔西利奥·菲奇诺(1433—1499)后来宣称,科西莫·德·美第奇梦想在佛罗伦萨创建新柏拉图学园,并选中年轻的菲奇诺,支持他重建柏拉图哲学。实际上,菲奇诺是为了成为物理学家才独立开始学习哲学的,他接受传统的经院式教育,未能培养出人文主义者典型的优雅的拉丁文体,后来为之后悔。

菲奇诺从亚里士多德经院主义哲学转向柏拉图的主要原因,是他对亚里士多德哲学否定人类灵魂不朽的倾向感到困扰。在早期学习过程中,他经历了一场个人的宗教危机。作为解决这场危机的最终手段,他确信柏拉图哲学是神意赐予的,好让异教世界为皈依基督做好准备。1460年左右,他在柏拉图哲学和大学传授的亚里士多德世俗哲学之间画出了明确的界限。前者是他的追求,可保持灵魂的洁净。1462年,科西莫给他一间位于卡雷奇(Careggi)的乡宅,离佛罗伦萨不远;从那时起,菲奇诺给一个非正式团体(不是真正意义上的学校)作讲座,后来此团体被称为柏拉图学园。科西莫还敦促他翻译归在赫尔墨斯·特利斯墨吉斯忒斯(Hermes Trismegistus)名下的作品,人们相信这些文字中凝聚着古埃及智慧的精华。1463年,菲奇诺把这些广义上属于柏拉图学说的拉丁文译稿交给了科西莫,即《赫尔墨斯总集》(*Pimander*)。后来,菲奇诺又交给他另外几部柏拉图派古代作品的译稿,包括柏拉图的十卷对话集。科西莫卒于1464年,当时菲奇诺还不是授品教士,但他还是从柏拉图的著述中找出慰籍之词,献给这位临终的美第奇宗主教。此后,菲奇诺继续开讲座,其译作构成了柏拉图所有三十六份已知对话的拉丁文本,初版于1484年付印。拉丁文读者首次得到了所有存世柏拉图对话集的全部文本。其翻译非常出色,远远优于之前单个对话的零散译本;直到十九世纪,这一直是学习柏拉图的标准文本。此后,他翻译了普罗提诺(Plotinus)等异教的新柏拉图主义者的作品,以及大法官狄尼修等基督教柏拉图主义者的作品,这些拉丁译本都很有影响力。

尽管菲奇诺并不以传统的学术模式授学,其听众是佛罗伦萨社会精英而非学生,但他的职业是哲学,而非人文主义。其本人的哲学作品,例如《柏拉图神学》(*Platonic Theology*)和《论基督教》(*On the Christian Religion*),运用柏拉图理论支持个人不朽等基督教教义。对柏拉图的翻译、论文和评注为他赢得了极大的声誉,首先是在佛罗伦萨,最终传遍全欧。他的柏拉图式爱情概念(纯精神,无肉欲和物欲)对所有欧洲诗歌文学都产生了重大影响。

　　但仅仅哲学翻译的优秀还不足以解释菲奇诺为何对佛罗伦萨文化有如此重大的影响。他的作品,还有柏拉图本身,为什么能迅速成为佛罗伦萨智识圈中的重要力量? 柏拉图当然是世上最伟大的哲学家之一。但一些最近的研究表明,佛罗伦萨中世纪发生的文化转变并非对柏拉图有利,这同时是一场大量文化精英参与的、朝着另一方向的运动:疏离修辞文化,否定积极投身家庭、生意和政治的伦理观,有意识地趋向贬低这一切的哲学文化。阿尔贝蒂、帕尔米耶里和马内蒂这一代依然是布鲁尼的后人,赞美平信徒公民汲汲于求的生活。那代人大多回避哲学,觉得除伦理之外,哲学对平信徒的生活毫无用处。该世纪中期后,对已成年的新一代年轻智识分子,"公民人文主义"不再有太大吸引力。菲奇诺的讲座最终成为新的追求焦点。虽然对柏拉图和柏拉图主义作品的翻译是人文主义者的领域,但他的职业是哲学而非人文主义;他写不出优雅的文体(其拉丁语按人文主义者的标准来看相当寡淡),也不像当时佛罗伦萨大部分人文主义者那样有投身社会和政治的决心。他对人性的看法,以及和乔瓦尼·比科·德拉·米兰多拉(Giovanni Pico della Mirandola)等同僚略为相似的观点,绝不能等同于"人文主义"或"人文主义哲学",只能代表柏拉图主义漫长历史中的一个特定阶段。这是对之前的佛罗伦萨人文主义的部分否定,不仅放弃对公民生活的重视,也放弃了对修辞的执著。菲奇诺的追随者相信,修辞过分拘泥于语言比较学和文学矫饰的把戏。他们强调对**真实事物**(*res*)而非**纯语言**(*verba*)感兴趣,这可能是人文主义修辞被普遍误解的来源,这种误解依然让现代读者认为人文主义修饰是纯词藻的修饰、纯形式的夸张,是有风格而无实质的"纯修辞"。

70

和流亡中的希腊人阿伊罗普洛斯教授的哲学相比,菲奇诺演讲的巨大优势在于,他怀着激越的心情分享被他视为秘密的、可追溯到万古起源的智慧,令观众目瞪口呆。这一智慧包括古埃及人(赫尔墨斯文献)、古希伯来(卡巴拉)和毕达哥拉斯(其著述全部失传,可以随他编排)的哲学,然后又经过柏拉图和之后的柏拉图主义者,传承到他的时代。他觉得,这些古代贤者都得到了神的启示。他们的使命将一直持续到道成肉身,即教导人们灵魂高于物质的道理,让世界为基督降生做好准备。从基督降生之日起,他们的使命就是提供种种捍卫基督信仰的哲学武器,尤其是帮助开化的精英接受基督教,因为老妇人讲的故事、托钵僧对盲从而蒙昧的大众宣讲的迷信,已不足以维系他们的信仰。

菲奇诺给予听众某种典雅的、诺斯替主义的、纯精神的基督教,迎合了他们超脱于普通人的自我感觉。他把自己视为那些困顿而纤细的灵魂的医疗者,引导他们(和自己)通往思辨的谧静,从日常烦扰中解脱,前往只能通过对上帝的思考抵达的终极快乐。毫无疑问,他把自己的哲学视为彻头彻尾的基督教哲学。对他来说,耶稣基督是人类所有精神追求的完美具现,柏拉图等异教贤者对这一终极目标仅窥见一斑。他尤其敌视盛行的亚里士多德哲学(大学中教授的唯一哲学体系),因为其理性会削弱信仰,尤其是对不朽的信仰。他偏向柏拉图,因为柏拉图贬低物质世界,赞扬精神和永恒。他在赫尔墨斯·特里斯墨吉斯忒斯、卡巴拉主义者和伪狄尼修的作品中看到了同样的优点。他对瓦拉等人文主义者的文献批判视而不见,坚信前述的这些另类文本(全是古代后期作品)属于前古典时代,可追溯到(狄尼修除外)人类文明的发端,事实上是神赐予古代贤者的某种神谕。

71　　　魔法文艺复兴

菲奇诺的柏拉图哲学还有一个特点,即迷恋魔法,而魔法与他翻译过的某些后柏拉图文献——如赫尔墨斯——有历史关联。他对作用于物质的魔法有一定兴趣,但主要兴趣在精神魔法,希望结合戒行、冥想、音乐和占星术强化其灵魂,从而获取操控物质、他人,尤其是自己的能力。他研究精神魔法的目的是释放和控制令他这样的学者困扰的精神忧郁。因此,对菲奇诺而言,柏拉图学说中的魔法元素是一种给灵魂带来平静和力量的自我疗法。

菲奇诺的哲学和魔法基于一套层次分明的宇宙观,其理论基础的根源是柏拉图的著名观点,但直接来源是普罗提诺等亚力山大新柏拉图主义者。在这套体系中,最高级属于自在的纯精神存在,即上帝;其他存在都按序编排,越靠上越偏向精神,越靠下越偏向物质。在这套宏大的、连通的体系中,某个特定存在(有生或无生)的位置取决于其在完整现实图景中的真正价值。宇宙的各个部分以神秘的方式紧密关联,整个存在就像一件宏大的乐器,各部分调成同一音准,音调和震动彼此和谐。该理论为占星术等神秘伪科学提供了看似合理的基础,例如高等级天体会影响低等级的对应天体。

一个理性的存在,如果理解天体对应关系和万物之间的其他神秘关联,就可凭借这些知识,利用某事物的力量影响和控制其等级体系中较低级的事物。这是魔法的理论基础,在古代后期和柏拉图主义概念(例如赫尔墨斯书中)联系密切。理解并使用事物间神秘关联的人就是**魔法师**(*magus*)。新柏拉图主义的世界中遍布精神力,所以魔法师不仅能利用物质间的联系做工(自然魔法),还能召唤灵体和魔鬼。这种行为有危险性,因为某些灵体或魔鬼是好的,某些则是撒旦的邪恶仆从。试图唆使邪恶魔鬼的力量无疑是罪恶;但就算利用善灵也有风险,因为邪灵可能伪装成善灵,引诱并束缚灵魂。菲奇诺本人积极尝试自然魔法,甚至包括(善)魔鬼魔法,但他很谨慎,不公开表达这一信仰,因为他相信,如果运用魔鬼魔法的知识落入恶人之手,其无边的力量会被用于邪道;如果被愚众获知,他们很容易被误导至偶像崇拜,即恶魔崇拜。只有菲奇诺及其密友这些被选中的、受过教育的、纯精神取向的小群体才能接触魔法知识和实践。

72

菲奇诺认为人性中蕴藏着重大的宇宙内涵和超自然力量。宏大的存在体系中,人类占据关键的中间位置,是精神世界和物质世界的唯一连接点。人类既有肉体又有灵魂,具备两界之力,作为连接点保障了创世的统一,得到上帝特别的偏爱。魔法师经过精神修炼、具备必要知识(如星相),所以能运用该力量,可按自己的意志命令和驱使所有神创存在的力量。菲奇诺在演讲时说,艺术家天生也有这种力量,他有上帝的感官,甚至具备启示创作的精神疯狂(*furor*,Wilcox,1975,第113页)。每个人都面对一个选择:是培育人性的物质和肉体面、堕离上帝,还是培育精神面、与上帝一体。

菲奇诺对人性的赞美重复了该世纪早期人文主义者布鲁尼、阿尔贝蒂、帕尔米耶里和马内蒂等人所表达的主题。但不同之处在于,他在柏拉图体系的形而上学框架内进行赞美。之前的人文主义者对人性的描述回避思辨哲学,把人的伟大描述为道德的卓越、与社会的结合、对政治的献身,以及日常家庭和生意关系,即积极的生活。而菲奇诺则以思辨来定义人类的荣耀,驳斥日常生活的价值,这是他对人性的赞美。这套体系最终只能吸引有闲暇为获得启示付出努力的少数精英。对于佛罗伦萨中无政治参与权的群体,甚至中坚阶级,菲奇诺给不了什么。他们受经济和社会条件所限,必须致力于家庭、生意等世俗活动,不能全身心投入学习。他的精神世界高雅冷峻,对托钵僧布道中较传统和接地气的精神境界鄙夷而不屑。

73 　　菲奇诺哲学中的魔法元素对其声誉有害,关于召唤术即恶魔魔法的使用,他可能言行不一。但他的智识体系中还有一些他完全没有意识到的危险因素。和大部分神秘学思辨一样,菲奇诺及其同僚致力于净化和升华灵魂,强调人类的行为而非神行(即恩典)。这很容易导致精神上的自大,受其影响的个人和群体往往自以为有卑微的品德,但不知不觉间就产生了精神精英的意识。这一问题在他们身上尤其突出,因为菲奇诺的追随者事实上是有意识脱离社会的精英,鄙视愚昧民众以及教士向他们兜售的粗鄙迷信。菲奇诺本人作为以正统自居的授品教士,会如此轻易地被魔法吸引、参与这些有不当之嫌的行为,就是这种危险的表象之一。从根本上,他的影响力在于提供了一种基督教版本的柏拉图主义,作为文化标识,让圈内人得到优越的自我意识。对于光鲜亮丽、趋之若鹜地来听他讲座的年轻贵族来说,以西塞罗为根基、关乎佛罗伦萨家庭日常生活和政治服务的"公民"式人文主义文化,格调已嫌太低。布鲁尼教导广大统治贵族如何成为有用的人,但新一代想要高于务实的自我价值。菲奇诺的哲学让他们获得神圣感,又不用忍受宗教的麻烦和隐修的拘束。人文主义文化一直是属于精英的,其基础是精通拉丁语和古典知识,但跟着菲奇诺学哲学的精英圈还要狭小得多。菲奇诺带给这些年轻人的,不只是他本人在柏拉图主义和基督教的杂烩中找到的内在精神平静,还让他们感受精神优越,为智识精英讲授一种"特别的、秘传的基督教形态"(Hankins,1991,第 287 页)。这种高雅柏拉图主义的定位是对集权王廷文化的完美补充,非常契合卡斯蒂廖内在《廷臣之书》中刻画的乌尔比诺宫廷中的理想化图景。

阿尔弗雷德·冯·马丁(Alfred von Martin,1932)、弗雷德里希·安塔尔(Friedrich Antal,1948)、阿诺尔德·豪泽(Arnold Hauser,1952)等老派马克思主义文化历史学者敏锐地注意到新柏拉图主义和王廷的这一密切关系。他们甚至提出,佛罗伦萨的美第奇家族之所以有意扶持柏拉图主义,是因为其弃绝现世生活的主张有助于让受教育阶级远离公民理念与共和自由观。这类还原主义的、初步的唯物主义解读方式存在很大的困境,很少经得起仔细推敲,但可以带来不错的启发。十五世纪五十年代末,佛罗伦萨的文化无疑发生了突兀的转变,其源头在显赫家族的青年,他们抛弃对修辞和积极生活的兴趣,转向哲学研究和思辨。这一新潮流把人们的视线从专注于自由人道德和政治判断的著述身上移开,转向厌弃多数统治、偏向由受过哲学训练和精神启蒙的极少数精英执行统治的柏拉图。

并非所有佛罗伦萨智识分子都全盘接纳柏拉图思想,就连美第奇"宫廷"中的智识圈也有异议者。吟游诗人路易吉·普尔奇

74

（Luigi Pulci，1432—1484）——差不多算是洛伦佐·德·美第奇家族的宫廷小丑——就公开讥讽菲奇诺自命不凡的超然入圣。洛伦佐本人也有两重想法，既渴求世俗权力和财富，也时时参加柏拉图主义者的聚会。

比科和对人的赞美

美第奇的亲随中有一些人接受菲奇诺的新柏拉图主义，包括人文主义诗人和学者波利齐亚诺、诗人和修辞学家克里斯托福罗·兰迪诺（Cristoforo Landino，1421—1504），他们是颇具影响力的柏拉图和菲奇诺的推广者。除了菲奇诺本人，该群体中最突出的哲学人物是年轻的王储乔瓦尼·比科·德拉·米兰多拉（1463—1494），但他的哲学背景不是源自菲奇诺，而是源自帕多瓦和巴黎的大学里学来的经院主义。早在 1485 年，他就参与和威尼斯人文主义名人埃莫劳·巴尔巴罗展开的一场公开辩论，坚称哲学优于人文主义核心课题修辞学，把修辞贬为纯文字游戏。比科和菲奇诺同样相信古代精神智慧的传统具有延续性，通过各种古代智者的著述传承下来，例如赫尔墨斯、卡巴拉主义者、琐罗亚斯德、奥菲斯、柏拉图和后来的柏拉图主义者。他所采纳的哲学和宗教普遍主义甚至比菲奇诺更宽泛，认为每一种宗教传统都包含一定的真理（但程度不同），学习一切民族的智者的著述，就有可能从中提炼出一套通用的真教义，以此为基础构建包容所有哲学和宗教的大和谐。比科学过希伯来文、希腊文和拉丁文，如果能正确理解卡巴拉主义者（被认为属于古代，实际上属于中世纪）的著述，特别有望证明犹太教和基督教本质上的完全一致。他研究所有已知宗教的信仰，寻找普适的安宁与和谐的基础，认为柏拉图哲学是找到和谐、解开所有矛盾的关键。这一终极信仰就是去除一切杂质的基督教。但是，他和菲奇诺无意中把所有宗教关联到一起，危及了基督教主张的唯一性。1486 年，他在一次公开辩论中提出 900 条提案，有很多源自卡巴拉和赫尔墨斯的思想，因此被罗马教廷指控为异端,有一段时期流亡法国。

　　比科最有名的作品是短文《论人的尊严》(*Oration on the Dignity of Man*),发表于 1496 年。如现代人加的标题所示,其内容有部分涉及人的尊严,且因其固有的吸引力以及篇幅的精炼,故而被学习者和研究者普遍看作文艺复兴人性论的浓缩精华,以及人文主义哲学对人性的表达,但这些判断都根据不足。关于人文主义,马基雅维利(还有其他例子)的读者都应了解,比科诗化的、光彩动人的人性赞美算不上人文主义者中的典型。很多人文主义者确实写过赞美人性的文章,但比科和菲奇诺把这一主题和纯精神形而上学统一起来,从而脱离了布鲁尼、阿尔贝蒂、帕尔米耶里和马内蒂等人文主义者的类属。

　　比科采纳了菲奇诺的很多观点。但两者有一个重大差异,根源在比科的亚里士多德背景。在亚里士多德哲学中,事物的性质决定了它是什么,进而确定了一系列严格限定。例如,初生的狗崽本质是狗,因此不可能成为其他东西。从这个角度看,菲奇诺把人放在创世层级体系中的一个特殊位置,似乎具有决定论色彩。作为唯一既有灵魂又有肉体的神创,人可以占有特殊的、荣耀的位置。但作为存在之链的中间环节,人也受其约束和限制,其潜力被本质所限定。菲奇诺不接受这一观点。他在《论人的尊严》中提出了另一种惊人的论点,描述了一套假想的创世过程,宣称上帝先创造出一切精神和物质的本质,构成一个完整且完美的宇宙,然后才创造人。可是创世体系已经完成,所有本质都已分配,于是他没有给人一个固定的位置,也没有给予任何本质。人——且只有人,连天使都不行——获得的不是本质,而是在创世体系中选择自身位置、在已创造的本质中自行挑选的自由。作出正确选择的人将培育其灵魂,成为属灵的人。当然,选择不明智的人会遵从更低俗的本能,变得形同野兽。人的真正"本质"是没有本质,其未来没有严格的界定。人通过自由选择创造自我。欧金尼奥·加林(Eugenio Garin)对此定位有很好的描述:其他神创存在都是**物**(*quid*),只有人是人(*quis*);这是上帝的地位,也只有人和上帝共享。因此,人是

76

完全按上帝的模样打造的，其他创物都不是。这是一种非常乐观的论点，甚至令人怀疑，比科究竟有没有把该观点应用于亚当堕落后的人类，但他本人的文章中并没有这一时段限制。不过有一点不能忘记，这种人性论是比科融合新柏拉图和亚里士多德哲学后的独创，只是他一个人的哲学观点，并不等同于"人文主义"。他的人性论中似乎完全不需要神恩，也不需要十字架受难并重生的救世主：看起来是彻头彻尾的伯拉纠主义。[①]

受教育精英和流行文化

人文主义者乃至佛罗伦萨柏拉图学院成员的文化兴趣，对现代读者来说可能显得非常神秘。但听菲奇诺讲座的佛罗伦萨高雅贵族，以及阅读古典文学和经过细致考证的人文主义注释及论文的文书院秘书，都可以决定潮流——正因为他们是精英团体，被所有渴望精英地位的人所关注。大部分意大利小城的统治阶级都急于让子嗣就读人文主义的拉丁语学校，这表明，严格意义上的人文主义和与之松散关联的柏拉图主义哲学都相当彻底地渗透到意大利诸城的中上层阶级中。以人文主义和新柏拉图主义为表达形态，这一新文化赢得了极为广泛的受众。拉丁语是其主要媒介，但这并没有把合适的受众排除在外。所有律师、医生、受过良好教育的教士，以及出自新文法学校的成功学子，都可以读、写、说、理解拉丁语。

而且人文主义和柏拉图主义作者都写过广为流行的作品，也为可以阅读通俗语书籍的群体翻译通俗语版本，而这个群体要大得多。彼特拉克和薄伽丘去世后，尽管意大利语的文学作品经历了将近一个世纪的衰退期，一些人文主义者还是写出了具有影响力的、反映广大中产阶级政治、家庭和经济趣味的通俗语书籍。其中

---

① 五世纪的英国人伯拉纠在罗马传道，偏重人的道德与责任，宏扬自由意志，后他的观点被教会长老拥护和极端化，招致教会的判决。——译注

包括阿尔贝蒂、帕尔米耶里和马内蒂；尽管布鲁尼备受推崇的著述
《佛罗伦萨史》是拉丁语写成，该世纪后期也有意大利语译本付印；
他为佛罗伦萨文学传统中的两个伟人——但丁和彼特拉克——所
作传记也使用通俗语。不仅是布鲁尼，他之前的萨卢塔蒂和之后
的波利齐亚诺、兰迪诺都作过公开的通俗语讲座，颂扬一位或多位
佛罗伦萨文学伟人。波利齐亚诺、兰迪诺及资助二人的洛伦佐·
德·美第奇用意大利语作诗，以广大公众可以理解的方式表达新
柏拉图主义的主题。意大利语的通俗文学也保留了中世纪骑士文
化的趣味，具体将在第六章中讨论。一些历史学者把骑士文化的
兴盛——乃至在佛罗伦萨的商界贵族中盛行——解读为精神的疲
敝、趋向前资产阶级价值观的文化倒退，因为共和国愈发屈服于美
第奇家族的掌控。类似地，积极生活的观念不再流行，强调出世思
辨（也就意味着政治上的服从）而非公民权的柏拉图主义兴起，被
视为平行发生的、返回中世纪状况的倒退；在洛伦佐·德·美第奇
统治下，很多佛罗伦萨艺术创作具有过度精致、趋于神秘主义的特
性，这又是共和理念死亡、宫廷文化兴起的标志。但反过来看，这
一切也许仅仅表明佛罗伦萨及诸王国统治下的精英文化依然能被
普通民众触及，他们对骑士和女子、巨人和术士及各种中世纪传奇
文学元素的兴趣从未完全消弭。

在佛罗伦萨，尽管思辨、骑士文学乃至骑士比武都蔚为时尚，
老派的公民传统依旧存续。道明会托钵僧萨沃纳罗拉把大部分文
艺复兴艺术和文学斥为异端，且得到越来越多的支持，这表明佛罗
伦萨人——不仅是愚昧大众，甚至包括很多精英——依然被一个世
纪前吸引萨卢塔蒂的宗教复兴主义所吸引。类似地，过去的"公民
人文主义者"对积极生活和共和政治的认可并没有完全消失。对
于这种精神的存续，几部流行的佛罗伦萨史功不可没。布鲁尼所
著历史尽管以拉丁文写成，但得到高度评价，被拿来与古代史家李
维的作品比肩，还被译成意大利语，在 1476 年的威尼斯出版。波
焦的佛罗伦萨史也用拉丁文写成，把公民人文主义和共和主义理
念传递到该世纪后期，其子所作译本和布鲁尼的历史一同付印于

1476 年。

马基雅维利和佛罗伦萨传统

　　这一公民人文主义传统的真正继承人是另一名人文主义史学家，即其职业生涯属于十六世纪的尼科洛·马基雅维利（Niccolò Machiavelli, 1469—1527）。有时，他的人文主义者身份也遭到怀疑，部分原因是其所有作品都用意大利文而非拉丁文写成，但主要是因为他对人性持有负面的看法，而在世人的刻板印象中，人文主义对人性的判断必然是极为乐观的。他得到了优越的古典教育。美第奇统治在 1494 年垮台，萨沃纳罗拉也在 1498 年失势，此后，马基雅维利在温和改良派贵族皮耶罗·索代里尼（Piero Soderini）的执政期内被任命为第二文书院的首席文书。马基雅维利作为公务员发迹，获得很大的影响力，以重要使节的身份被派往意大利内外，经略再征服比萨的战争，并尝试创建一支公民军队。当时，意大利的实际控制权已落入国外各大君主之手，他们从 1494 年开始干涉意大利的政治和战争。1512 年，一支西班牙军队复辟美第奇家族，但依然披着共和制的外衣。新政体仅遣散少数公务员，但马基雅维利位列其中。他曾与索代里尼走得太近，而且有个过于响亮的名头——改革后的反美第奇共和体制的积极维护者。

　　政治曾是马基雅维利的人生，但此后他再未获得真正具有政治影响力的职位。若非经此大难，他的那些名作可能一部也不会问世。被革职后，写作成了他消解无聊和忧伤的唯一办法，于是才诞生了十五和十六世纪最重要的意大利作家，以及有史以来最伟大的政治学作家之一。现代读者大多知道他的政治论述，至少知道《君主论》；但他还写过文艺复兴时期的两篇最早且水准一流的喜剧：《曼德拉葛拉》（*Mandragola*）和《克里齐亚》（*Clizia*）；以及一篇上佳的散文故事《贝尔法高》（*Belfagor*）。其在世时唯一出版的政治作品是《论战争技艺》（1521），后译成法语和英语，被很多军事著者参考引用。

其《佛罗伦萨史》则重要得多，写于 1520 到 1525 年。此书大量参考人文主义前辈，尤其是布鲁尼和波焦。他的历史叙事一直涵盖到 1492 年，即洛伦佐·德·美第奇之死。此作清晰地表达了他对佛罗伦萨可敬的共和政治传统的热爱；在关于洛伦佐的部分，他审慎而精明，没有把这个美第奇家族的政治伟人描写成暴君，而是写成智慧、强大、谦和的领导者；他成功实现内部政治稳定和泛意大利和平，在他英年早逝后的灾难年月中，这种稳定与和平都不复存在。因此，《佛罗伦萨史》讨好了美第奇家族的新赞助人，但代价是把他们的祖先重新刻画成共和国自由的睿智保护者。

对人文主义者来说，历史和政治紧密关联，马基雅维利的两部著名政治论著《君主论》和《论李维》体现了他对政治的终身投入。《君主论》当然很有名（甚至有恶名），但两作关系密切；想要理解马基雅维利的政治观，两本书都是必读的。两书中的例子有些来自马基雅维利担任公职和外交官的个人经历，有些来自他所读的当代和古典历史。虽然他被不公正地冠以专制辩护者的头衔，两书都有力地贯彻了他在从政生涯中表现出的共和主义立场。只要读得够细，哪怕《君主论》也表明，马基雅维利从不把专制统治视为理想的政府形态，在他看来，至多只是社会过于混乱、一切基于公民参与的政体都不可能实现时的权宜过渡体制。通过历史研究，他认定生命的法则是不断变化，没有永续的人类体制。但在《论李维》中，他也试图证明，一种由强有力的执行机构、具备财富和才能的贵族、分享权力的大众所构成的"平衡"体制——正如他想象中的罗马共和制——最有可能实现水准较高的、可持续的社会正义。

哪怕《君主论》时常诋毁普通民众，称他们懦弱自私，马基雅维利在此书中依然坚称，大众的支持是强有力的统治者唯一可靠的根基。他警告统治者，可以让民众惧怕他，但绝不能让民众憎恨他；《君主论》中有很多这样的提示，其主旨是一切政府的最高目标不是统治者的个人福祉，而是社群整体的福祉；这一观点在《论李维》中表述得更清晰。马基雅维利并不是民主之友，他把民主和无序联系在一起；但很明显，他偏好广泛分享权力的政体，而不是让

79

个人或贵族小集体把持权力。而广泛分享权力正是其资助人皮耶罗·索代里尼试图建立的改良版佛罗伦萨共和体制,所以此论点也是对后者无声的支持。他施加给君主的限制也表明,一个被广泛接受的概念是错误的:马基雅维利支持非道德或不道德的政治。一切想得到民众支持的统治者都受到非常明确的限制,而这种支持是统治者生存所必须的。君主为个人所得或愉悦而做出残忍的行为,这对政治稳定是毁灭性的打击,因为将招致仇恨,从而危及政治体系。作为公民人文主义道德传统的分支之一,这套思想对政治道德依然存在忧虑,但统治者的道德限制和普通人生活所需的道德准则并不完全一样。

《君主论》和《论李维》对个人统治、"寡头"贵族统治、"广泛"(但非全体)参与政治的相对优势和劣势的讨论,在当时是及时的理论补充。现代研究表明,马基雅维利的想法反映了自 1494 年推翻第一次美第奇政体以来,佛罗伦萨统治阶级内部存在的政治争议。马基雅维利和十五世纪意大利政治思想最明显的偏离在于,他否认政治是可以通过明智的政策有效控制的理性过程。从 1494 年开始困扰意大利的外敌入侵是一场政治灾难,逐步令所有城邦失去自由。这场灾难使他确信,在无常的命运和压倒性的实力面前,最高明和审慎的计划都无能为力。尽管承认偶然性和暴力对政治生活的影响,他并不认为审慎计划和积极行动是无用的;整部《君主论》的观点就是强大而坚定的领袖可通过英明果决的行动在混乱中开辟秩序。尽管偶然性在历史中扮演重要角色,只要仔细研究历史、据此制定明智的政策并遵循,即可在一定程度上控制事件(他推测可控制五成)。

文艺复兴时期的艺术家:从匠人到天才

与十五世纪意大利人文主义的杰出文化交相辉映的,是该时期非凡的艺术成就。乍看之下,文艺复兴艺术和人文主义的关系简单而直接,但事实并非如此。在文艺复兴后期的意大利人眼里,人文主义学术繁荣和艺术繁荣是互不相干的平行事件,都属于同一场文化的全面复归和真正文明的重生。乔治·瓦萨里(Giorgio Vasari,1511—1574)是才华出众的画家,其《艺苑名人传》(*Lives of the Artists*)一书对文艺复兴绘画的解读有着持久(有时是误导)的影响,称乔托·迪·邦多内(Giotto di Bondone,约1266—1336)"找回了绘画的真正艺术"。他毫不掩饰地把乔托之于绘画复兴的地位,比拟为同时代佛罗伦萨人但丁之于诗学复兴的地位。以后几百年间的艺术史家都接受他的判断,普遍以为乔托重新发现了"真正的艺术",即古代古典艺术的奥秘,经其后继者逐步扩展和完善,直到极致完美,

81

1 乔托·迪·邦多内,《哀悼基督》(1305—1306;修复品)。佛罗伦萨乌菲齐画廊(布里奇曼艺术图库图书馆)

　　这一完美艺术的代表是文艺复兴艺术盛期的三大天才：列奥纳多·达·芬奇、拉斐尔·圣齐奥和米开朗基罗·博那罗蒂。几乎所有现代艺术史学家都不同意文艺复兴始于乔托（如今被定义为哥特晚期画家）的判断，以及存在一条"真"艺术发展脉络的概念——这条脉络始于乔托，经过十五世纪佛罗伦萨画家的发展，一步步通往文艺复兴盛期的大师。

　　令人注目的是，瓦萨里没有把乔托和文艺复兴人文主义的奠基人彼特拉克联系在一起，而是和但丁联系在一起。后者确实具有极大的诗学成就，但和中世纪文化密切相关，而非文艺复兴。乔托和导师契马布埃（Cimabue）展现了佛罗伦萨及其他意大利城市具有充沛的社会、政治、经济和艺术能量，但这些活力的表达形式起初多少具有中世纪元素。乔托确实标志着意大利艺术的一个高峰，但那是意大利哥特艺术的高峰。

　　所以，把乔托定义为中世纪后期画家是没有问题的，他同时吸纳了十三世纪欧洲北部哥特风格在意大利的传承，以及后来在十三世纪意大利兴盛的希腊或拜占庭风格。但乔托又有些不同，尽管艺术史家把他归入"中世纪后期"有理有据，但他确实表现出与过去的绘画艺术分道扬镳的趋势，而这正是真正的文艺复兴画家所推崇、研究和学习的艺术。中世纪社会把画家视为技艺出众的匠人，也许觉得他们非常聪明，也很令人尊敬，但依然只是从事某种营生的手工劳动者。可乔托在世时就出名了；两个半世纪后，瓦萨里还可以搜罗到大量轶事，展现他非凡的技巧和当世对他的景仰。按文艺复兴时期批评界的观点，好艺术的突出特征是真实性，即能够创造真实世界的影像。但乔托作品的真实性在具体细节方面不算非常精确，这方面有很多中世纪艺术家都不亚于他。其作品更接近抽象写实，一种全面而统一地感受整个作品的方式，让每一个元素都为艺术家的整体愿景服务。其整体绘画风格相当简单，具有突出的内在统一性，所有细节都服务于这一统一性。尽管并不精通十五世纪问世的复杂透视法，他笔下的人物巨大厚实，具有立体感。总体上，评论界认为其画作具有较高的触觉价值，也就是说,观者觉得仿佛能触摸到画中人物。所以,尽管他的大部分技巧属于中世纪晚期,也应算作一名卓越的中世纪晚期画家,但在1400年前后著述的佛罗伦萨编年史家菲利波·维拉尼(Filippo Villani)有充分的理由宣称,乔托的作品不亚于古代,因为其人物鲜活有生命力。他认为乔托在艺术史中的地位堪比彼特拉克在文学史中的地位:重新发掘失落的古代辉煌。但在乔托的绘画中找不出古典影响的痕迹;虽然一些轶事传闻称他如真正的天才那般恃才傲物,并没有证据表明他本人号称给古代艺术带来新生。这些名号都是后来的仰慕者加诸的。其下一代传承者推崇其作品,但仅模仿到细节而缺少神韵,没有其天才所依附的抽象力量。

　　十四世纪末,意大利艺术深受一种外来风格的影响,该风格起源于佛罗伦萨宫廷内部。这一国际哥特风格属于写实主义,但和乔托不一样,其写实对象是小物,例如花草动物、奢侈服饰、贵族生活物件,由贵族出钱请画家创作,因此这类作品数量很多。国际哥特是一种宫廷风格:优雅、色彩丰腴、反映奢侈精致的贵族趣味。其人物缺乏乔托笔下的厚重感和突出的存在感,布景则偏向繁杂,具有中世纪晚期艺术特征,欠缺乔托的布景所呈现的简单而抽象的统一性。属于该流派的一流意大利代表性艺术家也能创作出华美的作品,例如法布里亚诺的秦梯利(Gentile da Fabriano)的《三圣贤之旅》(*The Adoration of the Magi*,1423)。但就在完成之时,《三圣贤之旅》也即将被新的艺术发展所淘汰,这一发展被艺术史家定义为文艺复兴艺术的真正开端。

83

十五世纪艺术风格

　　类似人文主义学术,人们很容易产生艺术的所有重大发展都发生在佛罗伦萨这一不正确的观念。这一观点不适用于人文主义,也同样不适用于绘画,但佛罗伦萨确实又一次成为新兴事物的焦点。有三个关键人物是佛罗伦萨人,政府和行会的行动美化了这座城市,为艺术创作的爆发带来财政支持和激励。1401年,卡利马拉大道(Calimala)行会赞助发起主教堂洗礼堂北镶板镀金青铜门的设计竞标。胜者是洛伦佐·吉贝尔蒂(Lorenzo Ghiberti, 约1381—1455),一位金匠出身、功成名就的艺术家。他赢得竞标的镶板设计具有突出的古典细节,但这类细节在中世纪艺术中很常见,与受教育阶级中愈发盛行的古典文学基本没有关联。吉贝尔蒂的风格具有国际哥特特征,而非文艺复兴特征,尽管其后来的作品有意吸纳获得成功的文艺复兴样式,但他本质上还是一名哥特晚期至末期雕塑家。

差不多同时代的史料称,菲利波·布鲁内莱斯基(Filippo Brunelleschi, 1377—1446)因竞标失败的耻辱放弃雕塑生涯,在年轻雕塑家多那太罗(Donatello, 1386—1466)的陪伴下前往罗马。两位友人醉心于绘画和测量该城的古废墟,试图重现其原始格局。

84

2 法布里亚诺的秦梯利,《三圣贤之旅》(**1423**)。佛罗伦萨乌菲齐画廊(布里奇曼艺术图库图书馆)

多那太罗依然从事雕塑,后来成为十五世纪最伟大的雕塑家。但布鲁内莱斯基后来主攻建筑。艺术史学界普遍同意,这两位多产艺术家创作的雕塑和建筑标志着古典现实主义真正的开端,该风格即早期文艺复兴风格;但关于两人前往罗马的时间、其影响是否具有决定性效力,目前尚存争议。

　　不管其艺术灵感来自何处,"新生"的布鲁内莱斯基直到1417—1419 年才显露头角,当时的公民政府为如何建造一座巨大拱门头疼,这是主教堂的十三世纪建筑师指定要建造的拱门。自古以来,这种拱门还没有人尝试。布鲁内莱斯基和吉贝尔蒂再次参与竞标,但这一次获胜的是布鲁内莱斯基,因为他极为革新的设计免除了传统方法所需的木支架(也因此节省大量预算)。他的设计重量相对于其尺寸来说算是很轻,也不需要昂贵且笨重的木支架来支撑石拱。尽管因大教堂的哥特特征,其外观不算"古典",但直到现在,这座拱门还是文艺复兴建筑的最高成就之一。在另一些委任工程中,布鲁内莱斯基得以自由表现他的古代建筑所学,创造出古典式文艺复兴风格更明显的建筑:圣洛伦佐美第奇教区教堂的重建、圣灵大教堂、天使圣母教堂、典雅的帕齐礼拜堂,还有为规勒夫派和皮蒂(Pitti)家族建造的宫殿。

　　布鲁内莱斯基在罗马的同伴多那太罗返回佛罗伦萨,在吉贝尔蒂手下工作,但很早就显示出脱离传统的迹象。1411—1413 年间,他和更保守的同代人南尼·迪·班科(Nanni di Banco)为圣米歇尔教堂的外部壁龛创作了很多表现力惊人的雕塑。南尼的四人群雕展现出无可怀疑的古代雕塑影响,但依然具有和建筑背景相融的中世纪风格。多那太罗为同一教堂创作的《圣马可》(*St Mark*)成于同一时期,但差异极大,完全是古代式样的自由站姿。此作品展现出对古典**旋动姿态**(*contrapposto*)的充分理解,这是一种人体非对称站姿,使人物显得放松自然、蓄势待发。和很多中世纪雕塑一样,南尼的雕塑具有写实主义的古典式细节;而多那太罗的作品没有对古典风格的明显套用,但其古典气质要深刻得多,因为他对人体形态的基本处理方式是古典的。他的另一些作品也展

85

86

3 布鲁内莱斯基,帕齐礼拜堂外壁(1429—1433)。佛罗伦萨圣十字教堂(考陶德
艺术学院)

4　多那太罗,《圣乔治》(约 1416)。佛罗伦萨巴杰罗美术馆(考陶德艺术
　学院)

现出对**旋动姿态**和人体古典概念的精通,例如《圣乔治》(*St George*)和《无名先知》(世称 *Il Zuccone*,意指"南瓜头")。十五世纪二十年代中期,多那太罗因这些革命性的雕塑而出名。可能在布鲁内莱斯基的影响下,他还掌握了新发现的透视法原理。从早期浅浮雕《圣乔治与龙》(*St George and the Dragon*,1415—1417)到《希律王的盛宴》(*Feast of Herod*,1425),再到《基督升天》(*Ascension of Christ*,1429—1430),可以看出他的透视法逐步精进的过程。另一些艺术家也感受到这种新式透视法的影响力。保守但一直与潮流俱进的吉贝尔蒂,在其《评述》(*Commentarii*)中介绍了这种方法,并在他为佛罗伦萨洗礼堂所作第二组镶板中展现了对这种技术的深刻掌握,该镶板通称为"天堂之门"(1435)。

88   在绘画艺术领域,新风格涌现得略晚一些,艺术家的名气也小得多。马萨乔(Masaccio,1401—1428)到 1425 年左右才开始作画,作品屈指可数;但代表一种剧烈的改变,在一些人眼里,这意味着恢复和延续乔托开创的发展道路。乔托的画技能非常有效地在平面上呈现人体弧度和三维景深,一些只比马萨乔略年长的北方画家,如林堡(Limbourg)兄弟、胡贝特(Hubert)和扬·凡·艾克(Jan van Eyck),开发出"空间透视"技巧,人物距离越远,在背景中的位置越深。但之前的画家都未能完全理解和应用布鲁内莱斯基开发的消灭点透视技巧。在马萨乔最早的画作《圣三位一体》(*The Holy Trinity with the Virgin and St John*,约 1425)中,这种新的绘画系统已经出现。中心人物位于古典风格的拱形礼拜堂内,空间关系交代得十分完美,可以计算出主要人物所在内室的长宽高。其绘画风格也抛弃了修长而理想化的国际哥特式人体形态。在马萨乔笔下,带有复杂褶皱的典雅服饰、修长的体形,都消失不见了。图画的抽象概念和构成都大幅度简化,类似乔托的笔法。人物有着类似乔托风格的浑厚体型,但比后者更为成功,因为乔托依然把人体和服饰视为一个对象,而马萨乔笔下的人物是被真正的布料覆盖的裸体,就像多那太罗雕塑中的穿衣人物。裸体人物的极度重要性——哪怕是穿衣服的人物——是文艺复兴风格的特点之一;

5　托马索·马萨乔,《圣三位一体》(约 1425)。佛罗伦萨新圣母大教堂
　（布里奇曼艺术图库图书馆）

这种重要性在马萨乔 1427 年前后为佛罗伦萨布兰卡齐礼拜堂所作的两块壁画中表现得更加明显,一是《纳税银》(*The Tribute Money*),画中人物完全被衣物覆盖;二是《从天堂驱逐》(*The Expulsion from Paradise*),人物是裸体迈步前行的亚当和夏娃,他们的面容和肢体动作,也许堪称整个艺术史上对人类绝望最透彻的表现。马萨乔完全掌握消失点透视技巧,得以在突出主题的同时简化构图,营造统一感,真实地表现人体的空间感和质感。此外,在《纳税银》中,他还借鉴多那太罗开创的**旋动姿态**,给人物注入蓄势待发的灵动感。虽然其传世作品很少,且英年早逝,未能把技巧传授给门生,马萨乔依然在短暂的人生中跃然成为绘画新风格成熟的标志。

90 　　作为建筑师和工程师,布鲁内莱斯基的重要性超过了他的成就。当时艺术家依然被视为匠人,不接受古典教育。但他以技术人员和工程师的身份所取得的成果中蕴含着惊人的数学才能,影响了以后所有文艺复兴艺术家的创作。在罗马,据说他投入大量时间测量古代石碑,计算罗马建筑的协调感中蕴藏的数学比例。也许,就在绘制草图的过程中,他发现了消失点透视法所依赖的数学原理。现在我们无从确定他对这些原理的理解究竟有多深,但显然足够向其他人解释。据说他的技法影响了多那太罗为圣米歇尔教堂所作小浮雕(1415—1417),在多那太罗 1425 年为锡耶纳洗礼堂所作浮雕《希律王的盛宴》中表现得更明显。在后一块浮雕完成之前,马萨乔也已开始创作。很快,越来越多的艺术家展现出对三维空间的掌控能力。1435 年左右,接受古典教育的人文主义者莱昂·巴蒂斯塔·阿尔贝蒂(Leon Battista Alberti,1404—1472)发表了一篇通俗语论著《绘画论》(*On Painting*),用大量篇幅描述各种表面和光照,也较为详细地说明了实现消失点透视效果的方法。这篇意大利语论著从实践的角度、以画家可借鉴的方式解释了透视法绘画。成功的三维表现不再是数学或绘画天才的专属,成为一种难度适中的技术,任何具有足够画工的人都可学习。在阿尔贝蒂撰写此书之前的几年,罗马动荡的政治局势迫使整个教廷迁至佛罗伦萨。阿尔贝蒂是来自佛罗伦萨的政治流亡者,但被允许以教廷职员身份留在该城。因此,他得到了和本地贵族群体深入交往的机会,当时该群体中正在传播布鲁内莱斯基所发现的透视法画技。他的《绘画论》影响广泛,把这一新技巧化作文字,并传播给全意大利的读者。《绘画论》的引言部分完全题献给布鲁内莱斯基。除了他以外,书中提到的能与古代艺术家相提并论的艺术天才还有多那太罗、吉贝尔蒂、马萨乔和雕塑家卢卡·德拉·罗比亚(Luca della Robbia;Holmes,1969,第 223 页)。

阿尔贝蒂本人的艺术造诣很高,后来成为重要的古典风格建筑家。但他最重要的身份是作为个人和文学桥梁,在富裕贵族和人文主义者构成的统治阶层和艺术家的世界之间建立联系。他还写过雕塑和建筑方面的论著,其中的建筑论著受罗马建筑家维特鲁威(Vitruvius)名著《建筑十书》的影响很大。他的绘画论著也很重要,直接推动了艺术家社会地位的提升,使他们从匠人升格为自由艺术从业者。他坚称,艺术家仅凭手工技巧不足以成功,还必须有相应的智识水平,包括几何学(传统七学之一)和充分的文学修养,能自如地与雄辩家(人文主义者)和诗人交流,通过他们的启发挑选神话主题。

阿尔贝蒂是仅有的两名具有重要艺术地位的人文主义者之一,但第一个在人文主义和艺术之间建立关系的人不是他。很自然,对古代文学和历史的兴趣激发了人文主义者及其富有的资助人对古代艺术品(以小雕塑为主,在意大利数量很多)和钱币的收集爱好。不守常规的佛罗伦萨人文主义者尼科利还因对钱币等小物的兴趣遭到导师瓜里诺·瓜里尼的批评。尼科利的朋友和财政支持者科西莫·德·美第奇的古代钱币、珠宝和雕像收藏也很出名。有的时候,人文主义者会建议富有的古物收藏家向多那太罗咨询古物的艺术价值。到十五世纪三十年代左右,来到佛罗伦萨且有些人脉的人文主义者不仅会拜访尼科利,参观他丰富的古典手稿、古代艺术和钱币收藏,还会到多那太罗和吉贝尔蒂的工作室外张望。人文主义者尊重古代艺术品的态度受到广泛评论;因为文艺

91

复兴艺术被视为对古代艺术原则和灵魂的再发现,所以自然会受到古代作品、当代艺术家和当代人文主义者这三方面的影响。多那太罗著名的浅浮雕《圣乔治与龙》的创作灵感可能来自他所熟悉的古代雕刻首饰。在多年以后的青铜雕塑《大卫与歌利亚的头》中,歌利亚的头盔上也有类似的古代首饰。在马萨乔的《圣母与圣安妮》(*Virgin and St Anne*)中,幼儿基督非常类似一座当时已知、如今依然在梵蒂冈美术馆中的埃特鲁里亚(Etruscan)青铜雕塑里的婴孩。从使用古代字体的雕塑镌文中也可看出佛罗伦萨艺术家和同时代人文主义者的密切关系。在十五世纪第二个二十五年间,这类交互在佛罗伦萨很常见。尼科利对古代艺术品的兴趣——这一兴趣造成了深远的影响——也许可追溯到该世纪头十年。阿尔贝蒂是唯一充分掌握人文主义素养的艺术家,但影响力深远的雕塑家吉贝尔蒂不仅为其回忆录起了古典的标题《评述》(*Commentarii*),还向维特鲁威和老普林尼借鉴古典智慧,开创了受教育艺术家的理论。

这批充满创造力的文艺复兴早期艺术家在佛罗伦萨赢得了社会上层人文主义者及科西莫·德·美第奇等更上层的贵族的尊重。在那个公民人文主义的时代,社群本身(指统治阶级)也为装扮城市的艺术创作提供资助。掌控资助活动的主要城市政府、构成政治权力基础的大行会,以及通常由虔诚的富人把持的宗教团体,在建筑和教堂装饰工程中也一样。同样是这批人推崇和收集古代艺术品,为子嗣提供人文主义教育,任用人文主义者中的佼佼者担任文书和其他行政职位,也用公款聘请人文主义者在大学里讲学。在前半个世纪,资助以公共形式为主。作为一名慷慨又有品位的人文主义和艺术赞助者,连科西莫·德·美第奇也主要把艺术赞助投入到公共项目,而非单纯的个人需求。直到他孙子"伟大的"洛伦佐(Lorenzo the Magnificent)在位时,美第奇家族的资助才变得更公开、直接和张扬,不再以公共项目为主,而是创作金主私藏的作品。

本书并非文艺复兴艺术史,也不会详细追溯文艺复兴风格在十五世纪中期的发展。布鲁内莱斯基和多那太罗（但不包括马萨乔）寿命颇长，也保持着主导艺术风格的地位；加上吉贝尔蒂，三人在生前就很出名，以他们作品的质量和创新的深远影响而论，也实至名归。他们的名声不限于佛罗伦萨一地。1445 年，多那太罗受邀前往帕多瓦创作一尊英雄骑马雕像，纪念已逝威尼斯将军加塔梅拉塔（Gattamelatta）。类似的绘画作品有很多。1439 年，威尼斯画

93

6 皮耶罗·德拉·弗兰切斯卡，《基督的复活》（约 1460）。圣塞波尔克罗市政厅画廊（Fratelli Alinari 博物馆）

94

7 桑德罗·波提切利,《春》(约1478)。佛罗伦萨乌菲齐画廊(布里奇曼艺术图库图书馆)

家多梅尼科·韦内齐亚诺（约1410—1461）在佛罗伦萨定居，完全接纳了新生的佛罗伦萨风格。他的助手是来自翁布里亚小镇圣塞波尔克罗（San Sepolcro）的皮耶罗·德拉·弗兰切斯卡（Piero della Francesca，1420—1492）。皮耶罗的创作地点大多是托斯卡纳和翁布里亚的乡村，他的作品非常重视消失点透视。保罗·乌切洛（Paolo Uccello，约1397—1475）和安东尼奥·德尔·波拉约洛（Antonio del Pollaiuolo，1431—1498）也是这样。乌切洛、菲利波·利比（Filippo Lippi，约1406—1469）和多那太罗都在威尼斯统治区创作；而威尼斯文艺复兴风格的真正创始人安德烈亚·曼特尼亚（Andrea Mantegna，1431—1506）则从佛罗伦萨艺术家那里汲取灵感，尽管他的师傅可能是帕多瓦人。曼特尼亚的作品表现出对古典范式的充分掌控，然而他的风格（尤其是对色彩的运用）也表现出卓越但依旧属于中世纪的佛莱芒风格的影响，这种风格流行于十五世纪意大利中部。在威尼斯画派排行第二的乔瓦尼·贝利尼（Giovanni Bellini，约1431—1516）的作品中，也能看出类似的佛罗伦萨和北方风格的组合。

在佛罗伦萨，马萨乔强有力的现实主义风格已被世俗修士菲利波·利比所软化。在很多层面上，皮耶罗·德拉·弗兰切斯卡在佛罗伦萨以外创作的严肃作品比同代佛罗伦萨画家的任何作品都更原汁原味地延续了马萨乔的成就。其特征是优雅、光照和强烈的动感，而非桑德罗·波提切利（Sandro Botticelli，1444—1510）标志性的厚实和空间感，后者是与洛伦佐·德·美第奇关系密切的佛罗伦萨智识圈最偏爱的画家。他的两份最著名的画作，《维纳斯的诞生》（*The Birth of Venus*，约1480）和《春》（*Primavera*，约1478），对该世纪中期的若干画家所热衷的深度透视、人物曲线或解剖结构都很不在意。两幅画都有一种超验的非现实感、一种梦幻般的忧郁，只能解读为对新柏拉图主义哲学信奉群体中盛行的抽象概念的寓言式表达。缺乏物理现实感、对抽象概念细腻的隐喻式表达，以及某种程度的宗教情愫，使他的很多作品看起来几乎拥有中世纪的灵魂。这种偏离日常世界积极生活的倾向同样可在

95

菲奇诺的柏拉图主义智识群体中看到。染上柏拉图主义色彩的波提切利的画作是很好的例证,表明美第奇"宫廷"艺术家已跻身智识精英阶层,展现宫廷智识圈的理念如何渗透到艺术作品的主题乃至具体表现当中。

到十五世纪中期,教廷终于在其所属地罗马安定下来,在阿维尼翁经历的"巴比伦流亡"式的羞辱和随之而来的分裂,以及罗马数十年动荡后迫使数任教皇逃亡其他意大利城市的灾难,都已成为往事。教皇们深入参与各种政治和军事谋划,旨在对十三世纪以来事实上处于独立状态的诸多城邦确立控制权。文化方面,统治权的稳固使得教廷更积极地赞助人文主义学术和美术。前文已提及教皇尼古拉斯五世(1447—1455)的馆藏书籍和对希腊语翻译的资助,他还有一个宏大的构想,要把罗马这座破败的古城重建为华美的基督世界中心,但未能实现。其继任者没有放弃,兴建圣彼得大教堂的决定体现了这一追求。工程始于儒略二世(Julius II, 1503—1513),直到十七世纪中期贝尔尼尼(Bernini)柱廊落成后方告完工。到1500年,意大利艺术资助活动和创新的中心从佛罗伦萨转到罗马,但大部分主要艺术家还是在佛罗伦萨出生或接受训练。

罗马作为文化中心的崛起是第一个重大变化,也和第二个重大
96 变化紧密结合,即法国于1494、1498年两度入侵意大利,强行主张法兰西国王对那不勒斯和米兰的统绪权;为了制衡法国,西班牙也于1495年入侵,结果是法西两国长期在意大利境内交战,最终使教廷国和威尼斯以外的意大利全境都置于直接或间接的外国统治之下。社群自由和共和体制的旧传统在十四、十五世纪没有得到很好的发扬,而实力的硬道理却在1512年得到证明——西班牙和教廷军队恢复了美第奇在佛罗伦萨的最高统治地位。共和制的外衣保留到1532年,随后被美第奇改为公国。只有威尼斯保持完整的政治独立和共和体制;后来在艺术和文学两方面兴盛的威尼斯文艺复兴,成为守护意识形态、抵御教廷和外来君主征服及统治的工具,一定程度上类似于公民人文主义在十五世纪早期佛罗伦萨的作用。

大师的时代

这些变化意味着艺术和人文主义学术的资助活动越来越受控于威权政体。就连依然属于共和的威尼斯也有浓重的威权色彩。而作为另一个新文化中心的罗马也是最威权化的城市。但这一政治状况并没有削弱意大利的文化霸主地位,至少一开始没有。在美术领域,文艺复兴艺术中最成熟和发达的阶段都得到教皇和其他君主支持。意大利在文艺复兴盛期诞生了很多天才,但主宰舞台的还是三位大师:列奥纳多·达·芬奇(1452—1519)、米开朗基罗·博那罗蒂(1475—1564)和拉斐尔·圣齐奥(1483—1520)。建筑师多纳托·布拉曼特(Donato Bramante,1444—1514)和威尼斯画家乔尔乔内(Giorgione,1478—1510)、提香(Titian,1488—1576)有时也被归入超一流天才的行列。尽管这些艺术家的年份跨度很大,但被归入文艺复兴盛期的作品基本都属于1495到1520年的时段,只有长寿的提香例外。米开朗基罗也很长寿,但从十六世纪二十年代中期开始,他的风格发生显著变化,现在通常被定义为后文艺复兴早期流派,即所谓的风格主义。

三位艺术大师的成就实在太伟大,所以罗列出来也没有意义。他们的任何一份重要作品都足以让一个艺术家成名。列奥纳多本质上是画家,在佛罗伦萨师从多那太罗最好的传人之一安德烈亚·维罗乔(Andrea Verocchio);但也有大量生涯投入米兰大公的军事工程。他的绘画以精湛的**明暗对比法**(*chiaroscuro*)著称,以此(而非线条)表现人物轮廓。其《最后的晚餐》(*Last Supper*)和《蒙娜丽莎》(*Mona Lisa*)在任何名作目录中都可以占据一席之地。他延续了文艺复兴艺术标志性的消失点透视技法和极度简化,抛弃了中世纪风格中典型的繁复细节。从《蒙娜丽莎》中可以看出,他能够避免平淡的描绘,创作出理想化的肖像,同时依然保留独特感和心理深度。列奥纳多还醉心于自然科学研究,他的笔记本里有根据充分的解剖素描和机械草图,但几百年后才出版,所以对当时

97

98

8　列奥纳多·达·芬奇,《最后的晚餐》(1495—1497;经修缮)。恩宠圣母修道院,米兰(布里奇曼艺术图库图书馆)

9　米开朗基罗·博那罗蒂,《大卫》(1501—1504)。佛罗伦萨美术学院,佛罗伦萨
　　(布里奇曼艺术图库图书馆)

99

100

10 米开朗基罗·博那罗蒂,《创造亚当》(1510;经修葺)。梵蒂冈西斯廷教堂(布里奇曼艺术图库图书馆)

的艺术或自然科学都没有可见的影响。

米开朗基罗以雕塑家自居,但也绘画和设计建筑。他是神赐天才型艺术家的最高代表,这种概念源自他年轻时在佛罗伦萨盛行的新柏拉图哲学。创造人——人的形象——是他的使命。他觉得自己的任务是用凿子把人体从大理石的禁锢中释放出来;而人体,尤其是男性裸体,是他心目中唯一值得表现的主题。其大理石雕像《大卫》(*David*,1501—1504)给佛罗伦萨人带来巨大的震撼,甚至被移到市政厅前作为共和国的象征。他参与建设教皇儒略二世为自己规划的陵墓,这是一项规模浩大的雕刻工程,但他只完成几件,因为教皇坚持让他先完成罗马西斯廷教堂的天顶画,而这位以雕塑家自称的天才也因此跻身艺术史上最伟大的画家之列。其中的每一幅,例如《原罪——逐出伊甸园》(*Fall of Man*)和《创造亚当》(*The Creation of Adam*),都可以和列奥纳多的一流作品争夺文艺复兴时期最伟大画作的头衔。他的西斯廷教堂天顶画昭显英雄主义,美化人类,这都是文艺复兴盛期艺术的典型特征。佛罗伦萨的美第奇家族陵墓是另一项他参与而没有完工的巨型雕塑工程。这项工程进行于十六世纪二十年代,当时他的艺术风格已发生极大变化。他自身的灵魂和身处的世界有着不一样的宗教热情,这种冲突给他的壁画名作《最后的审判》(*The Last Judgment*,1534—1541)带来极大的张力,标志着他对被玷污的文艺复兴盛期风格的抛弃。米开朗基罗也是建筑家,设计了存放美第奇家族浩瀚藏书的洛伦佐图书馆,以及对一片罗马公共广场的彻底改造——卡比托利欧(*Campidoglio*)广场。他还研究了起初由布拉曼特制定、当时由拉斐尔监督建造的罗马圣彼得大教堂的设计方案,并重新设计出该教堂的最终形态。他为圣彼得大教堂所建造的穹顶柱廊确立了全欧洲公共建筑的穹顶标准范式。列奥纳多和米开朗基罗以不同的方式体现了文艺复兴艺术家蒙受启示、几近超人的力量,他们的自大能被人忍受,离不开无可置疑的天才。拉斐尔是文艺复兴三杰中最年轻的一位,在性格上不如前两人炫目,但这也许是他在绘画领域最多产、最稳定的原因。他是翁布里亚人,来自乌尔比

101

诺,师从另一名翁布里亚画家佩鲁吉诺(Perugino)。佩鲁吉诺不是佛罗伦萨人,却深受佛罗伦萨艺术的影响。拉斐尔几乎只从事绘画,其最出名的作品是各种形貌细腻、理想化又各具鲜明特色的贞女。但他也具备文艺复兴艺术的关键技巧,即以简洁有序的方式定义和组织复杂主题,其最佳范例是在梵蒂冈宫殿中绘制的《雅典学院》(*School of Athens*,1510—1511)。最后,他的肖像画才能也很突出,使这种过去的意大利画家较少从事的类别得到发展。他笔下的《教皇列奥十世和侄子》(*Pope Leo X with his Nephews*,约1518)为其赞助人创造了优雅的形象,同时表现出这位成为教皇的美第奇君王身上隐隐的高贵和权力感,以及傲慢和恣肆。

数百年来,这三位大师一直凭其出色的作品受世人景仰。但他们对文化史家来说同样重要,因为凭借他们的成就,艺术家完成了一场社会迁移,从低微的、可鄙的手工艺匠人,摇身一变为举世公认、可与王侯比肩的天才,他们是受到天启的人像创造者,因此与创世者本人也有神秘的联系。

文艺复兴时期意大利的人文主义和艺术成就在十六世纪早期达到巅峰。但始于1494年的兵灾让这块半岛成为战场,最终使除威尼斯和教廷国之外的意大利全境都直接或间接地臣服于外来统治者。意大利的文化霸权比自由存续得更久;意大利绘画、雕塑和建筑一直保持着生命力,但发生了明显的风格变化,从文艺复兴盛期风格转向风格主义,这一转变在十六世纪二十年代明朗化。同一时期,皇帝查理五世的军队血腥攻陷罗马(1527),表明连教皇也不能抵挡西班牙国王压倒性的实力。文艺复兴艺术(以风格主义的形态)依然存续,但随着十六世纪尾声的临近,阿尔卑斯以北地区对意大利从十三世纪后期开始占据的文化霸主地位发起了越来越有力的挑战。

第四章　阿尔卑斯山的另一端

　　十四和十五世纪的意大利是具有独特文化的独特社会，与欧洲其他地区明显不同，但在宗教、政治和商业领域，和阿尔卑斯另一侧的欧洲存在密切联系。往来阿尔卑斯山两端的不仅有人，还有思想和书籍。在十四世纪，很多参与意大利战争的雇佣军是外国人，尤以法国人和英国人为多。这些雇佣军的大型殖民地在北方的各个商业中心建立起来，包括伦敦、巴黎、里昂，以及佛兰德斯和布拉邦特地区诸城。教士是文化的重要传播者，有北方教士到罗马教会法庭打官司、解决争议或请求授品，也有意大利人作为教廷使节、收税人和受品的教职者前往北方。大学教师和学生也是思想的传播者。其中少数是前往北方学习（几乎都是去巴黎学习神学的）或教学的意大利人；但大部分是来到意大利大学的北方人。从十三世纪开始，意大利的医学和法学部被视为基督世界的翘楚，当学生返回故乡，拥有博洛尼亚、帕多瓦或其他意大利大学的法学或医学学位可以给他们带来明显的竞争优势。1450 年以前，来意大利的北方学生几乎都不学人文主义；但意大利的法学和医学都和人文主义学习有些关联。当这些学生返回北方，不仅带回思想和书籍，也往往能得到有影响力的地位，成为人文主义学识的襄助人。意大利的富庶，典雅而人口稠密的城市，甚至还有意大利人自诩为文化领袖的骄傲，都给"欠发达"地区的来访者留下深刻的印象（有时也造成冒犯）。

　　人口繁盛的大城市、自治社群和城市化贵族与富商是十五世纪人文主义文化和新艺术的社会基础，但北方缺乏这些元素。在北

103 方,社会基调由王廷和封建贵族设定。那些国王和贵族就像他们五六世纪的蛮夷祖先,不喜欢城市,宁可生活在乡下;他们的文学趣味也很单纯,喜欢战争和爱情这两个传统宫廷主题,而非古典。富裕有抱负的城市人也要遵从宫廷和贵族的品味。受教育的教士群体依然偏好大学里的经院神学。法国、英国和西班牙的王廷最终接纳了人文主义文化,但欧洲中部和东部的大部分地区,尤其是德国,还缺乏能促成这一文化融合的有效的中央化体制。

尽管如此,北方社会确实具备最终接受人文主义所需的要素。那里有富裕的商人,他们必须掌握文字能力,也有机会和周游的意大利商人交易。那里的大学对拉丁文法和修辞报以一定的关注,还收集菲利波·贝拉尔多(Filippo Beroaldo)等人文主义者的书信作为实用修辞范文,教导学生撰写得体的拉丁文信函。最重要的是,在这些商业氛围相对较强的国家,法庭人员和行政官员必须是受过教育的人。其中,律师的社会地位最高,因此,除了英格兰,所有国家的社会精英群体都是学过罗马法或教会法的职业团体。所有北方国家的教会以主教和修道院长为首,他们拥有大量财富和闲暇;尽管这些富裕教士大多是封建贵族出身,因此往往偏好战争、政治、狩猎和饮酒,而非精神追求和学习,但其中有些人曾在意大利游历或学习,从而为人文主义学识提供资助。德国缺少强大的王廷,但若干领地较大的君主开始构建自己的半独立国家,并有意识地推行文化扶持政策,通过兴办大学追求教育自主性。德国西部的很多大城镇已取得事实上的独立。纽伦堡、奥格斯堡、斯特拉斯堡等城镇被少数富裕的商人和领主完全把持,虽然他们的财富和文明程度都不如意大利诸城的统治者,但多少有些相似。他们和意大利往来贸易,有时送子嗣去求学,也往往觉得意大利的人文主义文化比大学里的经院主义文化更有吸引力、更有用处。深孚影响力的纽伦堡皮克海默家族就是个好例子。维利巴尔德·皮克海默(Willibald Pirckheimer, 1470—1530)是该家族第一个公认的人文主义者,不过父亲和祖父与他一样,也在意大利学过法律。

探寻民族起源 104

十二世纪早期的民族主义学者希望尽量减少意大利的影响,探寻属于本民族的新学源泉。这么做在某种意义上是对的,因为人文主义若要产生吸引力,本民族的文化和社会必须具备接纳它的前置条件。但北方人文主义的基本元素是从意大利传入的,只是在每个国家,人们都会重塑所借鉴的文化,使之适合本地的需求。

那些想要为北方人文主义的发展寻找本民族的、非意大利构架的人,前后尝试过几套方案,其中最具影响力的是若干德国和尼德兰学者,他们的主要事业是开展一些在平信徒中促进个人宗教信仰的本地运动,从而刺激宗教复兴、而且(可能会让人惊讶)鼓励人们学习异教拉丁文学,以此替代缺乏精神启发性的经院主义神学。最显著的例子是格尔特·格罗特(Geert Groote,1340—1384)发起的大众宗教运动,史称**现代虔信派**(*Devotio Moderna*)。格罗特皈依后四处云游,向尼德兰城镇的穷人和灵魂彷徨者布道,敦促听众在自己的灵魂中挖掘神力,以虔诚的生活、严格的道德规范和行善来表达信仰。他吸引了一群坚定的追随者,他们结成公有社群,共享财产资源,通过抄书和手工劳动换取生计。他死后,后继者以平信徒的身份继续这种群体生活。他们的社群,即共同生活兄弟会(Brethren of the Common Life)和共同生活姊妹会(Sisters of the Common Life),并非宗教体制,也不要求立下永久的隐修誓言。但格罗特也鼓励隐修生活,他的一群追随者在温德斯海姆(Windesheim)建立一座修道院,成为奥古斯丁法典(Augustinian Canons)改革宗的中心。格罗特受过很高的教育,但皈依后,他弃绝经院哲学和神学的智识主义,也反对其追随者攻读大学学位。这是对学术界傲慢而非灵性的理性主义的反抗,也是和现代虔信派有关的最有名的著述中反复出现的主题,此书名叫《效法基督》(*The Imitation of Christ*),相传为温德斯海姆修道院中名为托马斯·肯皮斯(Thomas à Kempis,1379—1471)的修士所作。

尽管有反智识主义立场，一些历史学者认为现代虔信派起到了在低地国家及周边传播人文主义的媒介作用。只因他们的著述经常表达对经院主义的敌视，这些现代学者就在极度缺乏证据的情况下认为虔信派有促进人文主义学识发展的意图。因此，"共同生活兄弟会学校"被一再称为人文主义进入欧洲西北部的渠道。这些历史学者认为，该兄弟会的功能类似于后三头时期罗马天主教会中教导同宗兄弟的宗派。事实上，不管他们还是宗教改革前的其他团体，都没有这样的使命。意大利和北欧学校的本地研究表明，在该时期，平信徒为大部分预科学校提供财力支持，对学校有很大的控制权，还有一些学校由教会机构（如座堂圣职团）兴办。老派观点中最尖锐的批评来自波斯特（R. R. Post），他认为"共同生活兄弟会学校"是子虚乌有。波斯特的判断可能过于极端，但基本论点依然有效，即兄弟会并非教育改革者。他们确实也办学，但教育不是最初目标，也从不是主要活动。他们是一群虔诚而卑微之人，文盲不多，但博学者极少。他们不上大学，因此也没有在拉丁文法学校任教的资格。其主要活动似乎是抄写和出售通俗语圣经以及其他劝信书籍，以及在部分尼德兰城市为上学的孩子提供食宿。在这些寄宿点，他们似乎也为孩子指导功课。但虔信者几乎都不是学校里的正规教师，仅仅协助学校为学生提供食宿、帮助他们复习。

大部分所谓的"共同生活兄弟会学校"属于当地政府或教会团体，聘用平信徒或俗牧师担任教师。最有名的例子是德文特的圣勒本文（St Lebwin）学校，在那里，有包括伊拉斯谟在内的众多人文主义名家接受基础拉丁文法教育。该校属于天主教会，而非当地兄弟会。带领学校走向巅峰的校长是人文主义者亚历山大·黑吉乌斯（Alexander Hegius，1483—1498 在任），他不是兄弟会成员，学校的大部分老师也不是，但兄弟会的约翰内斯·西恩森（Johannes Synthen）确实被校长请来教授文法，还与他合作出版拉丁传统教材《教理》的评注（1488），此作颇有影响力，弥补了人文主义批评界在此书中发现的一些缺陷。一份当地兄弟会成员

的讣告名册留存下来，虽然其中有缺漏（西恩森不在册），但录入
的生平信息表明，兄弟会成员担任的职务是厨子、裁缝、酿酒师、面包师、主事和姊妹会忏悔牧师；没有一人列为教师。黑吉乌斯本人有很强的宗教信念，圣勒本文学校也充满宗教气氛，在很多学童身上留下了印记，包括伊拉斯谟；但该校不属于兄弟会的活动范畴。

　　北方人文主义的真正起源要复杂得多。一个广为人知但常被忽略的事实令查明这一起源的工作变得更加复杂，那就是中世纪文化始终包含对拉丁语言和文学的一定程度的兴趣。但在十二和十三世纪，在大学发展为高等学府的过程中，拉丁文法和修辞学习的广度被压缩，逻辑学习得到更多重视，最终确立十三世纪及以后较为狭隘的通才教育课程，这种教育的内容经严格筛选，仅专注于对神学、法学和医学这三大学部的成功有益的技能，尤以逻辑为主。十四和十五世纪的中世纪文化圈里确有不少对古典产生兴趣的个例，但往往很难判断这究竟代表意大利人文主义文化渗透的开端，还是一时的兴趣。

　　一个较早的例子是少数英国托钵僧对古代文学、历史和神话的兴趣，他们活跃于大约 1320 到 1350 年间的牛津和剑桥。现代研究的主流结论认为，他们的研究主要是为了改善布道效果，古典学术活动是其衍生。没有丝毫迹象可以表明当时存在丢弃中世纪学术传统的渴望，或是全方位复兴古代文化的梦想。这显然是执中世纪学术精神来运用古典文本，而非文艺复兴的预兆。对于十四世纪部分法国教士对罗马文学和彼特拉克著述所表现出的显著兴趣，也基本可以作同样的判断。

　　现代历史学者在若干英格兰托钵僧、共同生活兄弟会或彼特拉克的法国友人身上找寻英国、尼德兰或法国文艺复兴的起源，这是浪费时间。各国文艺复兴的真正源头在阿尔卑斯山的另一端，即意大利。这并不是说文艺复兴当真长了翅膀，飞过阿尔卑斯山直接扎根北部。在每个北部国家，只有适合该地需求的那部分意大利人文主义才能扎根和成长。让历史学者头疼的，是找出各国获

取意大利影响、根据本地需求重造并广泛传播文化的媒介。如前文所提到的那样,这种媒介的数量很多,包括通过贸易、外交、大学研究和教会管理活动实现的商品、人和思想的跨境流动。

107　　学校和大学的作用

　　但其中的主要机构是最明显的:学校和大学。一个多世纪的学术研究证明,在每个国家,最早的人文主义者都是求学意大利后返回故乡,渴望传播"优质学识"的教师。

　　每一个北方重要国家都有先驱者,他们受意大利人文主义影响,但还不算当地人文主义开端的标志。以法国为例,在十四世纪末,查理五世(1364—1380)王廷的文化领袖是中世纪传统型经院主义哲学家尼古拉·奥雷姆(Nicolas Oresme),他把亚里士多德的《伦理篇》和《政治篇》从拉丁文译成了法语。在下一任国王任期,王室首席文书让·德·蒙特勒伊(Jean de Montreuil, 1354—1418)了解且推崇佛罗伦萨人文主义者莱奥纳尔多·布鲁尼和尼科洛·尼科利,也敬仰彼特拉克。他的藏书相当不俗,还聚集了一批追随者。但他在1418年勃艮第派夺取权力的暴力政变中被暗杀。

　　而更早但更缺乏依据的北方人文主义起源属于德国。其核心人物是兼任波西米亚国王的皇帝查理四世(1347—1378)。他把宫廷变成了活跃的文化中心,但皇廷的艺术、文学和学术都有明显的中世纪特征。帝室首席文书约翰内斯·冯·诺伊马克特(Johannes von Neumarkt)对反教廷改革家科拉·迪·里恩佐(Cola di Rienzo, 1313—1354)表现出一定兴趣,还与彼特拉克通信。诺伊马克特在书信中试图使用意大利流行的古典拉丁文体,还新创一套在帝室文书院中使用的古典书信范式。皇帝本人在1354年会见彼特拉克。但他和这位意大利人文主义首要的关系,只是一项依然属于中世纪的文化政策中的一段插曲。

　　西班牙有时被看作更具学术性的人文主义史前发源地。很多西班牙学生在意大利学习法律。但十五世纪前半叶,西班牙人文主义的存在并没有确凿的证据。该时期最显赫的文人桑蒂利亚纳（Santillana）侯爵（1398—1458）运用古典修辞技巧，还引用古典作者，但不识拉丁文，也只能依靠西班牙文或意大利文的文本，所以很难把他算作正式的人文主义者。其友人胡安·德·梅纳（Juan de Mena，1411—1456）常被称作西班牙人文主义的奠基人之一。他至少能读拉丁文，也在意大利学习过，但更适合他的身份是民族文学兴起进程中的早期人物，而非人文主义者。他的主要作品《命运的迷宫》（*Laberinto de fortuna*）引用古典著述，但受但丁影响最大，也和但丁相似，本质上反映中世纪世界观。布尔戈斯（Burgos）主教阿隆索·德·卡塔赫纳（Alonso de Cartagena，1384—1456）距真正的人文主义要近得多。他把一些西塞罗的著述翻译成西班牙文，但其智识思维习惯是纯粹的经院主义。他批评莱奥纳尔多·布鲁尼新译的亚里士多德《伦理篇》，声称亚里士多德的译者必须遵循作者的哲学理性逻辑，而非希腊语字词。真正的人文主义者会把原始希腊文本视为权威，可卡塔赫纳更倾向于翻译的逻辑"正确"，哪怕与实际希腊文本的含义有所出入。他的文本权威观念和思维定势都还属于中世纪范畴。

　　十五世纪早期，英格兰也有一些意大利文化的崇拜者，但未能形成真正的人文主义，表明该国吸收人文主义学术的条件还不完善。如果人文主义只需社会等级，英国的人文主义早在都铎王朝之前就应兴盛。因发掘失传手稿著称的波焦·布拉乔利尼在英格兰生活过几年，并得到红衣主教亨利·博福特（Henry Beaufort）的赞助。仅仅数年后，亨利六世的叔叔格洛斯特（Gloucester）公爵汉弗莱（Humphrey，1391—1447）以其财富和地位襄助人文主义学术的发展。他聘用两个意大利人担任拉丁文秘书，收集大量古典和人文主义书籍，与意大利人文主义者书信往来，还鼓励其中一名秘书蒂托·利维奥·弗鲁洛维西（Tito Livio Frulovisi）撰写传记、颂扬他的哥哥亨利五世。如果资助行为本身足以让英格兰发展出人文主义，汉弗莱就应该已办到。另一名具有影响力的人文主义资助人是渥斯特伯爵约翰·蒂普托夫特（John Tiptoft，1427—1470）。

108

他在帕多瓦度过一段时光,可能还在那里学过法学。他和若干意大利人文主义者结成朋友,在费拉拉的瓜里诺开办的人文主义名校学过一段时间,还有丰富的古典藏书。蒂普托夫特还从事拉丁语著述的英语翻译,但最重要的身份还是赞助人,不仅赞助意大利人文主义者,也赞助英格兰学者,例如可能在帕多瓦担任他秘书的约翰·弗里(John Free)。其他有力支持新学的资助人还有伊利(Ely)主教威廉·格雷(William Grey,1478 卒)和罗伯特·弗莱明(Robert Flemmyng),两人都在帕多瓦学习神学,在费拉拉师从瓜里诺学习人文主义。

还有一些社会层级较低的英格兰人也在意大利学习,并萌发对人文主义的兴趣。托马斯·贝金顿(Thomas Bekynton,1390—1465)是亨利六世的秘书,为官方书信设定了更古典的拉丁范式。约翰·弗里(1430—1465)受格雷主教资助,在费拉拉的学业得其支持,还在帕多瓦学医并开设古典课题讲座。但他未再返回英格兰,直到 1465 年卒于罗马。而费拉拉的另一名英格兰学生是约翰·冈瑟欧佩(John Gunthorpe,1498 卒),他也在帕多瓦和罗马求过学。他成为亨利六世的专职神父,经常担任亨利和爱德华四世的使节。作为重要人物,他身居高位,且从亨利六世到爱德华四世、理查三世乃至亨利七世,在这段王朝更替的过程中始终没有失势,这表明精湛的古典学识、出众的拉丁文体开始被视作某些高级官职的必要技能。但这些英格兰人充其量也只是真正的英国人文主义的先驱,当时的主流文化依然属于中世纪。

纵览各个国家,可以发现一个明显的共性。十五世纪初期或中期,阿尔卑斯山以北的特权或受教育阶级开始意识到这一新文化,但大部分人都以这些新知为用,依然以传统世界观为体。只有少数人同时把握人文主义的内在精神和外在细节,也只有少数人接受人文主义者共同的信念:中世纪文化纯属未开化,必须通过古典文明的再发现来创建全新的文明。

吟游诗人的时代

但到了十五世纪后半，人文主义不再是非主流，人文主义者"恢复文体之善"的事业也推进到北方。德国可能是最早产生真正的人文主义运动的国家。在长期的政治、社会和领土分裂后，民族复兴成为该国跃跃欲试的追求，人文主义与此精神紧密结合。向德国学术界积极引入人文主义学识的使命始于一个微不足道的发端，即若干海外游历的人文主义者接受的教育，他们常被称作"吟游诗人"。在海德堡求学的彼得·勒德（Peter Luder，1415—1472）属于最早的一批。他在 1434 年左右前往意大利，师从费拉拉的瓜里尼学习人文主义，一直待了近二十年，才于 1456 年返回家乡。从海德堡开始，他在多所德国大学讲课，称其主题为**人文主义治学**（*studia humanitatis*）。他在第一场讲座中公开宣称，拉丁语已堕入"未开化"的境地，他要以恢复纯正的古代拉丁语为己任。他在大学里有些听众，但没有取得固定职位。此后，他先后在乌尔姆（Ulm）、埃尔富特和莱比锡的大学讲课。1462 年，他返回意大利，取得医学博士学位，后受雇于巴塞尔新成立的大学，担任诗学和医学讲师，还在镇上行医。他偶尔为蒂罗尔的西吉斯蒙德（Sigismund）公爵担任外交使节，1470 年还到维也纳讲学。勒德在每所大学都留不长，有人归咎于他严重的酗酒问题、数不清的情事和对新学的敌对态度。事实上，真正的原因可能只是市场太小。这种古典学术专业讲座通常完全依靠听众付费，又不是任何大学学位课程，所以一期到两期就是市场能容纳的极限了。

勒德不是在德国大学里开古典文学讲座的第一人。例如，在天文学领域有重要著述的经院主义哲学家格奥尔格·波伊尔巴赫（Georg Peuerbach），在 1451 至 1461 年间的维也纳讲授拉丁诗学；1450 年左右，海德堡也有介绍古典作家的讲座。但勒德长期在意大利学习，到过多所大学，能够在德国唤起人们对光复古典学术的兴趣，结合这些因素，尽管才能有限，文学作品也较少，他还是一位

110

具有影响力的人物。另有一些意大利或德国的"吟游诗人",但都不突出。德国还涌现出一些活跃的译者,把古典文学译成德文。这项工作的学术价值算不上伟大,但对古典文化兴趣的传播可能起到很大作用。其中包括尼克拉斯·冯·怀尔(Niclas von Wyle,1410—1478),他是埃斯林根市的公务员,也是一家面向贵族青年的私塾的校长;以及阿尔布雷希特·冯·艾布(Albrecht von Eyb,1420—1475),曾在埃尔富特、帕维亚、博洛尼亚和帕多瓦求学,并获得人们梦寐以求的罗马法和教会法的双博士学位。

首批的人文主义者都没有表现出特别突出的创造性和批判性,但他们的才能足以认识到,意大利已创造出辉煌的新文化,他们也各自在德国有意识地传播这种新文化。不过,这一代当中确实出了一位真正具有名望的智识分子,即鲁道夫·阿格里科拉(Rudolf Agricola,1444—1485)。在先驱一代中,唯有他被下个世纪的人文主义者铭记和尊崇。他的主要作品《论辩证的发明》(*On Dialectical Invention*)直到 1515 年才出现印刷本,但成为人文主义者推崇的核心教科书之一,而这些人文主义者最终成功地改革了经院主义教育最重要的学科:辩证法。他出生于弗里西亚(Frisia),在埃尔富特、科隆和勒芬(Louvain)接受教育。1468 年,他因对古典感兴趣前往意大利,并生活十多年。他起初在帕多瓦学法学,以卓越的拉丁文造诣在当地得名。1474 年,他转到以人文主义学科优秀而闻名的费拉拉大学。1479 年,他返回德国,担任格罗宁根市的秘书,该市属于他出生的省份。工作令他无暇学习,于是其友人、海德堡选侯首席文书约翰·冯·达尔贝格(Johann von Dalberg),为他在宫廷里谋得职缺,让他可以按自己的想法去大学讲学,又不必承担任何强制性的职责。他成为选帝侯所信赖的幕僚,但在 1485 年造访罗马的过程中染病,卒年 41 岁。他著述很少,但有一篇彼特拉克生平,把这位诗人称作光复善学的起点。因此,他对人文主义思想和文明重生有清晰的概念。

从 1515 年首次出版到十六世纪中期,《论辩证的发明》一直是最具影响力的逻辑手稿。其重要性在于,它向学生展现了人文主义者对或然论辩和说服的重视,表明这才是日常生活中最有用的思维方式,而非绝对确然结论。和意大利同行相似,阿格里科拉强调西塞罗和昆体良是最好的辩证导师,也批评亚里士多德的逻辑,但不完全否定。

在尼德兰,一种简化的、更古典的拉丁文法教学方式发展起来。意大利的影响在其中发挥多大作用尚不能确定,可能仅仅是一位有才能的教师在延续中世纪语法传统的过程中缔造的成果。他是安东尼厄斯·哈奈隆(Antonius Haneron,1400—1490),在巴黎而非意大利受教育,并在勒芬大学教了大约十年的拉丁文法。他写过几本被广泛使用的语法手册,刻意采取简单直接的方式讲解语法,针对学生的实际需求,免去中世纪语法书中常见的对各种型格和结构的繁复逻辑解释。此外,他几乎只从古典作品中选取例文。另一名在勒芬的教师卡尔·马内肯(Carl Maneken,又称卡称洛斯·维鲁卢斯〔Carolus Virulus〕,1413—1493)把这种简化的拉丁文教学方式延续到近十六世纪。这类人物并非真正的人文主义者,但确实以否定中世纪体系的方式来教授语法,那种中世纪体系把逻辑论证看作语言实践的基础,而非实际用例。

边缘人文主义者

在勒芬和各地的德国大学,这种改善书面和口头拉丁文的努力,没有被看作对传统的颠覆,哈奈隆的手稿被广泛接受,即可表明这一点。很多在意大利受教育的人文主义者返回家乡,在北方大学授课,也没有遇到任何困难。但文法教师在大学里的地位显然是从属的。文科学部里的大部分教师还在攻读神学、法学或医学学位。他们地位不高,对学校管理的影响力很小。人文主义者经常有机会开设关于古典作家的讲座课程,但总有一些反对意见,尤其是针对马提亚尔(Martial)、奥维德等被视为"淫秽"的异教作家。但这类教学工作很少拿到固定薪水,讲师只能从听众那里得到微薄的收入。这种人文主义课程不是学生获得学位的必修课,

112

所以,尽管有时学生们对古典文学兴致很高,大部分学生无法为这种纯课外的科目投入太多时间和精力。官方课程对文法的关注有限,修辞则更少。在传统通才教育课程中,逻辑有助于通才学术辩论和更高学部的进修,获得的关注最多,这种做法早在十二世纪就招来怨言,但在所有地方都成为通行惯例。

不管是文法还是修辞(实际上是在所有必修科目中),教师都无法自由选择教材或授课主题。大学规章都要求严格使用这些材料,而人文主义者鄙夷它们视为中世纪未开化思想的例子和传播媒介。例如,在语法当中,大部分大学要求使用老掉牙的《教理》,即维尔迪厄的亚历山大在1199年编写的韵文集。此书贵在全面,以粗浅的歌谣为形式,所以易于记忆。其最大的好处是给学生灌输以后的逻辑学习中必须掌握的概念和词汇,而逻辑的重要性要大得多。因此,就连文法教材的目的也是让学生精通逻辑、谙熟正规辩论这一大部分人文主义者嗤之以鼻的学术游戏。《教理》以逻辑论证为内容来讲述语法,而非古代著述。而且,对于要牢记的语法规则在实践中的运用,此书不提供任何范例。尽管易于记忆,如果没有详细的注评或很有造诣的教师——也许两者皆不可缺——学生就不可能理解背出的东西。事实上,连保守的文法教师都意识到这一缺陷;几乎所有实际使用的课本,包括很多印刷本,都包含"数百页密密麻麻的逻辑注解"。但就连这些注解通常也只让学生死记亚里士多德逻辑概念和术语,完全不提供例文。虽然这本书最终被人文主义者禁用,但直到十六世纪依然广泛使用,而人文主义者的地位和影响力还十分有限,不敢公开抱怨。

虽然人文主义者在文科学部获得教师职位,但没有机会作任何改变,也无法以任何直接的方式促成复兴古典学术的梦想、让古典文学和修辞学习取代逻辑和思辨哲学成为获得学位的基石。意大利人对文法和修辞的新知也传播到阿尔卑斯山以北。瓦拉的《拉丁文的典雅》,作为十五世纪文法最高阶段的产物,被德国人文主义者广泛参考;放弃思辨式语法、用一流古典作家的用例来阐述拉丁语的意大利人所著的若干新拉丁文法书也得到德国人文主义者

113

的借鉴。尼科洛·佩罗蒂的《基础语法》是其中之一,这本优秀的教材很适合教学,写于 1468 年,后分别在 1473 年的罗马和 1476 年的斯特拉斯堡付印。1482 年,维也纳大学的教育改革者贝恩哈尔·佩尔格(Bernhard Perger)改编并出版了佩罗蒂的书稿,供德国学生使用。他把这本书作为可以接受的启蒙教材推广到教育界,但作为让步,依然同意在进阶学习中使用《教理》。

城镇和圣职学校

　　大学的严格章程、高等学部中的前辈教授的严密控制,阻碍了人文主义教师的文法改革,一些预科文法学校在人文主义教育实践的早期推广中扮演了具有影响力的角色。关于文艺复兴时期尼德兰和德国的拉丁文学校历史,前文还未提及。很多城镇创办文法学校,为富裕人家和有抱负的家庭教育子嗣。到十五世纪,读这类学校的大部分男孩不以教会为目标,而是准备去大学深造,以后从事赚钱的世俗行业。早期,这类学校中的较高年级使用《教理》等传统中世纪教材。他们很少为文学学习投入大量时间精力,当然也不教希腊文,因为这种语言没有实际用途。但这类学校的规章不严,没有令人敬畏的学术传统、积重难返的体制惯性和既得利益,所以没有阻止变革的阻力。其体制结构较为简单。通常,有一名导师是学校负责人,他视需要自掏腰包聘请几名助理教师。这些校长是文科出身,曾在意大利或别处求学,满怀改善拉丁文教学、让课程更具古典和文学色彩的热情,所以有限的课程改动不会遇到重大的体制阻力,但明智的校长显然不会偏离常规太远,以免让聘用他的市议会或座堂圣职团不安。

114

　　德语地区最有名的人文主义学校是德文特的圣勒本文学校。亚历山大·黑吉乌斯担任校长期间(1483—1498),它是低地国家最有名的学校,以优异的拉丁文入门教育著称。在黑吉乌斯任职末期,其入学规模达到惊人的两千人。在这里获得部分或全部基础教育、且具有影响力的人文主义者包括赫尔曼·冯·德姆·布舍（Hermann von dem Busche）、奥尔特温·格拉提乌斯（Ortwin Gratius）、穆蒂安·鲁夫斯（Mutianus Rufus）和伊拉斯谟。我们对黑吉乌斯的早期生平或教育情况几乎一无所知，但应该可以肯定的是，他从未在意大利求学，甚至连去都没去过。他写过不少拉丁诗和其他文学及教育著述。他的宗教信仰很强，和德文特的共同生活兄弟会关系密切（但从未入会），在磨砺学生的拉丁文法之余，他的学校也很注重学生精神生活的发展。

黑吉乌斯是谨慎的人文主义者，并不打算推翻所有传统惯例。但其学校也许是阿尔卑斯山以北第一所教希腊文的学校，他还鼓励学生写拉丁韵文。对于**思辨语法学家**（modistae），即当时主宰大学教育、崇尚逻辑或思辨式语法的教师，他的批评也素来直接。他警告，学习基于逻辑的语言实践无法让孩子掌握实用语法，也注意到意大利文法教师不会用这些无用之物浪费学生的时间。长期以来，语法权威的依托从逻辑论证到实际用例的转移一直是意大利人文主义文法教育的主要特征。

在威斯特伐利亚的明斯特和阿尔萨斯的塞莱斯塔（Sélestat），也有一些重要的文法学校采用这种新的教学方法。在才华出众的教师路德维希·德林根贝格（Ludwig Dringenberg，1410—1477）的领导下，塞莱斯塔的学校教育出很多重要的阿尔萨斯人文主义者，包括雅各布·文佩林（Jakob Wimpheling）和比亚图斯·雷纳努斯（Beatus Rhenanus）。德林根贝格的观念大体是传统的，但也反对思辨式语法。在其后继者克拉托·霍夫曼（Crato Hofmann，1477—1501 在任）管理下，该校的人文主义倾向变得更加明显。

115　　　人文主义在德国的成长

至十五世纪末，各所德国大学都有人文主义者的身影（一部分有意大利留学背景，也有完全土生土长的），但都没有显著改变学位获取条件，甚至没有人认真尝试。越来越多的市镇和圣职学校的校长开始采取有限的行动，使教程更现代化。一些统治者开始倾向于聘用获得新式古典教育的人担任公职。同一时期，一些大镇的富裕贵族家庭也偏向于为子嗣提供人文主义教育。有类似想法的人文主义者——其中很多是在文法进阶学校或德国大学中认识的，但也有在意大利的——互通有无，了解他人的成就，通过书信分享信息、想法和启发，并碰面阅读讨论古代文学，或他们自己的作品。

　　这些早期的人文主义者对打破传统往往抱着谨慎的态度。但其中最保守的人物之一雅各布·文佩林（1450—1528），为吸引人们投身人文主义学术发挥了有力的作用。他是热忱的日耳曼（更确切地说是阿尔萨斯）民族主义者，以从未踏足意大利、法国乃至德国邻省施瓦本自豪。他尖锐地批评教会的腐败，但也是非常保守的天主教徒，只因教会有负他的期望才批评。在教育论著《致日耳曼青年》（*Isidoneus Germanicus*）中，他强调宗教教化的重要性，但也提出很多人文主义者的观点，例如要求简化文法教学、强调良好的拉丁说写能力的发展而非语法逻辑剖析。对于想在基督教学校中查禁异教作者著述的教士，他是持反对态度的。另一方面，他又把异教文学分成截然不同的两类，一种是可以接受的作者（例如维吉尔和西塞罗），另一种则因其语言或主题淫秽而不可接受（例如奥维德和卡图卢斯）。尽管以前对经院哲学和神学抱有一定的批判态度，但在一本反驳雅各布·洛赫尔（Jakob Locher）的著述中，却坚定支持经院主义学术。洛赫尔曾是他的学生，并质疑经院主义的价值。他试图在新旧学派之间取得平衡，但随着新一代的更年轻、更莽撞的人文主义者的崛起，以及新教改革在人文主义者阵营中造成的分裂，他的立场变得越来越艰难。到人生末年，他已被时代所抛弃。但在十五世纪八十和九十年代，他对人文主义的发展起到了重要的推动作用。其拉丁剧本《斯台佛》（*Stylpho*，1480）是德国人文主义的第一部戏剧。他的历史著述也有长久的影响力。其《日耳曼尼亚》（*Germania*，1501）证明阿尔萨斯自从罗马皇帝奥古斯都时代就有日耳曼人定居，因此法国人无权主张。其《日耳曼尼亚叙事概略》（*Epitome rerum Germanicarum*，1505）是一本

116

德国简史,不加分辨地把神话和真正的历史混杂在一起,试图表明德国历史的古老和成就不亚于任何国家。

文佩林同时代的友人约翰·罗伊希林(Johann Reuchlin, 1455—1519)也有很强的宗教信念,对宗教问题普遍保守,但他的才能要强得多,是那一代学者中的佼佼者。他后来卷入关于犹太书籍的激烈争执当中,这段经历在他的各类传记中往往占主要篇幅。但凭借其智识结构和根本理念,他在文佩林的那代学者中总有一席之地。罗伊希林在弗莱堡、巴黎和巴塞尔接受文科教育,然后到奥尔良和普瓦捷学法学,随后担任威尔腾堡宫廷法官和法律顾问,最后为当地选帝侯担任同一职务。为这些君主效力时,他有三次长期客居意大利。

1482年第一次到意大利时,罗伊希林已经成年。他和洛伦佐·德·美第奇相识,也见识到后者在佛罗伦萨的煌煌藏书,还见到马尔西利奥·菲奇诺、比科·德拉·米兰多拉和著名的威尼斯人文主义者埃莫劳·巴尔巴罗。1492年或更早,他开始学习希伯来文,起初是跟皇帝的一名犹太医师学,后来师从罗马一位有名的犹太学者。1506年,他出版了第一部获得成功的希伯来语法。罗伊希林也是第一个真正充分地掌握希腊语的德国人。因此,他是北欧第一位真正的三语学者。他掌握了所有圣经语言,即拉丁语、希腊语和希伯来语,成为下一代北方人文学者乃至新教改革早期的标志性偶像。

虽然罗伊希林担任德国王廷的法律顾问和其他高位,但依然保留学者风骨。他的兴趣主要在宗教领域,希望让基督教读者了解古希腊和希伯来学识,从而实现宗教复兴。他和佛罗伦萨友人菲奇诺及比科·德拉·米兰多拉都认为,柏拉图和新柏拉图主义思想(包括赫尔墨斯书等神秘学和魔法学文本)蕴含有关灵性的深奥真知。正是这个念头激励他学习希伯来语、研究犹太宗教文献。研究了所谓秘法家的秘传和神秘学著述后,他确信古代智慧和柏拉图主义及基督教是完全兼容的。他认为卡巴拉著述传达了某种上帝赐给摩西的神秘启示,而现实中,它们源自中世纪,衍生自罗

117

马柏拉图主义晚期。事实上，他是佛罗伦萨人文主义思想中的神秘学要素和北欧人文主义之间的重要纽带。他的秘法著述《神奇咒语》(*On the Wonder-Working Word*，1494)和《秘法奥义》(*On the Cabalistic Art*，1517)可能会被现代读者视为旁门左道和死胡同，但在罗伊希林的时代，包括至少一个世纪以后，它们能吸引很多智识分子和神学学者。

康拉德·策尔蒂斯(Conrad Celtis，1459—1508)则没有文佩林和罗伊希林那么保守。策尔蒂斯更入世、更果决，正因他不像前两人那样尊重传统，所以才能为人文主义在德国的传播作出大得多的贡献。他是农家子弟出身，后离开家乡，被科隆大学录取，成了潦倒的学者。获得学士学位后，他移居海德堡，对鲁道夫·阿格里科拉产生景仰之情，然后先后前往艾尔福特(Erfurt)、罗斯托克(Rostock)和莱比锡。1487年，他发表了一本有关韵格的小册子，以此成名，被皇帝腓特烈三世加冕为桂冠诗人。1487年，他开始为期两年的意大利之旅，并认识了费拉拉著名校长瓜里诺的儿子和接班人巴蒂斯塔·瓜里尼(Battista Guarini)。在佛罗伦萨，他结识柏拉图主义哲学家菲奇诺；在罗马，他则遇到著名的古物家庞姆波尼乌斯·莱杜斯(Pomponius Laetus)。他从意大利带回一个促进德国发展人文主义的主意，即建立非正式"学院"，把希望发展人文主义学识的人聚到一起。和他一起回到德国的还有一种对意大利人的非常矛盾的感受，他对后者的学术成就感到钦佩，但反感他们的傲慢和优越感。他在多所大学教学，在因戈尔施塔特(Ingolstadt)大学的入职演说中，他敦促听众通过学术成就为日耳曼民族增添荣耀。

尽管以恢复日耳曼文化繁荣的梦想启迪了德国青年，策尔蒂斯作为教授是不负责的。为了个人习惯(如自己诗中反映的严重酗酒和风流韵事)和不断追求更好的工作，他宁可忽视本身的职责。但他在因戈尔施塔特、海德堡、维也纳及其他几座城市建立的人文主义团体强化了人文主义运动的自我意识。

从1497年在维也纳担任诗学教授开始，策尔蒂斯还引来罗马帝国皇帝马克西米利安(Maximilian)的关注,皇帝很快意识到德国年轻人文主义者的语言才能、文学知识和领导能力有助于在全欧洲散播哈布斯堡王朝的影响力。马克西米利安向这些人文主义者(并通过他们接触到德国的受教育阶级)自诩为日耳曼民族的复兴者,还表示要再次让"罗马"君临天下。他甚至建立了一个特殊机构,诗学和算数学院(College of Poets and Mathematicians),由策尔蒂斯主管,专门研究传统大学课程中冷落的两项通才教育课题,文学和算数。策尔蒂斯的拉丁戏剧和诗歌也很有影响力。大部分人文主义诗人的作品只能算成韵散文,不是真正的诗,但策尔蒂斯具有真正的诗学才能,对以后的人文主义诗歌有重要影响。他强烈的民族主义精神也强化了这份影响力。策尔蒂斯并非智识上的巨人,不规律的生活方式也进一步限制了他的成就。但他的滔滔雄辩、流畅诗韵、追求文化领袖地位和政治权力的热情,赢得整整一代日耳曼青年的关注。就算是辗转多所大学的颠沛,也有利于他广泛传播自己的话语。他成功组织起众多人文主义团体,编织出一张由地方和区域中心构成的网络,通过这张网络,人文主义得以传遍德国。各个中心通过书信保持联系,这意味着1500年刚过不久时,德国人文主义已不再局限于零星孤立的个体,而成为一场真正的智识运动,能够在德国君主和城市贵族中找到支持者,甚至能要求提升自身在大学中的地位。

德国人文主义之所以得到历史学家的特别关注,是因为与新教改革的密切关联。但人文主义在欧洲北部其他国家也有发展。其模式基本和德国相同:人文主义者逐步渗透到大学内,但处于从属地位,无法大改课程;随后人文主义学者渐渐崛起,成为拉丁文法学校的校长;若干杰出的个人崭露头角,其名望和社会地位与日俱增,标志着人文主义从非主流的孤立现象转型为一场运动,其参与者从个人转为地位卓著的学者,对大学学生和城市精英的文化造成重大影响。

早期法国人文主义

传统学界认为,法国的人文主义是意大利国王查理三世(Charles VIII)在 1494 年入侵的结果。但法国对意大利文化的兴趣早在彼特拉克时就开始了。民族自尊心是接纳意大利文化影响的最大阻力。文艺复兴的本质意味着完全抛弃和鄙夷整个中世纪,把那个时代斥为愚昧。但北方各国民族的根源就属于中世纪; 而且完全摒弃中世纪传承对法国尤其困难,因为法兰西曾是中世纪文明的中心。若要全盘接受意大利人文主义,不想断绝本民族传承的法国智识分子肯定会感到尴尬。从十五世纪后期开始(比 1494 年还早很久),他们就愈发频繁地借鉴意大利人文主义,但这种借鉴是有选择性的,仅选择有利于传统领域的元素,例如道德哲学和神学。

　　经历了英国和勃艮第的占领后,法国最著名的高等学术中心巴黎大学陷入严重的无序状态,尽管还以国际名校自居,但再未重获过去享有的国际地位。巴黎的很多学府都陷入衰败,资金紧缺、学生散尽。王室没有给予太多财政支持,倒是用不太高明的手段对他们完全不理解的智识圈事务横加干涉,例如"崇古"和"现实"的哲学教育方法之争,以及"现代"和"唯名论"的对立。巴黎确有改革的迹象,但仅限某些学校。严守道德戒律的让·罗兰(Jean Raulin)和让·史丹东克(Jean Standonck)分别管理的纳瓦拉学院(Collège de Navarre)与芒太谷学院(Collège de Montaigu),他们都以严格的内部风纪为基础开展激烈的变革。两所学校都恢复了严肃的学术工作,但其内容完全是传统型的。伊拉斯谟刚到巴黎时,在芒太谷度过了难捱的一年,抱怨这里的智识活动和变质的食物同样难以下咽,使他的思想和身体都遭受永久性的损害。

　　罗兰和史丹东克的改革属于保守主义,但人文主义影响还是渗透了进去。早在 1458 年,该大学任命曾在希腊学习的意大利人格雷戈里奥·提非尔纳特(Gregorio Tifernate)担任希腊语教师。虽

119

然他没有固定职位,但培养了不少学生,其中一人在尚为年轻学子
的约翰·罗伊希林来到巴黎时教导他希腊语。纪尧姆·菲谢
(Guillaume Fichet,1433—1480以后)的影响要持久得多,他在阿
维尼翁获得早期教育,该地从彼特拉克时起就受到意大利人文主
义的影响。他在巴黎教授经院哲学的逻辑和神学课题,但还在夜
里开古典课程。1469至1470年间,他走访意大利,对新学的兴趣
随之提升。在索邦神学院担任图书馆员后,他协助德国工人进入
法国,这些工人在1470年成立了法国的第一家印刷社。这家前卫
书社的出版物体现了他的人文主义趣味:有古代的萨卢斯特、弗洛
鲁斯(Florus)、瓦勒里乌斯·马克西姆斯、西塞罗的《论责任》,还有
120 当代的洛伦佐·瓦拉《拉丁文的典雅》和菲谢本人的《修辞》
(Rhetorica)。菲谢本质上还是经院哲学家,但不排斥人文主义学
术的价值。不过,1472年,他进入了罗马教廷。

菲谢走后,法国人文主义的中心人物是三一论僧侣罗贝尔·加
甘(Robert Gaguin,1423—1501)。他在1457年左右来到巴黎学习
教会法。他因修会的事务游历广泛,1473年当选修会总长后,还受
法国国王派遣担任外交使节。走访意大利期间,他被当地的学术
所吸引。加甘身边聚集了一批古代文学的热衷者,构成一个小小
的非正式学术团体,其中不仅有大学文科部和神学部成员,还有来
自巴黎最高法庭的王室官员和法律顾问。加甘的著述也颇具影响
力,不仅把凯撒和李维的作品译成法语,还创作并发表了法兰克起
源史(1498)。他曾鼓励年轻的伊拉斯谟投身文学,还在其两部著
述的序言中提到了伊拉斯谟最早发表的两部作品。就这样,他在
十五世纪末向巴黎文学界引荐了这位未来的人文主义泰斗。

菲谢和后继者加甘在巴黎并非孤立的人物,甚至在大学文科学
部里都不乏同道,尽管那里的智识活动依然以经院主义为主。人
们对人文主义书籍的兴趣越来越大,巴黎各家出版社的书单表现
了意大利人文主义与日俱增的吸引力。早在十五世纪七十年代,
那里就有意大利人文主义者的重要作品出版,包括古典拉丁文用
法的一大指南——洛伦佐·瓦拉的《拉丁文的典雅》;用于修辞学

习——加斯帕里诺·巴尔齐扎（Gasparino Barzizza）的书信例文集；
高雅（也就是人文主义式）拉丁文风格指南——阿格斯蒂诺·达蒂
的《论雅》；以及最成功、可能也是最好的拉丁文法新式教材——尼
科洛·佩罗蒂的《基础语法》。作为其中智识程度最高的作品，瓦
拉的著述在 1471 年付印于巴黎，和罗马初版同步。1490 年左右，
居伊·徐恩诺（Guy Jouenneaux，约 1450—1505）针对法国市场的
需求出版了《典雅》的改编本，在重印此改编本的巴黎出版商当中，
就有对书籍市场嗅觉敏锐的若赛·巴德（Josse Bade）。人文主义者
的影响力都以一定程度的妥协为代价。徐恩诺的作品，乃至达蒂
的《论雅》，都比瓦拉的著述更简单，对传统经院学术的反感也更含
蓄，所以重印次数更多。遵循中世纪修辞传统的语言类书籍，例如
按字母排序的单词和同义词表《布立吞同义词》（*Synonima
Britonis*），在十六世纪最初十年的巴黎还能畅销。

　　在大学内部，一些个人的生活和著述中经常出现对人文主义学 121
术的兴趣，但整体面貌难以把握，其部分原因是巴黎文科学部的档
案保存不周。某些个例和若干院校的历史都证明，人文主义确实
吸引到了追随者，大学对这股新风也绝非充耳不闻，不过官方课
程还是保持传统。就连极度保守的芒太谷学院也没有对人文主
义紧闭大门。1508—1509 年间，其校长神学家、十六世纪二十年
代人文主义者勒菲弗·戴塔普勒和领头攻讦伊拉斯谟的诺伊
尔·贝达（Noël Béda），要求文法水平最高的学生学习徐恩诺和达
蒂的著述，以及多纳图斯的古代语法和佩罗蒂的人文主义语法
（Moss，第 42 页）。贝达规定，这些教材应和传统韵文语法——维
尔迪厄的亚历山大的《教理》——结合使用，而后者正是人文主义
教育改革者所鄙视的。芒太谷的学生，不管文法水平如何，都被
要求挑选阅读某个古代散文作家（可能是西塞罗）和某个诗人的
节选，但不得选读贝达基于道德理由禁止的诗作（马提亚尔的全部
及奥维德的部分作品）。芒太谷学士和硕士课程依然完全属于传
统。完成文法学习后，学生将马上学习西班牙的彼得吕斯（Petrus
Hispanus）所著《逻辑大全》（*Summulae logicales*），此书是逻辑学习

119

的传统权威教材,行文采用中世纪哲学家和神学家的职业术语,没有人文主义式的优雅。

加甘的人文主义圈子带来了一个重要的副产物,即以意大利人文主义者翻译的亚里士多德拉丁文新译本替代存在缺陷的十三世纪译本,通过这种审慎的手段改革经院主义哲学。在这场亚里士多德哲学的人文主义改革中,雅克·勒菲弗·戴塔普勒(Jacques Lefèvre d'Etaples,约 1460—1536)是关键人物,他是法国第一位真正的人文主义伟人。他最初的目标是简单直接地阐释亚里士多德的主要思想,抛开经年累积的大量学术笺注集解。1490 年,他在著述中直接简明地解释亚里士多德《形而上学》前六篇的思想,而巴黎大学就只用这六篇授课。其令人瞩目之处在于专注亚里士多德的主旨,抛开经院哲学评注。从 1492 年开始,以亚里士多德自然哲学著述的释义为开端,他发表了一系列亚里士多德的评注、释义和翻译,重新确立了该校在哲学领域的权威性。

122　　　　但世俗哲学还不足以让这位极为虔诚的学者满足,他发觉柏拉图和柏拉图主义相关文献比亚里士多德更有吸引力。在 1491—1492 年间,以及 1500、1507 年,他三度求道于意大利。他在罗马结识威尼斯人文主义者埃莫劳·巴尔巴罗,后者为他净化亚氏传统的计划提供了很多想法和启发。在佛罗伦萨,他认识了马尔西利奥·菲奇诺和比科·德拉·米兰多拉,学到了关于古代新柏拉图主义和赫尔墨斯学派的第一手资料,也和两人一样,认为这些知识是佐证且补充基督教学说的某种古代传统智慧。勒菲弗的宗教观还促使他学习和发表加泰罗尼亚密宗拉蒙·勒尔(Ramón Lull)和大法官狄尼修的著述,后者其实是六世纪的希腊基督教作者,而中世纪和文艺复兴时期的思想家都错误地以为是公元一世纪雅典的某个被使徒保罗亲手归信的哲学家。勒菲弗等法国学者觉得狄尼修特别有吸引力,因为他们还把他和法国守护圣徒圣丹尼(St Denis)混为一人。到该世纪末,勒菲弗已吸引到一群年轻人,和他一样对人文主义感兴趣、对宗教启蒙汲汲于求。下一个十年,勒菲弗在宗教领域进一步扩展这些兴趣,完成一系列具有影响力的圣经研究。而且到那时,勒菲弗已是法国最有名的人文主义者之一,开始得到教会内外各种强大人物的资助,也引来保守派神学家越来越大的敌意,被他们视为传统宗教的危害。在十六世纪,人文主义研究确实对法国文法学校有所影响,但相关证据很少。尽管加甘的人文主义友人和宫廷关系密切,但在 1500 年以前,法国社会被人文主义渗透的深度应不及德国和尼德兰。

人文主义在英格兰的兴起

　　十五世纪后期,英格兰通常被视为人文主义高度发达的地区。但这份声誉在很大程度上依赖于托马斯·莫尔(Thomas More)的声望、约翰·科利特(John Colet)言过其实的名气——近期研究表明,后者作为人文主义者的意义非常有限;以及两人共同的朋友、尼德兰人文主义者伊拉斯谟——他的声名则无可置疑。十五世纪后期,有若干英格兰学者求学意大利,并被人文主义所吸引,科利特是其中之一,据记载,1492 年他在罗马。他在意大利待了三四年,到过罗马、帕多瓦和佛罗伦萨,深受佛罗伦萨新柏拉图主义吸引,但一直未能结识菲奇诺。在意大利期间,科利特研究教父文学,尤其是新柏拉图主义哲学家,因为这种虔诚的哲学观和他的宗教兴趣非常合拍。因此,他深受意大利求学经历的影响,但其内容仅限宗教,大多属于新柏拉图主义。不管在当时,还是后来在他所创办的那所著名学校任教时,他都不研究古拉丁和希腊文学。

123

　　当时的另一些有意大利留学经历的英国人更接受世俗学问,因此也全面接纳人文主义。其中之一是托马斯·利纳克尔(Thomas Linacre,1460—1524),于 1487 年前往意大利,在佛罗伦萨跟随德美特里·卡尔孔狄利斯(Demetrius Chalcondyles)和安杰洛·波利齐亚诺学习希腊和拉丁文,又在罗马小居,并于 1496 年获得帕多瓦大学的医学博士学位。1499 年返回英格兰之前,利纳克尔帮助威尼斯出版商阿杜思·曼尼修斯(Aldus Manutius)出版了亚里士多德全集的希腊文初版(5 卷,1495—1499)。在英格兰,他的人脉不在大学而在王廷,担任王室后裔的导师和亨利七世的医生。生涯晚期(1518),他创办英国皇家医师学院(Royal College of Physicians),并为两所学校留下遗赠,用于设立医学教授职位。其学术著述包括希腊医学和科学著述的拉丁翻译,以及拉丁文法著述。凭着这些发表物和他的在宫中的朋友,他成为英国人文主义发展过程中的重要人物。另一位年岁略长的人文主义者是威廉·格罗辛(William Grocyn, 1519 卒),他在意大利待了两年(1488—1490),师从佛罗伦萨的波利齐亚诺,还在威尼斯结识印刷出版商阿杜思·曼尼修斯。1491 年还在牛津时,他开办了学校历史上第一期定期的希腊语讲座。1499 年,他和科利特往来密切,且二人都在该校结识伊拉斯谟。1496 年,他在伦敦获得圣俸。在关于圣保罗的讲座中,他质疑大法官狄尼修的封圣日,但对宗教问题的总体态度是保守的,也公开支持亚里士多德、反对柏拉图主义。威廉·拉蒂默(William Latimer, 1460—1545)是同时代的另一位有意大利教育背景的人文主义者,他在牛津和费拉拉接受教育,并在 1502 年获得费拉拉大学的文科博士学位。1510—1511 年,他第二次前往意大利,造访罗马;第三次是 1513 年,去帕多瓦担任王侄雷吉纳尔德·波尔(Reginald Pole)的导师。十六世纪二十和三十年代,波尔身边聚集了一批新一代的英国人文主义者,通过他,拉蒂默对这批青年施加了重要的影响。意大利学术培养出的另一位具有影响力的人物是威廉·李利(William Lily, 1468—1522),他在罗马求学,成为科利特重建圣保罗学校后的第一任校长,并编写了一份被广泛使用的简明拉丁文法。李利默默启动了学校的转型,使该校从仅关注基督教著述的狭隘学府转变为都铎时代英格兰人文主义学术传播最具影响力的中心之一。这些学者都至少和两所英国大学中的一所有关,而且在伦敦和宫廷也很活跃,从而在英国首府构成了一个团体,由意大利教育背景的人文主义者组成,他们才能出众,且互相交流也很便利。这个团体即将迎来一个由人文主义决定伦敦和宫廷的文化风尚的时代。

迄今最著名的英国人文主义者托马斯·莫尔勋爵(1478—

1535)属于第二代,而非奠基人。虽然他在牛津有短暂的学习经历,其人文主义兴趣是在伦敦四法学院(Inns of Court)学习和实践法律的年月中发展起来的,那段时期属于新世纪的头十年。利纳克尔、格罗辛、拉蒂默和李利都是都铎时代人文主义的真正创建者,格罗辛和利纳克尔还指导莫尔希腊文。对他们来说,首都和王廷的意义远比大学重要。对希腊语和文学的共同兴趣是莫尔和伊拉斯谟的伟大友谊的一大基础。莫尔本人的早期人文主义成果是一些通俗语诗歌,其灵感来源是彼特拉克的《得胜》(*Trionfi*),以及德国人文主义者塞巴斯蒂安·布兰特(Sebastian Brant)伪托维吉尔的名义发表的拉丁短诗。这些影响还反映在他对《约翰·比科,米兰多拉伯爵的一生》(*Life of John Picus, Erle of Myrandula*)的英译中,此作出自比科的侄子詹弗朗切斯科·比科(Gianfrancesco Pico)之手。在此书中,莫尔把老比科描写成博学的基督平信徒的楷模。同一时期,莫尔本人也在经历大量内心拷问后决定不做修士,而去结婚追求世俗生活。尽管信仰笃厚,对他影响最大的古典人物之一却是刻薄无礼、反对宗教的杂咏诗人卢奇安。他在1505年左右翻译了卢奇安的部分对话录,并和客居家中的伊拉斯谟比试,看谁能用拉丁文读者可以理解的形式把握卢奇安的神髓。莫尔之所以认可卢奇安的作品,是因为他批判人类的邪恶和愚蠢。但对他来说,卢奇安的真正价值是不加掩饰地揭露人性的根本矛盾——被不可或缺的世俗和精神追求所撕裂(如莫尔本人)。

　　这一主题在莫尔1509至1519年间创作的拉丁文警句中反复出现,也在其堪称杰作的拉丁文对话录《乌托邦》中反复出现。此书不仅是柏拉图传承的鲜活例子,也是政治哲学类的重要作品。它还是至今仍被阅读(当然是以译文的形式)的少数人文主义著述之一。总体上,《乌托邦》阐述所有人文主义思想的核心问题之一,即受教育者参与政治和公共事务的道德责任。此书写于1515和1516年,在伊拉斯谟的帮助下首版于1516年的安特卫普,是莫尔在大陆人文主义圈声名鹊起的基础。伊拉斯谟邀请其他人文主义者为此书撰函作序,并在信中给予赞扬,但本人并没有公开肯定。

他的谨慎也许缘于自己非传统的社会和政治观念,但更可能是嫌弃他英国朋友的拉丁文不够扎实,达不到大陆一流人文主义者的标准(Marius,1984,第238—241页)。

莫尔后来担任王室顾问,从而改变了著述的性质。从十六世纪二十年代开始,他成为路德在英国的主要对手之一。但赢来这段公共生涯的根基并非神学,甚至不是他对英国不成文法的精通,而是他在古典学术方面的名气,还有在接待国外使节及其他国事场合即席发表拉丁演说的技巧。因为殉难于亨利八世之手的悲剧式历程,莫尔在英国人文主义史上的重要性被染上了戏剧化的色彩,也形成一种错误的印象,即他的死毁了这场运动。实际上,人文主义依旧兴盛,且被都铎早期最杰出的政治家托马斯·克伦威尔(Thomas Cromwell)纳入王廷,为王朝效力。

英格兰大学:不变下的变动

英格兰大学接纳新学的速度较慢,但并不像人们过去所认为的那样抵制人文主义。早在1454—1464年间,米兰修士斯特凡诺·瑟里戈尼(Stefano Surigone)就在牛津讲授人文主义课题。十五世纪八十年代,在巴黎没能当上教师的人文主义者科尔内利奥·维泰利(Cornelio Vitelli)在英国取得更大的成功,得以在牛津新学院(New College)讲授文法,还提供私人希腊语授课。1472到1482年间,被剑桥聘作神学教师的方济各会托钵僧洛伦佐·特拉韦尔萨尼(Lorenzo Traversagni)还主持修辞和伦理讲座(Leader,1988,第242页)。可能没过多久,另一名意大利人文主义者盖厄斯·奥伯里(Caius Auberinus)定居剑桥,有诗人(*poeta*)的名号,替大学撰写寄给高官的正式信函,以此换取部分生计。这是一个重大的证据,表明新式的人文主义书面拉丁文技巧被视为一种实用技能。奥伯里还收费讲授"Terence"(泛指高级语法,不仅限于罗马诙谐诗)。十五世纪九十年代,还有一些英国人靠讲授"Terence"挣钱,包括后来的罗切斯特主教约翰·费雪(John Fisher)。这些都是个

126

人事迹,但表明外来者和英国当地人都能在两所大学促进人文主义发展。因为和王室的关系,费雪也是一名重要人物。从1498年开始,他担任亨利七世之母玛格丽特·博福特(Margaret Beaufort)夫人的专职牧师。这位女士为人文主义教育事业慷慨解囊。

在整个都铎时代,两所大学都保留了大量中世纪课程,但在十五世纪就已出现微妙的变化。学院作为教学中心的重要性得到提升是当时的一大发展,包括一些新办的学院,所以单以大学的状况无法反映真正的教育课程变化。学院授课的正规和传统程度都低于大学章程规定的课程。教学内容的很多重大改变都是在某些学院中私下悄然发生的,没有直接体现在必修课程中,因此形成了英国属于死板保守主义的错误印象,使人难以理解这些看似愚昧的大学如何培养出这么多的人文主义者。在中世纪英国大学,只有深造更高学历的毕业生才能进入学院。牛津在1379年设立新学院,标志着一个重要的变化——为没有毕业的学士生提供一些学习机会。也就是说,学院必须为指导学士生提供课程。新学院创办者、威克姆的威廉(William of Wykeham)主教创立了一套最终成为大学标准方案的做法:让更高学部中已经完成通才课程的资深学者和学生去指导付费学习通才课程的学士生。十五世纪后半叶,新成立的莫德林学院(Magdalen College)录取三十名得到资助的学士生。学院还新增三名给薪讲师,分别讲授神学、道德哲学和自然哲学,并向所有大学成员开放听课,不仅限于莫德林学员。每指导一名学士生,高年级生就能获得一笔额外的报酬。莫德林学院的另一项创新是向所谓自费生的二十名学士生额外颁发学位,他们没有资助,必须自负食宿费用,并向从高年级生中挑选的导师付费。创始人威克姆的威廉还给学院附属一家文法学校,为尚未达到大学入学门槛的男孩提供拉丁语法基础教育。创办伊始,莫德林学院就注重以古典阅读为基础的新式文法教学。

十六世纪,人文主义在牛津新设立的各学院中加速发展,青铜鼻学院(Brasenose College,1512)由神学研究生为学士生提供免费教育,还有一名带薪讲师专门给学士生上课。基督圣体学院

127

(Corpus Christi College，1517)拥有可支持二十名学士生的资助金。为了帮助学士生的学业，除了导师，学院还提供三名带薪讲师，讲授人文主义(修辞)、希腊语和神学公开课(向大学所有成员开放)。神学讲座是针对更高学历学生的，学校规定，讲师必须讲解《圣经》，辅以拉丁和希腊神父的著述，而非中世纪经院主义教科书《教父名言集》。人文主义的讲师需讲授特定古典著者的作品，以及近代意大利人文主义的两部主要作品：瓦拉的《拉丁文的典雅》和波利齐亚诺的《杂篇》。青铜鼻和基督圣体学院当然是属于新世纪的，但他们是学院的地位在牛津不断上升的证明，也是人文主义学术成功进入大学的证明——尽管大学章程还没有变化的迹象。

　　剑桥国王学堂(King's Hall，1317)从创办之初就接纳学士生，早在受意大利人文主义影响之前；纯粹出于财政原因，从十四世纪后期开始，其他剑桥学院也开始接受借读生(为食宿和高学历学生的辅导付费的青年)。1436 年，剑桥兼并了原名上帝书屋(Godshouse)的新学院，于 1506 年改组成基督学院(Christ's College)。这所学院很小，但非常重要，其创办人的目标是改变英格兰缺少拉丁文法大师的现状。其主要定位是学士教育点，所以还设一名给薪讲师为学士生授课，这是牛津和剑桥历史上最早的学院讲师。十五世纪中后期，剑桥还新办若干其他学院，包括亨利六世为国王学院(King's College，1441)制订的宏伟蓝图。创办时，这类学院大多宣称要培养更多的语法教师和更有文化的教区牧师；但起初，这些目标中并没有明确的人文主义追求。耶稣学院(Jesus College)创立于该世纪末尾，提供学士和更高学历的进修教育，且明确专注于布道和语法教学，这是十六世纪剑桥多个重要学院创立的开端，其重要推动力之一是一些富裕的平信徒资助人(包括玛格丽特·博福特夫人)，他们和王廷中愈发壮大的人文主义界关系密切。

学院教学的非正式性和灵活性让人文主义在牛津和剑桥得到　　128
发展,且几乎没有人注意。在两所大学(以及大陆大学)的基本构
架下,只有三个高等学部传统上依赖带薪或有俸教授。文科学部
的授课任务部分由攻读学位的高年级者担任,部分是刚毕业的导
师的义务。他们毕业后必须留校一年,讲授学位必修课程且没有
报酬(但有权向听者收费)。这套义务授课体系在英格兰称为"必
教"(necessary regency),其缺陷有二。首先,它假定所有文科教师
都同样胜任一切课程的授课任务,而不分专长。对于人文主义文
法、修辞以及古典文学中的新课程,大部分未来的教师都无法讲
授;对于希腊语或希伯来语,"必教"完全行不通:大部分文科教师
没有教学能力。第一个缺陷可能只让希望大幅改变课程的人不舒
服,但第二个缺陷影响到所有人。很多文科教师不想授课,哪怕这
是获取学位时宣誓要履行的条件。以学士身份毕业后,他们想踏
入未来的职业。到十五世纪,两所大学的校监会收到越来越多希
望免除授课义务的请求书;大学给予豁免的次数也不断增加,通常
会收取一笔费用作为回报。整个体系实际上正在崩溃。有时课程
无人讲授,有时讲得粗浅散乱。但两所大学都没有废止这套愈发
流于表面的体系。授课的实际任务最终落到文科毕业后依然留校
的少数人,以及承担不起豁免费用、从而心怀不满的少数人身上。

一个不完全的解决方案是把越来越多的通才教育任务移交给
学院,然后通过导师制度、利用资助金或收费所聘用的带薪讲师来
执行。但大学公共课程依然是文科学士和硕士学位的核心要求,
因此必须提供充足的课程,让学士生达到学位要求。最终解决办
法是设立文科的带薪教授职位。牛津采纳这一方案的速度较慢,
但希望免除授课义务的人所支付的罚款和费用也是一种财政来　　129
源。直到十六世纪后半叶,这种简单、公平且有一定效用的做法才
成为实践。

剑桥更早、更直接地面对这一问题。1488 年,该校改革规章,
创建三个专业的带薪职位,为文科提供公开讲座。其中两个专业
是传统的逻辑和哲学,但第三个面向初入大学头两年的新生,属于

"人文主义",即语法和修辞。这一变化意味着对逻辑的重视有所减少,因为逻辑本来是头两年要教的课程。1495 年,另一条新校规把"人文主义"课程定为"Terence",即包含古典文学文本的课程。这三个教授职位的开支由各学院和宿舍的主持人分担;首任"Terence"讲师是从 1483 年起就在剑桥授课的意大利人文主义者盖厄斯·奥伯里,次年由约翰·费雪担任。

因此,在十六世纪初,人文主义学术在两所大学中确立了有限但确实的存在,且还在不断成长。剑桥甚至还对规章作了有限的变更,正式认可人文主义教学;但牛津没有。这些发展都将在新世纪延续下去。

教育和公职

和两所大学的人文主义教学发展密切相关的是公职状态的变化。从十二世纪初开始,国王的最高行政官都由教会人士担任,这一方面无疑是因为教士从原则上讲不会受以权谋私的诱惑,同时也因为教士会得到教会任命的回报,而不必动用王室的财产。起初,更重要的原因是只有教士属于受过教育的人才。但到了中世纪后期,贵族和富商中的平信徒普遍识字,尽管一般只认通俗语。十五世纪,有抱负的平信徒追求行政职位,且充分意识到教育(不仅仅是会通俗语)对求职的必要性。在整个十五世纪,受教育的平信徒官员越来越多,但教士依然占公职的主体。理查二世(1377—1399)创立的掌印官从一开始就只用平信徒。此外,到十五世纪,参与英国外交的官员,尤其是和意大利诸国及教廷国往来的,都必须掌握具备相当的人文主义造诣的拉丁文范式,以免公然出丑。所以,有抱负、想往上攀的人,包括贵族和名门之后,都有学习人文主义的强烈意愿。作为这一期望的体现,越来越多的自费生和借读生进入牛津和剑桥的各家学院,学院导师也更有心和付费的学生一起研读古典著述和近期意大利人文主义者的作品。到十六世纪后期,学院里已有一整套非官方课程,针对更需镀金式教育而非实质性教育的年轻绅士，甚至包括现代语言文学、舞蹈和剑术。

西班牙人文主义和公职

在西班牙，桑蒂利亚纳、梅纳和卡塔赫纳等人的作品中所体现的意大利文艺复兴文学兴趣沿着两条脉络发展，一条是吸引贵族的通俗语类；另一条是大学毕业者追求的拉丁语类，他们在新统一的西班牙君主体制下寻求属于**受教育者**（*letrados*）的职业机会。体现通俗语文学传统的最佳杰作是萨拉曼卡（Salamanca）法学生费尔南多·德·罗哈斯（Fernando de Rojas）创作的喜剧《塞莱斯蒂娜》（*La Celestina*，1498）。更学术和古典的传统，由阿方索·德·帕伦西亚（Alfonso de Palencia，1423—1490）代表，他在年轻时得到卡塔赫纳的鼓励，并在意大利受教育（约 1447—1453）。他的著述包括一部古代西班牙地名百科、若干古代著述的西班牙语翻译、一册拉丁—西语辞典，以及一本未付印的西班牙当代史。

直至今日，安东尼奥·德·内夫里哈（Antonio de Nebrija，1444—1522）依然是十五世纪后期最广为人知的西班牙人文主义者。他在博洛尼亚受教育，精通古典拉丁和希腊语，智识水平不逊于当时任何意大利人文主义者，也和他们一样擅长自诩为真知真学的复兴者。虽然在 1509 年成为王室的史料编纂人，但他大部分人生都担任大学教师，先后在萨拉曼卡、塞维利亚和阿尔卡拉（Alcalá）任职。其生前最有影响力的作品是一部拉丁文法（1481），此书毫不费力地取代了旧的中世纪语法书。虽然这本语法过于老派、不适合后来人，但其重要性在于抛弃了以逻辑论证解释语法的中世纪做法，改以古典文学用例来说明语法。从长远来看，他更重要的学术成果是《卡斯提语法》（*Arte de la gramática castellana*，1492），这是所有欧洲现代语言中第一部系统性和学术性的语法。他还把语言学才能运用于圣经研究，这是一项危险的事业，1506 年，宗教审判官没收了他的笔记。大力支持人文主义学术的红衣主教希梅内斯·德·西内罗（Ximénes de Cisneros）干预此事，令笔

131

记失而复得,还让他在新成立的阿尔卡拉大学担任研究职位,协助该校进行《康普鲁顿合参本圣经》(*Complutensian Polyglot Bible*)的编辑工作,这项工作得到红衣主教的赞助。在文本批判方面,内夫里哈的语言比较学造诣远高于此项目的同僚;红衣主教听取了他对当时编辑内容的保守基调的反对意见,甚至允许他单独出版一份自己对圣经的评注,但无视了他的另一个请求,即必须根据希腊原文和希伯来原文修订拉丁文本。

西班牙于十五世纪后期统一,王室便需要受过良好教育的官员。统一君主国的首任统治者斐迪南和伊莎贝拉以及继任的查理五世和腓力二世(Philip II),都认识到这一需求,并促进高等教育的发展。当时,大学对西班牙的作用依然有限;但国家统一后,它们成了受教育官僚的唯一来源,而这批官员主导除军事以外的一切行政领域。在统一后的下一个世纪,有二十七所新大学成立,使总数达到三十三。1493年后,法律规定最高级行政官员必须学习民法或教会法至少十年。于是,西班牙大学直接和高级公务员的招募联系起来。在十五世纪后期和十六世纪早期,王室的这一兴趣使人文主义学术获益,但法学的受益最为直接。十六世纪,大部分北方国家的大学教育(至少有一部分属于人文主义)都和高级官职有所关联,但西班牙早在1500年就为这一联系打好了基础。

第五章　辉煌与灾难

　　至十六世纪初，人文主义学术事业，还有复兴"开化"学识与文学、终结"愚昧"的梦想，在欧洲西部和中部的所有主要国家都已占有一席之地。但这种新学因其意大利起源和对异教文学的推崇往往招来怀疑，在阿尔卑斯山以北完全没有取得主导地位。其边缘和从属的地位准确地体现在各所大学的历史中（见第四章）。通才教育的每个学部都不乏一些教师，他们批评传统教材，渴望修改文科课程、弱化逻辑，更多地关注人文主义课题。他们可以不时地开设古典著述讲座，提供希腊语私人授课。新学获得越来越多的、真切而自发的关注，就算在保守得出奇的科隆大学，很多学生也设法精通了古典拉丁语和古代文学，甚至还有希腊语，从而打下基础，在未来成为显赫的人文主义者。大部分人文主义者完全满足于在大学里做个边缘人，教教古典或现代人文主义著述，最终也会获得更重要的职位，例如学院院长，或是三大高等学部里的要职，这三个学部主宰大学体制，只设带薪或有俸的长期教授职位。

对新式教育的需求

　　但在新世纪的头十年，一些人文主义者越来越公开地表达他们的想法，即渴望从根本上改变通才教育课程，降低逻辑和辩论的地位，大幅提高对古典拉丁文法、修辞、道德哲学和古代著述的重视。这一变化导致学术圈的公开冲突，因为所有大学都被思想传统的资深教师所把持，他们抵制变革。一份对德国大学的现代研究得出结论,虽然这种情况催生了很多论辩小册子,但所有辩论实际上都是单方面的:有很多人文主义者写了慷慨激昂的小册子,反驳对人文主义学术的保守压制,但另一方面,保守派完全没有反击。这些传统主义者没有理由参与争论,大学章程所规定的课程要求已合他们的心意。而且,对于校内的决定,学术界的成规是禁止公开煽动,就连公开讨论也不允许;所有被大学录取的人都发誓服从部长、院长和其他教职人员。公开批评体制的人即视同违背誓言,可能会被罚款和逮捕,在极端情况下会被放逐。最终,人文主义者打破学术界的隐私界限,公开表达他们的批评和改革教育的主张,通过王侯或市议会施加外部压力,这种行为招人怨恨(在如今的大学里也一样),对于这些胆大妄为者,学部展开正式或非正式的报复。更招人恨的,也许是利用新问世的印刷媒体发表作品、把内部冲突暴露在光天化日之下的人文主义者。

研究德国人文主义的史家注意到,人文主义者当中存在明显的代差,每隔三代,人文主义者对传统的态度就变得更不友善,对本方的立场则更加坚定,这种演进最终诞生出十六世纪二十年代卷入早期新教改革运动的激进青年人文主义青年。就大学而论,较早的人文主义者级别较低,处于边缘,也没有实权,能被掌控大学体制的老前辈接纳就是万幸。但到了 1500 年,新一代人文主义青年已为通才教育各学部构想了一整套课程改革计划。他们不愿再看到自己教的课程被轻视,也不想因为其课题排除在学位必修课程之外,就必须忍受得不到权力、影响力和体面收入的无能状况。

彼得·勒德等人文主义先驱在讲课中至少含蓄地表达了对注重逻辑和辩论技巧的传统教育方法的批评——包括在学位要求中占很大比重的正式辩论。但早期人文主义者最终发现,相比挑战传统学科的权威,更聪明的做法是吹捧学习人文主义学科所带来的好处。尽管十六世纪早期的人文主义青年更直言不讳,敢于要求课程改革,但他们不打算毁掉一切学术传统,只想减少逻辑的比重,给语言和文学多投入一些关注。

有些要求几乎是所有未来的改革者众口一词的呼声。首当其

134

冲的是废除标准中世纪拉丁语法教材《教理》。黑吉乌斯等十五世纪人文主义者反对此书所体现的思辨和逻辑式语法，但并不要求废除，只想补充一些注解，强调古典著述中的用例而非语法形式的逻辑说明。有人试图用尼科洛·佩罗蒂的《基础语法》等新教材让学生的书面拉丁语更好、更古典，这种尝试看起来不会招致反感，但事实上，大学通才教育的整体课程是一套结构精密的体系，既有的语法学习系统作为其中不可或缺的一部分，很难随意更改。传统的形式（逻辑或思辨）语法不仅用来教拉丁文，而且还可以在大学学习伊始向学生全面灌输作为逻辑辩证法基础的术语和分类知识，这是高等学术的根基。传统语法课程让年轻学生了解未来的逻辑和辩论课程所需的亚里士多德术语和概念，这些课程是文科课程的主干。同时，亚氏术语和概念也是三大进阶学部法学、医学和神学所需的学术准备。用佩罗蒂的教材学语法的学生也许能写出更古典的拉丁文范式，可能更熟悉古代文学，但他以后学习经院逻辑和哲学的基础将较为薄弱（Heath，第 15—16、18、31 页）。

　　起初，高级教师们只是无视这场语法改革运动。但在图宾根，人文主义讲师海因里希·倍倍尔（Heinrich Bebel）公开煽动反对《教理》，引起保守派教师的对抗，1505 年，学部要求所有教师用《教理》教语法。同一时期，弗莱堡（Freiburg-im-Breisgau）和莱比锡也发生了类似的阻止人文主义语法传播的尝试；此外，新学家又遭一打击，科隆等大学采取措施，规定使用旧教材，还限制乃至禁止诗学讲座。

　　诗学是大学改革的第二个焦点，因为年轻人文主义者的另一要求是增加诗学给薪讲师的职位，该专业本身即意味着学习古典拉丁文学。他们还要求为修辞、道德哲学、历史和希腊语设立固定的大学席位（即带薪职位，而非向学生收费的职位）。除了希腊语，这些课程并不罕见，可追溯到彼得·勒德等吟游诗人的年代，但并非固定课程，报酬又少又不稳定。现在，改革者要求这类人文主义讲座得到固定薪水的支持。这将意味着人文主义专业成为大学常规课程的一部分，而非边缘学科。其后果很可能是更改规章，要求所

135

有学位攻读者都去听这类讲座。这无疑将改变传统的聘用方式，打破文科学部的传统体系，该体系想当然地以为所有教师同样胜任所有学科的教学。

该时期，改革者的第三个要求是用十五世纪意大利人文主义者直接从希腊文翻译而成的亚里士多德新译本代替老译本。这一要求，就像改用新语法教科书的要求一样，粗看并不激进。毕竟，谁会反对更精准的亚里士多德文本呢？但其深层含义足以令学术思想保守的人不安。这一要求可能带来的危害在于，某些仅仅精通希腊语、不熟悉复杂的亚里士多德哲学的文法家，有机会决定基础文本的意义，而一切严肃的科学和哲学探讨都以这些文本为基础。在对莱奥纳尔多·布鲁尼的亚里士多德译本的批评中，西班牙神学家阿隆索·德·卡塔赫纳已经表达过这种忧虑（见第 108 页）。

教育改革之争

这些针对通才教育的改革要求取得了部分成功。甚至在新世纪来临之前，罗马皇帝马克西米利安就任命人文主义者贝恩哈尔·佩尔格担任维也纳大学的总督，并通过政府施压，利用大学对法律豁免和财政支持的需求支持改革。但因为资深教员的顽固阻碍，改革无法取得哪怕有限的成功——例如设修辞和诗学带薪讲师、采用佩罗蒂的拉丁文法；1500 年，佩尔格辞去总督一职。如第四章所述，人文主义讲师康拉德·策尔蒂斯在 1501 年成为诗学和算数学院院长，以便摆脱大学四大传统学部的控制。尽管早期取得一些成果，这所学院还是举步维艰，最终泯灭。哪怕在巅峰时，那也只能算是一块学术飞地，给寥寥无几的学生传授常规课程最忽视的两个通才学科：人文主义和算数。完成文学课程的学生可获得皇帝本人的加冕，成为桂冠诗人。但这些课程不属于学士和硕士必修课，所以他们实际上得不到任何受认可的大学学位。维也纳的改革尝试是新世纪的预演，不管是学部阻碍改革的手段，还是改革者对外部政治施压的依赖，在下个世纪都如出一辙。

136

其他德国大学甚至更加顽固,尤以科隆和海德堡为甚,两地仅偶尔任命短期的带薪人文主义讲师,而更常见的做法是授权努力糊口的无薪讲师向听课者收费。有几所大学确实设立了诗学或修辞的带薪讲师职位——1464年的巴塞尔、1471年的弗莱堡、1481年的图宾根、1476年的因戈尔施塔特;但在图宾根和因戈尔施塔特,这都是依赖统治者的要求实现的,而且开支也直接或间接地来自这些君主。莱比锡和埃尔富特没有修辞学带薪讲师,但比其他大学更成功地推动了人文主义学习,莱比锡还把修辞学列为硕士必须课程。但该地的成功部分缘于一套1496年在萨克森公爵的坚持下执行的复杂的改革方案。德国东部创办两所新大学,分别是维滕贝格(Wittenberg,1502)和法兰克福古城(Frankfurt an der Oder,1506),两校从创办伊始就各有一名带薪人文主义讲师。显然,在当时,为了吸引学生,新建的大学需要定期提供一定的诗学和修辞学指导:人文主义学习已成为潮流。但两所大学的学位必修课依然完全是传统课程。获取学位所需的学科都基于传统经院文本,对人文主义学科没有任何要求。

有些文科导师独自尝试改变,但基本没有成功的。在1509年的科隆,当年轻的赫尔曼·冯·德姆·布舍准备使用四世纪罗马文法家多纳图斯的《小艺》(整个中世纪都使用的教材),更保守的人文主义者奥尔特温·格拉提乌斯提出反对,理由是这份简短的手册对大学生过于简单。在1506年的因戈尔施塔特,就连巴伐利亚当局的大力施压都不能迫使学部放弃十三世纪形式语法教材、采纳佩罗蒂的人文主义课本。在法兰克福新办的大学,学部同意把修辞和文法(基于现代语法而非《教理》)列为必读,也把诗学扶正为正式课程,但没有把这些学科设为学位要求。但学校还规定,这些新课程应由学部正式教师讲授,而非君主聘用的两名带薪人文主义讲师。他们的讲座被单独列出,和文科学部的课程分开,甚至连上课地点也不在文科学部,而是在法学部,这种带有象征性的做法实实在在地表明,学校教职员把这些政府指派的讲师视为外来者。

137

在 1502 到 1511 年的莱比锡,萨克森公爵乔治试图改革大学。这是一次认真的改革,包括由学部长问询教职员的意见,并向官方报告。最终,年轻教师在学部管理事务中终于有了发言权,也更有机会去教比较流行的人文主义学科,从而提升听课费的收入。1503 年,公爵亲自拨款,设立诗学带薪讲师。但资深教职员依然敌视课程变更。在最初的调研中,最常见的抱怨倒不是缺少人文主义课程,而是啤酒太贵。1508 年,学部限制亚里士多德新译本、语法和逻辑新教材的使用,文科学部长忿然指责改革降低了学术标准。在尝试了将近十年后,政府接受妥协,让年轻改革者得到有限的满足,但也依然保持旧课程的完整,让保守的老教员控制大学。

以莱比锡的波折为证,情况又有了新的发展——很多资深教授对人文主义产生敌对意识。同样在 1508 年,科隆神学部正式谴责在校内讲授异教诗人和若干现代诗人(意大利人文主义者)的作品。这是为了警告学生,不学传统教材就不能为大学的学习打好基础,从而阻止人文主义者在传统直属学校——例如明斯特的天主教学校——进行课程改革。基于类似的心态,有些莱比锡教授劝说萨克森公爵限制诗学教育。一些心直口快的人文主义者被迫放弃大学职位。其中有些人的离职还牵扯到其他事由,例如赫尔曼·冯·德姆·布舍不当的公开言论和酗酒的恶名;但作为一种普遍现象,传统教职员希望除掉制造麻烦的人文主义者。保守派并没有废除所有人文主义课程,因为有一部分和传统学术研究有关。138 他们明白,流行的人文主义专业可以吸引生源,而文科学部依靠学生付费,所以无法完全禁止人文主义教学。但他们决心严格限制其范围,确保教师和课程都受学部的管辖。

人文主义的胜利浪潮

但从长远来看,保守经院主义的败局已定。随着时间的流逝,希望侧重人文主义学习的年轻教师都成为资深教师。从大约 1515 年开始,人文主义者的数量和地位逐步上升,在若干德国大学带来

有形的结果和切实的改革。

领头的是埃尔富特和维滕贝格。埃尔富特是展示人文主义如何逐步占得上风的好例子。比起大部分其他大学，人文主义在这里的境况更好。世纪之交，文科学部所有五个学院的院长都对人文主义给予一定的认可。从大约1506年开始，一批有才能和抱负的人文主义诗人聚成团体，以居住在城外的德高望重的人文主义者穆蒂安·鲁夫斯（1470—1527）为领袖。他曾在埃尔富特学习和短暂教学，并在费拉拉获得法学博士学位，但1503年在附近城镇哥达接受挂名圣职，此后避世不出，一心钻研古典学术。他没有发表任何作品，但和德国各地的人文主义者广通书信，因此赢得大名。从大约1510年起，人文主义改革派开始在文科学部职位的争夺中占据上风，但评选人会刻意不让与穆蒂安关系密切、高调追求人文主义改革的那群人占据任何职位。一本旧的逻辑教材被废弃，逻辑和文法教学也进行了一些小改动。1515年的学部全体教职会议批准使用亚里士多德人文主义新译本，还规定讲师应讲解亚里士多德的原文，而非传统经院主义评注。这届会议还批准用某个意大利人文主义者编写的《改良版多纳图斯》（*Donatus Improved*）取代其基本版本。并废弃《教理》，改用图宾根人文主义者约翰内斯·布拉西卡（Johannes Brassicanus）编写的语法。同一时期，另有几本中世纪教材被人文主义或古典作品取代。虽然官方课程结构未改，这些改革标志着人文主义在埃尔富特取得了重大进展。

1515年的改革完全没有令文科学部的年轻教师满足。这些改变把文科课程变成新旧学派的拼凑之物，其中，文法、修辞等基础学科不再为逻辑和哲学等进阶科目服务，但这些科目依然是学生最后一年的重头戏。1518年，德高望重、温和稳健的马特·皮斯托利（Maternus Pistoris）被选为文科学部部长。同一时期，三名活跃的人文主义者在最大的学院里取得三个颇具影响力的教职。1519年，学部评委会选中年轻的人文主义者乔多·乔纳（Jodocus Jonas）担任院长，当时，他在勒芬会见德国人文主义青年最崇拜的学者伊拉斯谟,这多少为他的当选加了分。实际上,三名评委都赞同人文主义,这充分表现了人文主义在体制内的实力。在这三个年轻人的带领下,学部创立八人委员会筹备改革。

尽管依然包含旧哲学传统,保留亚里士多德为哲学学科的核心内容,但他们提出的改革计划极具原创性。在通才教育中,将设七个带薪教授职位,分别负责拉丁文法、道德哲学、学士学位逻辑论证和物理、硕士学位逻辑论证和物理、数学和形而上学、修辞学、希腊语。作为旧课程的核心,逻辑和形而上学依然是学位必修,但真正的革新在于把人文主义核心科目——文法、修辞和道德哲学——加为必修。同样具有革命性的,是废除文科教师的轮班教学制度。七个带薪职位将由专家占有,每人专注于自己的学科。从现代的眼光来看,改革显然保留了很多中世纪元素,但在当时看来是革命性的。新院长乔纳在书信中以伊拉斯谟的理念介绍这套新体系,后者是当时德国人文主义者心目中的文化巨擘。

1520 和 1521 年间,这场改革一直在努力推进当中。对改革者来说不幸的是,他们虽然能一直把持院长和部长的评选,却无法把这种优势直接转化成彻底的改革。埃尔富特是市政体制,没有君主可以求助;而该市一塌糊涂的经济状况,意味着市议会无法为七名带薪教授提供额外的资金。另一困难来自襁褓中的新教改革。至少在开始,几乎所有年轻人文主义者和大部分学生认为,路德的改革方案和伊拉斯谟的方针是一致的,也和他们改革大学的方针一致。1521 年 4 月,前往著名的沃木斯会议觐见罗马皇帝的路德途径埃尔富特,在 1520 和 1521 年之交的冬季学期当选为院长的诗人克罗图斯·鲁比亚努斯(Crotus Rubianus)带领一大群热情的仰慕者组成代表团,像迎接英雄一般迎他入城。但这次迎接只是年轻人的行动,高等学部中的大部分资深教授已经把路德定性为危险的异端。因此,大学和整个城市都分成了彼此怨恨的两派。由于学生的骚乱和市议会的法律阻挠,教廷使节约翰内斯·埃克(Johannes Eck)无法发布绝罚路德的教廷通谕;而对一同欢迎路德的教士施加绝罚的企图,更是引发了针对大量教士个人和家庭的

140

暴乱。骚乱延续了数月。随后,1521年秋,瘟疫降临该市。羸弱的财力,还有暴力和瘟疫,迫使所有年轻的文科教师都离开该市;很多人想回来,但几乎无人做到。代表大学中活跃要素的年轻学者,包括所有当地比较有名的人文主义者,都一去不复返。留下的教员大多是年长者,能领到教会圣俸,这些圣俸支撑着三大高等学部。十六世纪二十年代中期,所有德国大学的招生情况都陷于崩溃。有些大学在几年后恢复元气,但埃尔富特从此一蹶不振。对于这场衰败,1519—1521年间雄心勃勃的人文主义改革无论如何也算不上起因,但也随着整个体制一同垮塌。

路德和学术改革

相比之下,维滕贝格大学的人文主义改革不仅持续下来,还成为很多德国大学的榜样。这一差异有两个原因。首先,最重要的原因是改革由萨克森选帝侯发起,他行事细密,从而确保改革取得实际的成效。为了保证成功,他不仅动用权力,还投入自己的金钱。第二,马丁·路德展现出领袖气质,很快成为学术界无可争议的领袖(尽管不是正式的),从而让改革取得难以估量的成果。1516年,选帝侯命近臣格奥尔格·斯帕拉廷(Georg Spalatin)调查大学的资源、教学活动和学位授予数量,这给学部带来一个提出改革设想和获取更多财政支持的机会。路德成了敦促大力改革的群体的领袖,这些改革方向就是过去的人文主义者所提出的方向。

马丁·路德绝对不算人文主义者,但属于受过大学教育的一 141
代,必然对古典文学的旨趣有所体会,也对人文主义教育改革家怀有敬意。他本人因受旧式教育,未能练成愈发盛行的优雅拉丁文体,故而颇感遗憾。尽管如此,他生涯早期的书信中满纸皆是晦涩的古典典故和引文。该世纪第二个十年,路德以惊世骇俗的新视角解读基督教神学,从1517年末开始,引发一场称为新教改革的宗教大地震。作为文艺复兴一代的后人,他难免要把这套新的福音神学视为向古代原初基督教教义的复归,这些原始教义在早期教父文学中有所表达，但最终的表达来自《圣经》。他感到自己恢复古代基督真教义的渴望和人文主义友人恢复古代语言文学的渴望很相似，这种感觉也非常准确。早在他的新神学体系发展起来之前，甚至在他取得博士学位之前，路德就已经和人文主义者一样讨厌他所接受的教育中的经院哲学和神学传统。他还早就意识到，用勒菲弗和伊拉斯谟的人文主义学术中发展起来的语言比较—历史方法研究《圣经》和教父文学，是更深入地领悟基督教启示真意的关键。他本人希腊语学得很好，足以参阅希腊语《圣经》和教父文献；他还为研究旧约学过一点希伯来文，但比较有限。在教学生涯早期，他就使用勒菲弗的新约评注和释义；当伊拉斯谟校订的希腊语新约在 1516 年春付印，路德立即购得一本，丢弃过去的讲义，开始依据希腊语圣经讲课。尽管他从不是真正意义上的人文主义者，但运用人文主义学术，也确实脱离了经院主义的范畴。

对经院主义的攻讦

当选侯对维滕贝格大学施压，改革派获得机遇，路德开始毫不留情地铲除经院主义，不仅在神学领域，也在通才教育领域。他和选帝侯幕僚斯帕拉廷关系密切、彼此信赖，借此大大增强了执行效力。早在 1516 年，他就认为亚里士多德的理性主义对理解基督神142 学无益，通过伊拉斯谟的人义主义语言研究方法仔细研究圣经文本才是理解基督神学的根本。在 1516、1517 乃至 1518 年，马丁·路德实际上并没有改革教会的完整计划，倒是对所在大学的改革有了确切的想法和激进的计划，并作了有力的陈述；而且他还意识到，若不对通才教育课程进行同样大刀阔斧的改革，他设想中的神学教育改革就无法推进。路德不是人文主义者，但无疑会使用人文主义教育改革家的表达方式。在给选帝侯的信中，他表达了"扫尽一切愚昧"和最终改革所有大学的愿望。

1518 年春，就在路德对赎罪券发表有名的谴责，从而建立起宗教改革家的形象时，他已经带领维滕贝格学部展开全方面的、完全以人文主义思想为主导的课程改革,这也有助于解释为何德国各地的人文主义者都接纳他的宗教观,甚至完全没想过他有没有可能属于异端。在现有的人文主义拉丁文法课程的基础上,希腊语和希伯来语都新设固定带薪教授职位。另外还新开了老普林尼《自然史》(*Natural History*,取代亚里士多德,成为自然哲学必修课程)和昆体良(古代修辞学家)的讲座,以及数学新课程。亚里士多德、西班牙的彼得吕斯和纪尧姆·塔尔塔雷(Guillaume Tartaret)的过时课程被废除。尽管某些学科确实少不了亚里士多德,但这些课程也改换成人文主义的新风气,使用意大利人文主义者翻译的新译本,直接专注于原文,不再像传统教学那样重视中世纪评注。学部聘请人文主义名宿约翰内斯·埃斯提坎皮亚(Johannes Aesticampianus)教授新开普林尼课程。选帝侯政府愿意为新设教授职位提供额外资金,这正是埃尔富特改革者所欠缺的支持。腓特烈选帝侯亲自给德国人文主义界的资深人士约翰·罗伊希林写信,恳请他协助寻找能够担当新语种教师的人选。罗伊希林派他的侄孙菲利普·梅兰克森(Philip Melanchthon)去担任希腊语教授。他虽然年轻,但得到叔祖父的悉心指导。

这一任命非常成功。梅兰克森在1518年8月发表的就职演说激起轩然大波,堪称人文主义教育理念的宣言;当路德为宗教争论投入越来越多的精力,梅兰克森不仅是他神学方面的支持者,也成了教育改革的代理人。他游历各地,建议德国各地的市镇和王侯朝人文主义和路德宗的方向改革学校和大学。他写了大量教材和手册,其智识创造力或许不足,但给教师和学生提供了非常适合当时社会和智识环境(可能这也是其作品显得智识水准有限的原因)的教学素材。这些书籍非常成功,甚至连德国的天主教学校都采用了其中的修辞和自然哲学教材。

维滕贝格大学通常不算"三语学校",该头衔一般仅属于几乎同时成立的勒芬三语学院(Louvain Collegium Trilingue)。但在1518年末,维滕贝格大学至少和勒芬学院或西班牙阿尔卡拉的圣伊尔德丰索学院(San Ildefonso,1508年成立)一样,设有全部三种

143

语言的课程。事实上，相比勒芬，维滕贝格有明显优势，其新设的语言课程是文科学部课程的有机组成部分，而勒芬的三语学院是独立机构，很快就和大学发生争执，其课程未获认可，无法帮助学生取得正规学位。

虽然取得了这些成果，路德的改革依然面临很多麻烦。靠新增的财力开设新课程还算简单，但废除旧课程和重新分配资源则不容易。旧的亚里士多德逻辑和物理课程依旧保留，而且有两种，因为维滕贝格的这类学科一直给学生两种选择，一是托马斯学派，二是与其对立的思高学派，两套课程都有独立的课本和教师。路德汲汲于废除旧学科并引入新学科；他在 1518 年秋提出以下主张：把亚里士多德《伦理篇》的课程（他在 1509 年勉强教过）列为选修；改变教学方式，把新课程列为学位要求；为了减少开支、避免冗余，托马斯和思高学派共存的状况应废止，原先教托马斯学派哲学的教师应改讲人文主义学科——罗马诗人奥维德的《变形记》。通过这种方式，不可动摇的亚里士多德逻辑和物理课程依然存在，好让学生获得学位，但其教学投入减半；通才教育课程整体上更偏向语言和文学，这正是人文主义改革家期望的结果。路德甚至说服学部同僚去申请停止他们所熟悉的课程教学，只为腾出功夫来发展人文主义学科的教学能力。大学最显赫的托马斯派和思高派神学家都跟路德一同请求废除托马斯学派的讲座。选帝侯的权力和财力，加上路德的领导能力，使他的大部分提议都被采纳。

144　　　路德并没有立刻达成所有目标。在他自己所在的神学部，由于入学新生的希腊文和希伯来文水平不足，他作出让步，同意暂时保留传统教材——伦巴第人彼得的《教父名言集》，但主要学习对象要立即改为《圣经》。总体上，1519—1521 年对进一步的学术改革并不算有利的时期，路德和选帝侯政府还要忙于处理这场爆发式的宗教运动所带来的宗教和政治后果。不过，梅兰克森在 1521 年成功完成了一些小改革。大部分中世纪课程一直保留到十六世纪三十年代，直到大学在一位新主导者的带领下大规模重组。但是，到 1521 年夏，维滕贝格已经从经院派天主教大学转变为人文主义的福音派大学。文科学部的教育不再以逻辑和哲学为主要基础，而是以古代语言和文学为基础。路德明确表达了支持人文主义教育的动机，因为他确信，以经院主义方法运用亚里士多德哲学解读基督教神学是毁灭性的错误，也不可避免地导致了中世纪晚期教会神学的谬误。但他在人文主义教育改革方面的成果远远超出同时代的任何人，包括伊拉斯谟。

他在学术改革方面的地位使人们更容易接受其宗教理论。道明会修士马丁·布策尔（Martin Bucer）本来仰慕伊拉斯谟。1518年4月，他在海德堡听了路德主张新神学的演说，还有幸私下和路德讨论维滕贝格的教育改革。对他来说，路德就像伊拉斯谟——甚至可能更好，因为"伊拉斯谟仅仅提出想法，【路德】……则不加掩饰地公开提倡"。

十六世纪结束前，乃至1546年路德去世之前，福音派和维滕贝格式的大学改革在很多地方取得了成功，例如海德堡、莱比锡、罗斯托克、格赖夫斯瓦尔德（Greifswald）、图宾根、法兰克福古城，以及马尔堡和耶拿等地新办的新教大学。一些德国大学坚持天主教正统，包括科隆、弗莱堡、因戈尔施塔特、美因兹和维也纳；但连它们也受影响，朝人文主义的方向偏移。对新式教育抵制强烈的大学都陷入长期的衰落，很多天主教大学（例如科隆）直到世纪中期才从衰退中缓过劲来——当时，新涌现的耶稣会控制了大学通才教育学部的整体或部分，他们已发展出一套严格遵守天主教正统的人文主义教育体制。

媒体和公开争议

145

本章前文讲述了人文主义逐步占领大学的过程，还未对这一新文化进入阿尔卑斯山另一端的方式多着笔墨。学校和大学显然是主要途径。尽管十六世纪早期确实发生了很多被人们津津乐道的争论，但人文主义文化进入欧洲北部的过程是悄无声息、逐步渗透的，是通过教育而非公开辩论的闹剧进行的。但公开的冲突也确实存在,其中有一些还引来受教育阶级的大量关注,所形成的舆论往往支持新教育、使旧式教育失去民心。十六世纪早期,德国事实上没有反人文主义的论调。但这类一边倒的辩论文学至少营造出一种人文主义者勇敢直面反动的经院主义神学家和修士的印象(连当时的人都被骗了)。

能读懂拉丁文的精英所关注的某些争论发生在德国。在这些争论中兴起的人文主义团体产生高度的自我意识,并形成一张以文会友的网络,通过社交性的造访和积极的书信往来建立联系,使人文主义成为德国文化中的一股真切力量。德国人文主义者逐渐发现印刷媒体影响民意的潜力。几乎从一开始,印刷业就聘用人文主义者从事修订和翻译,撰写小册子、诗歌、题献和辩文。大部分人文主义者依然以学校教师的身份立身,但印刷坊成了他们的另一个关注点,于是也就成了知识阶层和流行文化的关注点。大学回避公开争论,作为独立于世的机构,其决策和分歧大多私下解决。这正是反人文主义论调不存在的原因所在:公开辩论违背学术成规。

但在十六世纪早期,一些和印刷业有关系的人文主义者发现,他们可以在学术界之外继续争论,还能通过公开发行小册子、诗歌和杂咏诗来诉诸民意。利用媒体,不但学术决策,就连教会当局的政策和行动都可以质疑。于是,媒体成为公开讨论学术和宗教问题的媒介。人文主义者之中善于制造争端的分子开创了这一做法,但马丁·路德是真正发现媒体诉诸民意的价值并挖掘这一前所未有的潜力的第一人。

使用媒体的开端是学术界的几次争论,其争议点对外人都无足轻重。对这些案例进行细致的研究可以发现,实际问题比较复杂,争论各方也不是按人文主义和经院主义的派别来划分的。这些例子还表明,在该世纪的前十年,人文主义者依然是学术圈的局外人,不被圈内的大部分人太当回事。这些琐碎的争论体现出的最重要的含义,是双方都倾向于诉诸媒体的态度。

这种利用媒体在学界以外继续展开学术争议的做法所带来的

更深刻的问题,在 1507 和 1508 年间科隆的一场冲突中得到清晰的表现。1506 年夏,意大利法学家拉韦纳的彼得(Peter of Ravenna)进入科隆法学部。他和大学及当地精英群体中的法学家和人文主义者结为好友,其中不乏市议会中的头面人物。但在 1507 年早期,他遭到神学部的审查。彼得在讲座中批评该地不给重罪犯基督式葬礼,把他们的尸体挂在绞架上示众——哪怕罪犯已忏悔、得到教士的赦免。他指责这样做的统治者,称他们犯有极大的罪恶。神学家召他在全体大学成员面前举行听证,指控他的教学是诽谤,前所未闻、“有辱信众清听”。学部委员会警告他,如果继续教导这种教义,不管是公开或私下、口头或书面,就要对他采取进一步的惩戒措施。他这种毒辣的攻讦背后的动机还不为人知。彼得并不以人文主义者的身份(但对人文主义确实感兴趣)说这些话,而是作为精通民法和教会法的法学家说的。他说这番话的另一个身份是虔诚的意大利天主教徒,认为侮辱重罪犯的躯体是犯罪,也侵犯了忏悔罪人的权利。在他看来,这场争执的双方是作为教会法专家的本人和傲慢的神学家雅各布·冯·霍赫斯塔顿(Jakob von Hochstraten),并认为后者对教会法极其无知。他还相信招致攻击的原因是对他声望的嫉妒,而真正的主要原因之一,很可能是德国学界反感一个意大利人来狂妄地批评当地的习俗。

　　面对学部委员会的威胁,彼得的回应是在其教会法教材的修订版中重申其观点,这部教材得到的评价很高。面对道明会神学家霍赫斯塔顿的公开抨击时,他故技重施,在他的一本流行的法律引证辞典中添加附录,加以驳斥。最终,彼得意识到他在科隆不会有 147 未来,于 1508 年 4 月转至美因茨大学。这场小冲突背后真正重大的含义在于,彼得坚决且有效地运用印刷媒体,向科隆大学以外的整个受教育群体争取认同,以此藐视大学无条件服从的要求。他发现了一个秘密——媒体的力量,把冲突的战场从大学内部转向受教育群体的民意。别人也很快学会了这套方法。

一 罗伊希林丑闻

著名的罗伊希林事件使这些影响有限的地方小争端马上被人遗忘。奥弗菲尔德（Overfield）已令人信服地证明，这场争论并不如之前的历史家所认为，是德国人文主义者和愚昧退步的经院主义之间的对抗，尽管其中心人物约翰·罗伊希林是当时杰出的德国人文主义者。其真正焦点是反犹太教。冲突源自一名从犹太教改信天主教的狂热分子约翰内斯·普费弗科恩（Johannes Pfefferkorn），他企图利用一道圣谕（1508）收缴所有希伯来书籍。虽然普费弗科恩得到科隆保守派神学家的支持，包括道明会宗教审判官雅各布·冯·霍赫斯塔顿，但攻击针对的是犹太教，而不是人文主义。美因茨大主教对普费弗科恩行为的合法性提出质疑，于是他和皇帝马克西米利安向专家寻求意见。作为德国首屈一指的希伯来语和宗教文学专家，罗伊希林也是咨询对象之一。除罗伊希林之外，所有人都支持收缴，但 1511 年，皇帝推翻多数意见，收回他颁给普费弗科恩的圣谕。罗伊希林本人对犹太教并非没有偏见，但他相信犹太教文学所蕴藏的知识对基督教神学有极大的潜在价值，甚至有助于劝服犹太教徒皈依。但他反对普费弗科恩的主要立足点是法律。不管是作为日耳曼帝国的居民还是拥有自然法权的自然人，犹太人对他们的财产都有合法权利，包括书籍，也有维持宗教社群的权利。他对普费弗科恩最有力的反驳是违背自然正义和帝国法律。

1511 年，恼羞成怒的普费弗科恩在德国出版《手对手》（*Hand-Mirror*），对罗伊希林展开个人中伤，指控他为害教会，收取犹太富人的贿赂，协助背信的犹太人。罗伊希林针锋相对地出版了通俗语的《眼对眼》（*Eye-Mirror*）作为回应，这么做可能并不明智。一名科隆神学家对此书展开抨击，随后是一系列回应和反击。虽然普费弗科恩继续发表言论，取得事态主导权的是科隆神学部。他们得到查禁罗伊希林书籍的圣谕，还联合勒芬、美因茨、埃尔富特和

148

巴黎的神学部，共同发表对《眼对眼》的正式谴责。作为这场争论的参与者，霍赫斯塔顿依然以审判官的身份传唤罗伊希林到他的宗教法庭回应异端指控。此后是一场旷日持久的官司。罗伊希林从霍赫斯塔顿的审判庭向教皇列奥十世（Leo X）的审判庭上诉，教皇又把案子解交给德国主教裁决；1514 年，德国主教宣布有利于罗伊希林的最终判决。但科隆神学界又到罗马上诉；1520 年，马丁·路德的布道已改变罗马对德国事务的态度，罗马法庭宣布《眼对眼》有罪。罗伊希林未被判为异端，但被判有危险思想，被迫支付极为高昂的诉讼费用。作为恭顺的天主教徒，他立即服从了判决。

在这场伴随着铺天盖地、恶意攻讦的小册子和宣传文的漫长诉讼过程中，人文主义学术的价值或合法性从来都不是讨论的对象。其焦点始终是罗伊希林是否不公正地偏袒犹太人，从而危害教会。德国人文主义的领袖人物大多保持沉默，部分是因为他们抱着和科隆神学家类似的反犹太教偏见，部分是因为不想被卷入一场形貌恶劣的滥斗。已成为全欧洲最著名的人文主义者的伊拉斯谟依然谨慎地保持沉默，部分原因是他个人对塔木德（Talmud）卡巴拉乃至希伯来学术的整体价值存在怀疑，部分原因是他希望通过学术和教育手段进行渐进的宗教改良，担心参与这场滥仗有损于他的事业。他倒是私下写信给两名有分量的意大利红衣主教，赞扬罗伊希林的品格，哀叹如此一位好人的晚年会被这场令人遗憾的争吵所困扰，并希望争端能够平息。虽然罗伊希林本人不承认《眼对眼》全是不当之辞，但他自我辩护的主要依据还是两卷公开发行、证明他品格良好的书信。

"愚人"：激烈的闹剧

但并非所有的人文主义者都没有参与意识。很多人——包括伊拉斯谟和穆蒂安·鲁夫斯——都很生气，因为科隆神学家无情攻讦一名他们所尊敬的、为人善良的博学之士。有些人文主义者对这些攻击非常愤怒，于是捏造出一段传闻，而这则传闻后来成了整

149

桩事件的主流解读——对罗伊希林的攻击背后有一场更大的阴谋，由经院主义神学家策划，旨在毁掉整个人文主义运动，阻碍一切宗教改革尝试。这则传言的主要载体是一部粗鄙的讽刺书信集——《愚人书信集》(*Letters of Obscure Men*)，最早出版于1515年，作者佚名。此作假冒多名经院主义神学家和修士(多系杜撰)写给奥尔特温·格拉提乌斯的书信，后者是科隆人文主义者，在这场争论中站在神学家一边，曾把普费弗科恩的一些檄文翻译成拉丁文。这些杜撰的书信常冠以荒诞贬损的名字，体现社会出身或不良习惯("猪头"、"舔蜜"、"酒囊"、"粪桶"、"瓶渣"、"羊嘴笼")，或是德语中发音怪异的名字(高卡[Gowk]、恩克本克[Unckebunck]、葛拉普[Grapp]、库茨[Kutz]、斯通普[Stompff])。他们在书信中评价罗伊希林一案，字里行间表现出本人和朋友(科隆神学家)的无知、谄媚、无耻和伪善。信中还提到拉韦纳的彼得等人文主义者过去参与的争端，让人感觉这类冲突背后仿佛有一场在各地压迫人文主义者的大阴谋。函文刻意表现出可笑而低下的逻辑素养，戏仿人文主义者长期嘲笑的经院主义拉丁文体。

实际上，这些下流粗俗的侮辱性滑稽信出自一批激进的年轻人文主义者之手。主谋者有三人。在埃尔富特受教育的诗人克罗图斯·鲁比亚努斯(Crotus Rubianus)可能是整个杜撰书信计划的发起人，被视为1515年第一版书信集的主要作者，也可能是唯一作者。他的行文风格明快、戏谑，贬损的矛头基本不针对实际人物。克罗图斯得到富有骑士精神的人文主义者乌尔里希·冯·胡滕的协助，他一般被视为1516年第二版书信集中新增的七封信的作者，以及1517年几乎所有新增部分的作者。这些书信更有攻击性和诽谤性，也更明显地故意抹黑所有经院主义神学家，信中经常用到真名。他们刻意回避很多公开支持罗伊希林的真实的人文主义者(包括伊拉斯谟)的名讳。通过这种手段，他们把整个人文主义群体和罗伊希林的荣辱绑在一起，而真实情况远没有到这种程度。第二版中的若干信函出自他人之手，可能是赫尔曼·冯·德姆·布舍(Hermann von dem Busche)。这三名人文主义者彼此关系密切,也都在科隆度过部分生涯。因为他们对科隆大学和嘲讽对象有第一手的了解,所以这些讽刺书信特别有杀伤力。

罗伊希林所引发的骚动确实让很多人文主义者怀疑是否存在迫害人文主义学术的阴谋。此事也进一步发扬了利用印刷小册子影响舆论的手法。虽然很多相关发表物使用拉丁文,《手对手》和《眼对眼》的最早版本都是德文,这预示着学术界的争论将扩散到更广泛、更通俗的阅读群体。未被翻译的《愚人书信集》必然激起很多人文主义者的共鸣。他们对学术圈既得权益者的轻蔑和傲慢,对保守派修士和神学家把持权力、能根据他们的利益定义异端的事实,都感到愤怒和怀疑。《愚人书信集》的效果比直接攻击保守派更强:令他们显得荒诞可鄙。比起被指控,被人嘲笑要危险得多。通过信中表现出的无法无天的蔑视,可以理解为何很多德国人文主义者对科隆、巴黎和勒芬的神学家早先提出马丁·路德是危险异端的警告充耳不闻。

教会改革

若要讨论人文主义教育改革的扩散和公开争论的出现,就必须提到新教改革。事实上,人文主义在欧洲北部影响力的提升和教会体制改革密切关联,也使一般民众的精神思想更加深刻和真诚。改革派的运动带来了新教改革,其主要领导人几乎是清一色的人文主义者或受人文主义影响的神学家;但这些运动同样带来了十六世纪后期的天主教改革。

早在 1517 年新教改革爆发前的一百多年,教会需要改革的事实就已得到广泛承认。意大利人文主义者经常发出改革的呼吁,但十五世纪人文主义界从未提出过具体的改革方案,该世纪的大部分改革骚动和人文主义也没有明确的关系。因此,人们普遍更关注宗教改革,视之为北方人文主义的独有特征,这种倾向可能也有道理。但如果仔细研究欧洲阿尔卑斯山以北的人文主义先驱,会发现宗教改革在 1500 年以前并非那里的人文主义者关注的中

151　心。从追求世俗、不讲规矩的彼得·勒德、康拉德·策尔蒂斯等人身上,看不出人文主义和宗教改革有什么直接联系。法国十五世纪末最重要的学术和精神改革出自让·史丹东克等清教道德家之手,他们在智识领域属于非常保守和传统的经院主义,而非任何形式的人文主义。该世纪末巴黎人文主义的早期领袖罗贝尔·加甘的确是一名修士,但他没有以任何具体的方式把自己的学术活动和教会改革或广义上的精神复兴联系起来。他多年为法王出任外交使节,其主要文学作品是凯撒和李维的法语翻译,以及一部法兰克史,而非宗教文献或古代基督教。法国十六世纪早期最伟大的古典学者纪尧姆·比代(Guillaume Budé)似乎与十六世纪二十年代兴起的福音改革运动完全没有关系。直到十六世纪三十年代,其学术工作还是专注于罗马法、罗马钱币、罗马物质文化和希腊语言比较。

　　大部分英国早期人文主义者的学术著述也以世俗课题为主。利纳克尔一生投入医学和医学文献修订;另一些英国人文主义早期著名人物是古典语言和文学学者,而非宗教改革家。托马斯·莫尔虽有很深的宗教情结,可连他也只研究人文主义作品中的异教作者或政治和社会问题。他只有十六世纪二十年代的出版物为宗教主题,当时其著述身份并非人文主义者,而是公开对抗路德宗异端的天主教徒。约翰·科利特是大人物中的例外,宗教确实是他最感兴趣的领域,但这种偏向令他几乎不能算是人文主义者。他希望通过更好的教育来改革宗教,这接近某些人文主义者的想法;但其教育改革的具体方式又表现出对大部分古典文学的敌视;经过他的改革,若非前几任校长逐步改变了科利特最初的课程设置,圣保罗学校就不能算是人文主义学校。

基督教人文主义的创立

　　简言之,人文主义和宗教精神复兴及教会体制改革之间未必有密切的联系。这种联系必须人为建立,而这个过程发生在十六世纪的头十年。但这并非某种必然，即使在 1500 年后，欧洲北方还是有一些重要的人文主义者和改革运动没太大关系。真正的基督教人文主义纲领——把人文主义学习视为宗教复兴不可或缺的一部分、认为异教和古代基督教文学都是启示之源——由两个人创建，一是法国人文主义者雅克·勒菲弗·戴塔普勒（约 1460—1536），另一个是尼德兰人文主义者、鹿特丹的德西迪里厄斯·伊拉斯谟（Desiderius Erasmus，约 1467—1536），其中伊拉斯谟的地位重要得多。

152

　　两人中的勒菲弗先获得广泛的声誉。在本书第四章，我们讨论过他在十五世纪九十年代作为人文主义亚里士多德注释家的成就，以及对他佛罗伦萨新柏拉图主义的兴趣。对柏拉图的兴趣引导他接触晚期教父作家大法官狄尼修的作品，后者曾被错误地归入使徒时代。这一兴趣又使勒菲弗对所有教父文学产生越来越大的兴趣。1499 年，他出版一部狄尼修文集，其中首次发表了圣依纳爵（St Ignatius）、圣波利卡普（St Polycarp）等早期教父真著的拉丁文本。其他版本的教父文学也随之问世。这些作品使他成为精神智慧的化身，成为把当代的世俗教会带回古代、恢复其纯粹而强大的本来面貌的不二人选，从而引发一场真正的基督教复兴。

　　从大约 1508 年起，他的宗教兴趣突然转向《圣经》研究。1509 年，勒菲弗发表《五重诗篇》（*Fivefold Psalter*），这是《诗篇》若干古拉丁文篇章的合集。此版本在法国和德国大受好评，也是马丁·路德所使用的新圣经人文主义的首批产物之一。勒菲弗和关系密切的同僚还转向新约，出版了《约翰福音》和《主祷文》的评注，以及最重要的《圣保罗书信》评注。保罗书信评注基于传统拉丁文本，但勒菲弗同时还在 1512 年出版了从希腊语翻译过来的新版拉丁译文。此书对保罗书信传统解读的质疑引来很多关注。年轻而有进取精神的神学家，甚至还有路德这类受过经院式培训的人，都为此书投入大量精力，直到伊拉斯谟的研究成果使它失色为止。

　　勒菲弗对《诗篇》和《圣保罗书信》所取得的学术成果，依靠的并非深刻的批判眼光或突出的语言学技巧，在这两方面，伊拉斯谟和更年轻的同代法国人纪尧姆·比代都远胜于他。他的才能是抛开传统神学的专业和艰深，用简单、直白且可信的方式表达《圣经》作者心中所想。他完全不引用经院哲学作品，其为数不多的引用源自圣哲罗姆、圣约翰·赫里索斯托姆（St John Chrysostom）等教父和若干中世纪神秘学作者。其注释（exegesis）的主要目标是发掘圣经著者想要表达的、天启的宗教讯息——伊拉斯谟修订的新约有一篇著名的前言，其中也表达了非常相似的目标。在很多方面，勒菲弗想开创《圣经》解读新法的尝试陷入了困境，但他试图通过上下文和历史语境理解每段经文，完全抛弃传统解读方法——从原始语境中提取陈述，通过哲学分析判断其含义，几乎不考虑作者本人的意图。从彼特拉克开始，人文主义者就否定这套经院主义方法，认为它属于诡辩，也是对知识的欺骗。

就算在信奉神秘学、落笔谨慎的勒菲弗手里，这套解读经文的新方法对当时的宗教理论和实践也有潜在的颠覆效应。他强调信仰和神恩的重要性，极力淡化传统宗教功德的意义。他和同道中人否定的并不是圣物崇拜、朝圣、圣徒崇拜等外在行为，而是教士的说辞，以及忽视外在行动本该体现的内在真实灵魂的倾向。教士称这类外在行动具有魔力，能养成清肃刚正的虔诚心。勒菲弗的确批评某些《圣经》和教父都不支持的传统信仰，例如一些有关圣安妮（St Anne）的传说。一些保守的布道者和神学家（大部分来自托钵修会）立刻谴责他传播异端，但他对这些传统的疑问完全不带任何异端色彩，教会随后也废除了这些传统。

遭到苛刻的个人攻击后，勒菲弗在 1521 年离开巴黎，参与他的支持者和同道、莫城（Meaux）主教纪尧姆·布里奥内（Guillaume Briçonnet）的一番事业，想利用主教权威改革其教区，制止某些迷信习俗。不幸的是，改革者失去了对改革的控制力。受到德国宗教改革的影响，激进的煽动家冲进教堂，展开偶像破坏运动，给当地托钵僧的控诉落得口实，他们认为主教的鲁莽引发了异端和混乱。但勒菲弗和布里奥内主教得到法国国王弗兰西斯一世（Francis I）和他睿智的姐姐昂古莱姆的玛格丽特（Marguerite d'Angoulême）的

庇护,得以免受这些攻讦。但法王在 1525 年的帕维亚战役中被
俘,被囚禁一年多,使二人失去保护。布里奥内主教被巴黎法院正
式起诉,罪名是放任异端散播。此后他谨慎地回避改革活动。勒
菲弗在国境边的斯特拉斯堡逃亡数月,此后余生在巴黎度过,但一 154
直处于远离权力中心的半隐退状态。他本人的立场相当模糊,有
些方面比伊拉斯谟更接近新教,对于受他启发、产生福音派和改革
派人文主义思想的仰慕者来说,这种立场相当典型。所以这些追
随者获得"福音派"而非新教的标签是实至名归,尽管很多后来的
法国新教徒(包括约翰·加尔文[John Calvin])也出自这场定义模
糊的福音改革运动。

伊拉斯谟:人文主义改革派的顶点

　　勒菲弗是把法国人文主义转向宗教复兴的主要人物,但同时代
的伊拉斯谟是欧洲那一代在智识方面最杰出、学识最广博、影响力
最大的人文主义者。虽然他成为当时人文主义者和改革者最敬仰
的对象,但也是现状维持派当中受攻击最多、最令人惧怕的对象。
他的名声传遍各地,例如十六世纪二十年代,曾在西班牙人文主义
青年当中激起名副其实的伊拉斯谟狂热;但他在德国的影响力特
别强大。尽管并非刻意,他的宗教改革事业为路德宗教思想的迅
速传播铺好了舞台,从一开始,除了伊拉斯谟和路德,几乎所有人
都发现,路德的宗教思想和伊拉斯谟的观点实际上是一致的。伊
拉斯谟本人基本没有民族意识,觉得乌尔里希·冯·胡滕等人文
主义者身上那种咄咄逼人的日耳曼民族主义很令人反感。但其他
德国人文主义伟人不适合领导宗教改革。罗伊希林埋首于卡巴拉
等外来宗教文献研究,只对极少数智识精英有影响力。穆蒂安·
鲁夫斯在全国各地都有很好的人脉,且鄙视很多托钵僧的文化愚
昧,他可能会在一旁喝彩、抗诉、搅混水、吆喝,但绝不会考虑成为
领袖——穷其一生都没有。德国没有可成为人文主义或宗教改革
焦点的王廷。

比起路德之前的所有同时代人,伊拉斯谟更为敏锐,他发现一种替代机制——印刷媒体,能帮助他把自己的改革计划和营造出的形象投射到所有受教育欧洲人的意识当中,而首当其冲的是缺乏智识领袖的德国人。当然,很多其他人文主义者也为出版商工作,利用印刷书籍提升自己的声望、传播其思想。但伊拉斯谟让大型

155 出版社成为王廷和大学之外的另一种构建影响力和声望的手段。没有其他出路时,他会暂时在大学授课,或给富家子弟教书,但印刷社是他生涯真正的中心:首先是巴黎的若赛·巴德;然后是威尼斯的阿杜思·曼尼修斯;但最重要的人物是巴塞尔的约翰·弗罗本(Johann Froben),他出版或重印过让伊拉斯谟在文坛炙手可热的每一本书。弗罗本还聘用很多其他人文主义者著述、编辑和校勘,包括众多学识不凡、智力高超之辈。但从合作伊始,伊拉斯谟就是一颗明星。早在 1514 年,就在他第一次沿莱茵河北上、从尼德兰前往巴塞尔会见弗罗本时,伊拉斯谟就惊讶地发现,每座城市都把他看作德国最伟大的文人——对于一个都不太肯定自己算不算德国人的尼德兰人而言,这实在是叫人惊讶得合不拢嘴的经历。

伊拉斯谟后来的名望几乎掩盖了他不起眼的出身,也合当如此,因为伊拉斯谟的公众形象来自他本人的发明和精心塑造。伊拉斯谟在 1467 年左右出生于鹿特丹,是豪达(Gouda)的一名教士和某女子非婚所生的次子,他一直对自己的出身耿耿于怀。父亲把两个儿子都送到德文特的圣勒本文文法学校,这所学校非常优秀。在那里,伊拉斯谟跟随校长、著名人文主义者亚历山大·黑吉乌斯短暂学习了一段时间。父母死于瘟疫后,兄弟二人受监护人看管,他们认为,对两个仅继承微薄遗产的非婚生子来说,修道院是唯一的未来保障。伊拉斯谟感到自己受迫于一种非正当的压力,并没有真正感到修道生活的感召,却要许下不可反悔的修道誓言。后来,他得到教廷特准,免除了修道誓言,允许他以世俗教士的方式生活。

还在学校时,他已经对拉丁语言和文学的美如痴如醉。尽管他后来抱怨过修道院对善文(即人文主义研究)的敌视,但在修会生

涯中,伊拉斯谟不仅能继续学业,还找到了志同道合者。他和修会的其他人文主义者自觉身处启蒙的孤岛,周围是修会反智主义的汪洋大海——伊拉斯谟在《反愚昧书》(*Book Against the Barbarians*,1520)中称之为"愚昧",此书在他修会时期就开始动笔,但多年后才发表。这些年间,他写过古典风格的拉丁诗;有些诗涉及宗教虔诚,但不反映作为修会和德文特文法学校根基的深刻的、冥想式的虔诚。

依靠不断增长的声望和古典学识,以及典雅的拉丁文风,伊拉斯谟走出修道院。1493 年,他受任为康布雷(Cambrai)主教亨德里克·范·贝尔根(Hendrik van Bergen)的秘书,该主教即将升任红衣主教。升迁需前往罗马,所以亨德里克需要一名精通意大利所流行的人文主义拉丁语的秘书。按原来的计划,这次离开只是暂时的,但他最终再未重回修道院。政治问题阻碍了亨德里克主教的晋升之路,所以伊拉斯谟的意大利之行也泡汤了。他最终获准前往巴黎攻读神学博士,并得到主教给予的少量津贴。

伊拉斯谟在 1495 年进入巴黎的神学部,一直待到 1499 年。他厌恨神学的总体学习方法,认为(至少在他看来)其思维狭隘、自以为是又毫无用处。在这所规矩谨严的芒太谷大学,他度过了四年;虽然可能很快就不对神学课上心,也必须在就读的第一年间按时听课、参与辩论。他没有完成巴黎的博士学位,但当时的信函表明他也学过神学;认为他在巴黎完全没有学到神学知识的常见论调并不正确。此后他在勒芬和剑桥神学部的经历表明,离开巴黎之前,他可能完成了第一级学位,即学士(baccalaureate)。

但巴黎也有人文主义者,伊拉斯谟找到他们,和他们成为朋友。这些早期的友人当中,有两人最为重要,一是人文主义修士罗贝尔·加甘,他给了伊拉斯谟最早的发表机会,那是两封信函,附在加甘的两本书里作为序言。二是意大利出身的宫廷诗人福斯托·安德烈里尼(Fausto Andrelini)。就这样,伊拉斯谟逐步迈进人文主义诗人和学者的世界。1496 年,他发表了一本薄薄的拉丁诗集,还在别人著述的附录里塞进其他诗篇。在这个圈子中,伊拉斯

156

谟看起来只是又一个年轻的新派拉丁文诗人,其兴趣专注点是古罗马世俗文学和当代的意大利模仿者。在此期间乃至之后的短暂时段,他的主要文学作品为初版《箴言集》(*Adages*, 1500),这是818篇寓言和警句的合集,大多来自拉丁文学,还附带他的评论(往往是讽刺和幽默式的)。和以后版本的博学相比,这一初期版本要逊色很多,但确立了他饱学和机智的名声。亨德里克主教的津贴开始时有时无,于是伊拉斯谟只能去指导富人家的孩子补贴生计。其中最重要的学生是1499年夏邀他去英格兰家中做客的芒乔伊勋爵威廉·布朗特(William Blount, Lord Mountjoy),伊拉斯谟在那里一直待到年底。他很享受英格兰的生活,也头一次体会到英国贵族的生活方式,这和他不堪忍受、破败穷困的巴黎生活形成鲜明的对比。他遇到了之前提到的很多人文主义者:约翰·科利特、威廉·格罗辛、托马斯·利纳克尔、托马斯·莫尔,甚至还有尚未加冕的亨利七世。建立这些关系后,英格兰成了最诱惑他的地方。一时间,伊拉斯谟几乎放弃去意大利求学的向往。他有生以来第一次被看作重要的人物——大作加身的作家,加甘、安德烈里尼等显赫人物的故交。

从1499年首次造访开始,伊拉斯谟就爱上了英格兰。基于这一点,传记作家构建了一套复杂的理论,声称这次旅行在智识上和精神上改变了他,使他从没有目标的年轻拉丁诗人转变为积极的、目的明确的斗士,力图通过古典和基督教古代文学的再发现来实现基督世界的精神复兴。传记作家还把约翰·科利特塑造成那个让伊拉斯谟的人生使命感成形的人。两人相识于牛津,当时约翰·科利特是圣保罗书信的讲师。但一项对科利特的近期研究发现,如果以文献为依据,而非善意的推测,这则轶事是站不住脚的。科利特为人友善,在伊拉斯谟第三次客居英格兰的漫长时期,即1509至1514年,两人确实走得很近,但其关系的基础是伊拉斯谟协助科利特重建伦敦的圣保罗学校。科利特也有狭隘和难相处的一面,但在很多方面都很杰出。他解读《圣经》的方法与伊拉斯谟后来形成的方法大为不同,有明显的证据表明,对这位有趣且可能

157

提供帮助的赞助人,伊拉斯谟努力保持着礼貌,但也照样不留情面(尽管是私底下)地揭露科利特在圣经解读方面的局限。所以,所谓两人在1499年牛津的相逢彻底改变伊拉斯谟的人生一说,纯属无稽之谈。如果说英格兰确实改变了伊拉斯谟的人生轨迹,那可能不是因为某一个人,而是因为在英格兰结识了很多受过意大利教育的希腊学学者,例如利纳克尔和格罗辛。

不管怎样,返回大陆后,伊拉斯谟开始为精通希腊语拼命学习——这一目标不可能靠科利特完成,因为他从未学过希腊语,也从未切实理解希腊语对掌握真正的古典学术和圣经注释能力的必要性。伊拉斯谟进展飞快。到1501年夏天,他已在翻译欧里庇得斯(Euripides)的两部无韵戏剧,此作者的语言难度很大。最终,他成为当时最出色的希腊学者。1506至1509年间,他造访意大利,得以完善和打磨这两种语言及文学,最能体现其高超造诣的是著名的第二版《箴言集》,由阿杜思·曼尼修斯1508年出版于威尼斯。在威尼斯,伊拉斯谟直接在出版社里工作,每天都与一支有史以来最杰出的古典学者团队合作。他们都是拉丁语和希腊语的专家(包括希腊和意大利本国人),不断给出各类拉丁语和希腊语格言供伊拉斯谟择取,最终创造出这部在十六世纪智识领域堪称重要力量的新版本。他的格言集从最初的818条扩充到3260条,首次大量引用希腊文资料,每一条都附有精炼的解说,解释该格言的含义、列出其文学渊源和同类,往往还加入针对当时宗教、政治和社会的诙谐有趣的评语。此书可以作为兼具趣味性和启发性的短文集,也可以作为拉丁及希腊语言和文学的学习指导,或者当作一套现成的工具(也许这才是最诱人的功用),供世世代代的人文主义者从中挑选合适的古典引文,伪装出自己所不具备的博学多闻。修订版《箴言集》成为伊拉斯谟的名望迅速传遍欧洲的重要推动因素。

在博洛尼亚、罗马和威尼斯阿杜思出版社的学习及工作经历,对伊拉斯谟的成熟具有非常重大的意义,其中出版社的经历尤其重要。他当然也向意大利人学习取经,尤其是为了完善希腊文造诣。但他学到的最重要的一课是了解自己的价值。他很快发现，虽然意大利和希腊同僚可以为他提供珍本、指导语法和文体中的具体要点，但他们是同行而非师生关系。他意识到，虽然某些人在特定领域的知识水平或许高于他，但他的知识范围更广、修辞文体更佳，也绝对比任何人都更聪明。他了解到，虽然意大利还有很多东西可以教给北方人文主义者，但优势已不再那么巨大，对北方"粗人"一贯的鄙视作风也已没有什么资本可言。

　　显然，从第一次造访英格兰开始，伊拉斯谟的研究方向就持续转向宗教改革，使他成为一个恰到好处的化身，体现出人文主义学术和往往被标为"基督教人文主义"的渴求——对精神复兴的渴求——之间的关联。北方人文主义对宗教问题的关注程度确实超出了意大利人文主义的普遍情况，但这一偏向性的变化并非北方人的灵魂内在所决定的。这是少数人刻意设计的结果。伊拉斯谟的一生和著述比任何人的生平和作品都更好地表现了十六世纪早期的所谓"圣经人文主义"或"基督教人文主义"。这不仅是表达，实际上是创造。人文主义学术成为这场宗教改革和精神复兴之战的主要武器。

159　　虽然伊拉斯谟一头扎进希腊语学习，但并不代表他立即投身于圣经和宗教著述研究，因为他的大量早期希腊语学习针对异教文献，这与他对世俗拉丁文学的兴趣有更明显的关系。他依然致力于修订西塞罗等世俗拉丁语著者的作品，从希腊语翻译过来的早期作品也属于异教著者，不仅有欧里庇得斯，还有毒舌的普鲁塔克（Plutarch）和反宗教者卢奇安。但他还从事一项长期项目——修订他最喜爱的拉丁教父圣哲罗姆的作品。他是古代拉丁教父中最伟大的学者。1500 年从英格兰返回不久，他开始撰写圣保罗评注，但很快就放弃，因为（和科利特不同）他意识到，没有像样的希腊文造诣就不可能非常深入地研究新约。

　　1501—1505 年的大部分时间，伊拉斯谟在尼德兰度过。这一时期，他偏离纯古典研究的倾向逐渐显露；事实上，他 1502—1504年间还在勒芬就读神学。同一时期，他和让·维特里耶（Jean

Vitrier)结为密友,他是支持改革的方济各修士,因为在布道中抨击教士腐败和道德废弛,还批评圣徒崇拜的过度迷信行为,一再惹事上身。他似乎激发了伊拉斯谟对《圣经》和奥利金(Origen)著述的兴趣,后者是希腊教父当中最伟大的神学家。在伊拉斯谟1501年所写的《基督教骑士手册》(*Handbook of a Christian Knight*,常用拉丁标题《骑士须知》[*Enchiridion*])中可以明显看到维特里耶的影响,尤其是该书的基本理念:宗教的真意是内在精神体验,其外在表现必然是持续对抗世俗的斗争,神赐予的祈祷和知识是信徒支撑下去的力量源泉。对于这样的宗教,研究《圣经》是获取真知的唯一方式。伊拉斯谟标志性的宗教定义,即个人精神体验,在这里初露端倪。《骑士须知》堪称平信徒的基督式生活实践指南。1504年,此文在勒芬首次出版,是一部短篇论文集中的一篇,当时未获得太多关注,但最终成为热点,在1509年被另一部文集收录重印,又在1516、1517年六度收录于不同文集并重印,在1518年以单独成册的方式付印,此后成为畅销书,也是十六世纪最流行的宗教书籍之一,不仅有原始拉丁文版,还有荷文、德文、法文、西班牙文、捷克文和英文版本。虽然很多现代读者觉得此书乏味啰嗦,虽然该世纪后期的保守天主教批评者试图查禁此书——因为它强调个人精神体验、忽略天主教的外在仪式,但这是第一份明确的宣言,表达了伊拉斯谟一切宗教著述背后的理念。此书的出版是一次信仰的宣言,是伊拉斯谟把精力重新转向宗教问题的最明显的标志之一。在《骑士须知》中,伊拉斯谟已开始规劝信仰者学习圣经和教父著述,远离经院主义神学家。和后来的某些新教徒不同,伊拉斯谟并不着意追求完全抛弃敬神仪式,他认为这些仪式大多无用,甚至对灵魂有害,但如果配合适当的内在姿态,辅之以追求道德和敬奉基督的生活,还是可以接受的。这一宗教观对改革派和福音派天主教徒极具吸引力,直到保守派在伊拉斯谟1536年去世后取得对天主教改革运动的控制权。它对很多新教徒也很有吸引力,可能还把很多读者从传统天主教习俗推向新教信仰——正因如此,尽管一生都信奉天主教,且在1524年和路德公开决裂,可伊

160

拉斯谟此后几百年间都不被天主教所接受。他的其他热门宗教作品也有相同的基本理念,例如杰出的社会、政治和宗教杂咏诗《愚人颂》(*The Praise of Folly*, 1511),以及一部不断扩充的非正式对话录中的很多内容。此对话集名为《对话录》(*Colloquies*, 1518;首个扩充版本出版于 1522 年),被学校广泛用作拉丁文对话教材,从而成为他迄今为止流传最广的作品。

伊拉斯谟在 1504 年发现的一份重要手稿使人们对宗教和圣经的关注和重视都日益加强。他发现了一份不为人知的作品,即最有才华的意大利人文主义者洛伦佐·瓦拉所作的《新约评注》(*Annotations on the New Testament*)。和瓦拉一样才华出众、具有敏锐批判眼光的伊拉斯谟意识到,即便是《圣经》文本,技巧娴熟的语法学家对原文含义的判断也一定高于神学家的解读。他还意识到,仔细研究希腊文本即可纠正拉丁文圣经中隐藏的错误。伊拉斯谟继承了瓦拉的语言比较学真知,对其作品仰慕已久,他比之前的人文主义者更彻底地认识到,为了纠正文本错误、更直接地把握圣经作者的本意,学者必须对圣经运用相同的批判研究方法,即在复原和解读古代文学世俗文献的领域已取得丰硕成果的那套方法。概言之,他意识到作为人文主义者所获得的语言学技巧必须和解读《圣经》的任务紧密结合。为了实现这一目的,不仅要仔细研读尚未付印的希腊新约,还要留意最早期的教父著述中的《圣经》引文和注解。甚至还必须着手处理所有教父文学,尤其是所知甚少的希腊教父,认真修订他们的作品、仔细注解、翻译成晓畅的拉丁文并出版。

伊拉斯谟编辑了瓦拉的《评注》,此书由若赛·巴德在 1505 年3 月出版于巴黎。瓦拉评注成果的出版只是一个开端,此后,伊拉斯谟一心修缮新约及教父文献,这成为他余生的主要学术工作。作为人文主义基督徒,对他来说,圣经和教父文学不仅和异教古典文献一样是古代文明的产物,而且自然是更有价值,因为它们植根于宗教的真理而非异教的谬误。他起初打算重译新约拉丁文本,并附上修改说明,但最终成果不仅是一份拉丁文新译本和一套评注,还有首次问世的希腊文新约,以及后续的一系列释义,用自己的语言表述了除《启示录》之外新约每一卷的含义。

居住在英格兰的数月(1505—1506)和在意大利长期逗留(1506—1509)期间,伊拉斯谟把大量时间用来学习和翻译世俗文献,但现在,他找到了真正的自我存在意义和人生的追求。他把人文主义学术转化成了特征鲜明的宗教改革成果,即基督教人文主义。虽然勒菲弗走了类似的路线,但伊拉斯谟对其改革方案的理解要清晰得多,改革的影响力也广泛和持久得多。在意大利的经历、加上对希腊文的纯熟掌控,使他确立了对自身学识能力的自信,也降低了他对教会的评价,进一步觉得教会是世俗和腐败的。虽然他依靠教皇儒略二世的资助才有机会摆脱修道誓言、开展学术生涯,但怒马银盔的教宗不可一世地踏入被征服的博洛尼亚城的景象,使他进一步坚定了在其若干作品中公开表达过的反战立场,以及宗教体制丑陋又腐败的信念。

由于亨利八世 1509 年登上英格兰王位,在英国友人的催促下,伊拉斯谟急忙离开罗马返回英格兰,在那里度过 1509—1514 年间的几乎所有时光。在这段第三次逗留英格兰的时期,他和约翰·科利特的关系密切了许多,和他一起规划圣保罗学校的重建,并为之编写教材。尽管两人在课程设置方面的想法差别很大,但基本目的一样,都希望通过教育改革宗教,培养新一代精英,在精神和智识上都足以担任教会和世俗社会的领袖,从而渐进、平稳地改善宗教生活,建立更公正的社会。

162

从意大利到英格兰的漫长旅程中,伊拉斯谟草拟了他那篇著名的讽刺诗《愚人颂》,对当时的世俗和教会社会予以尖锐的批判,尤其针对神学家、修士和世俗高级教士,他们汲汲于金钱和权力,而非真理和正义。伊拉斯谟理想中的基督教是内向的、属灵的,以圣经为基础,以道德行动为表现,这种观念和他的文学造诣及天生聪慧结合,创造出世界文学史上最伟大的杂咏诗之一。《愚人颂》红极一时,但很快成为宗教保守派的攻击目标,被他们视为不敬乃至异端。此书强有力地表达了当时的教会在他心中的错误。但其批评的要旨和他开出的药方——从古代寻找精神启示实现复兴——已在当代人心中激起共鸣。理想主义的人文主义青年追随伊拉斯谟，且并非盲从，和他一样不满于教会现状，同样梦想通过古代文献找回基督教原初的精神。对欧洲很多地区的人文主义者来说，伊拉斯谟的计划适合他们的观点，也得到他们的认同，即传统经院主义学术会阻碍对古代智慧的再发现，妨碍学校和整个教会的有效改革。

伊拉斯谟希望得到亨利八世的提拔，获得一个肥缺，但从未得偿所愿。最后，他退而求其次，接受教师的职位。若非别无选择，他决不愿以此谋生。他的新职位在剑桥大学。虽然大部分传记作家都强调他作为希腊语教师的工作，但基本可以确定，费雪主教还给他安排了玛格丽特夫人（Lady Margaret）神学教授一职，除希腊语之外，他也讲神学课。他在那里过得并不开心（1511—1514），但有一定自由，可以讲授他当时正在修订的圣哲罗姆书信，而非经院主义课本。在剑桥，他认识了一些信奉他思想的英格兰同道，这些人升至教会和政府高位后，一直在亨利八世在位期间传播他的影响力。尽管心有不满，伊拉斯谟还是投身学术工作，为此后问世的多部重要著述打下基础。

"基督教人文主义"之梦

1514年，伊拉斯谟离开英格兰。接下来的七年，他在家乡尼德兰度过大部分时光，还凭借所获名望成为未来的皇帝查理五世的荣誉顾问。当时，巴塞尔印刷商约翰·弗罗本正着手出版他的若干作品，为了监管印刷事务，他在1514年9月沿莱茵河北上至巴塞尔。这一旅程标志着一段时期的起点，在这一阶段，伊拉斯谟被几乎所有北方人文主义者视为智识伟人。尤其在德国，在这个他从未深入了解和关心的国家，他被捧成民族英雄——实现了过去的德国人文主义者的梦想、让德国终获智识领导地位。他还对教会腐败和过时的经院神学展开尖锐的批判，从而成为教会改革和教会精神复兴运动众望所归的未来领袖。同一时期,《骑士须知》摆脱默默无闻的状态,开始一再重印。他在这时期的几本书奠定了"基督哲学"的理念,这一理念并非一套复杂的神学系统,而是对作为救世主的基督的爱和信任,以及真正体现这种信任的生活方式。同样被频繁重印的《愚人颂》以及其他类似作品清楚地表现了他心目中的传统宗教实践是多么彻底地背离了基督教的精神、多么百无一用。

越来越多的热忱追随者接纳他的基督世界精神重生的梦想,把保守派批评家对他的攻击斥为缺乏思想的反启蒙主义以及自私自利的伪善说教。这种热情达到惊人的高度,伊拉斯谟甚至开始相信,就连道德腐败、注定属于世俗的教会体制也可以通过劝说和教育争取过来,整个教会都可凭自上而下的行动从内部和平改革。这是一种极为乐观的精神和社会重生方案,反复表述在众多出版物和千百封私人书信中。这一设想,不啻于发动一场与古典文明的文艺复兴同时展开的基督教文艺复兴。

而且,这个梦想,尽管如今看来显得过于理想化、使人无法相信,但当时的人是认真对待的。伊拉斯谟知道他在很多问题上都遭到强硬的反对,但也知道自己有支持者,其中不仅有无权无势的理想主义青年学生,也有很多当代的佼佼者。他知道——还刻意广而告之——有两位极其博学和虔诚的英格兰主教是他最热心的支持者:渥兰(Warham)大主教和费雪主教。他知道,在王廷乃至教廷内都有良知之辈,和他一样担忧基督世界的腐败,和他一样抱有理想主义的梦想——通过人文主义教育,通过端正的《圣经》研究,通过把握当前的世俗和教会权力中心,来实现精神和社会的复兴。伊拉斯谟相信,通过渐进、和平、有序和完整的天主教改革,即可把基督世界的领袖们争取到自己这边。 164

他所遇到的每一个人,不管是敌是友,都知道伊拉斯谟正在修订拉丁文《圣经》。该项目起初规模不大,后来迅速扩大,最终成为一项大工程,包括新约拉丁文新译本,附带尚未发表的希腊文文本和一组注释。伊拉斯谟想做一本学习用的《圣经》,而非教会仪式中使用的通俗拉丁文本圣经的替代品。这一双语出版的构想很可能来自约翰·弗罗本,他很有商业头脑,真心想推动人文主义学术发展,也看到了阿尔卡拉的西班牙学者所编译的多语种大部头圣经给市场带来的冲击。弗罗本不遗余力地推广希腊文新约即将问世的消息。

1516 年是伊拉斯谟一生中最辉煌、成果最丰硕的一年,这一切都来自弗罗本的出版物。其中有九卷版的圣哲罗姆(教父中最伟大的《圣经》学者)文集,包括伊拉斯谟亲手编辑的四卷书信。他还修订了罗马斯多噶哲学家塞内加的文集,提供了一个重要的版本。但新约(1516 年 3 月)的上市远胜一切,包括有史以来第一次付印的希腊文本。伊拉斯谟把此作题献给教皇列奥十世(Leo X),这是精明的做法,也完全契合改革派的目标。教皇热忱地接受献词,敦促伊拉斯谟赶赴罗马,为圣廷贡献才智。伊拉斯谟为教皇的首肯欣然,也毫无愧赧地援引这些赞美之词,反驳一切称其新版《圣经》颠覆教理、属于异端的攻讦。但他不愿成为教廷的圈养学者,教廷在他眼中不仅本身腐败,且令人腐化。虽然一再受到列奥及后继教皇的邀请,他自 1509 年离开罗马后再未返回。

希腊文新约的出版,加上卷帙浩繁的圣哲罗姆文集,给伊拉斯谟的国际声誉锦上添花,使他成为所有渴望全面改革教会、视人文主义学术和教育为改革正途的智识群体的领袖。德国各市镇议会和埃尔富特大学的代表纷纷奔赴尼德兰,授予他各种荣誉。事实上,伊拉斯谟很快发现这些不请自来的崇拜者快要踏破门槛,令人不胜其烦——他已成名,也许是欧洲史上的第一个名人。给伊拉斯谟写信成了年轻人文主义者的一种荣誉标志;而获得回复,哪怕只是寥寥数语,也足以确立年轻学者的声望。

165　　　尽管伊拉斯谟的新约因其先驱性和希腊文手稿的数量有限而存在一些缺陷,但依然成为此后所有新约学术研究的基础,直到十九世纪早期,德国的现代圣经语言学创始人构建出定义和追溯手稿谱系的现代体系为止。不管是拉丁语还是希腊语,伊拉斯谟对文体风格的细微差异、对某个古代文本与其所属时间和空间的关系都非常敏感。当更好的手稿在几十年乃至几百年后重见天日，他所作的很多修订都得到证实。按其所属的时代公正地评价，伊拉斯谟完全配得上整个十六世纪几乎所有人文主义者所给予他的尊重。

但也有敌对的批评，有些批评甚至来自人文主义者。勒菲弗·戴塔普勒强烈反对伊拉斯谟对保罗书信中一段文字的希伯来语解读，尽管其解读和通俗本圣经一致，他依然谴责伊拉斯谟的解读是对上帝的不敬，这彻底激怒了伊拉斯谟。他在 1519 年出版一篇简短的辩解文，毫不留情地揭露勒菲弗的学术无能，证明从纯理论角度而言，勒菲弗提出的反对意见在一切圣经文本、教父传统文献乃至任何材料中都找不到支持的证据。虽然纪尧姆·比代平息了这场冲突，但此后，伊拉斯谟和勒菲弗及其法国同道之间始终存有冷冷的隔阂。

来自经院主义神学家的攻击要多得多。勒芬神学家马丁·范·多普（Martin van Dorp）一度想阻止该《圣经》出版，以此书会削弱教会权威为理由敦促伊拉斯谟放弃这项计划，但后来站到伊拉斯谟这边；相比之下，学习神学的英国青年爱德华·李（Edward Lee）的批评则要执拗、苛刻得多。但这些都远不如来自勒芬某教授的批判，他叫拉托姆（Latomus，又名雅克·马松［Jacques Masson］，约 1475—1544），抨击了年轻的德国人文主义者彼德鲁斯·莫塞拉努斯（Petrus Mosellanus）的一篇论文，但实际上矛头指向伊拉斯谟，因为他公开否认人文主义者的主张——希腊语和希伯来语是神学家的必备技能。更麻烦的是西班牙神学家斯图尼卡（Stunica，全名迭戈·洛佩斯·苏尼加［Diego López Zúñiga］，卒于 1531）的反复攻击。他是一名出色的圣经学者，参与了阿尔卡拉的多语种圣经巨著的编纂工作。斯图尼卡实在太咄咄逼人，两人往来应酬了几篇文章后，伊拉斯谟动用在罗马的关系，从连续两任教皇那里获得把他禁言的诏谕。尽管如此，他依然不屈不挠，而更令伊拉斯谟头疼的是，他对《圣经》语言相当精通，能够非常具体地质疑伊拉斯谟的修订稿，且拿得出颇具说服力的证明。此后，其他经

166 院主义神学家加入攻击他的队伍,比较突出的有巴黎的皮埃尔·库斯蒂利尔(Pierre Cousturier,又名苏托尔[Sutor])和诺伊尔·贝达。他们不仅用文章提出争议,还以公开宣讲的方式进行煽动,于是伊拉斯谟有幸在尼德兰听布道者发表谴责他的说教、敦促会众一起祷告、祈求上帝让伊拉斯谟早日皈依天主教信仰。早先就有很多神学家把伊拉斯谟的神学学术和"基督教哲学"与马丁·路德在德国散播的新兴异端联系起来。

尽管伊拉斯谟觉得与弗罗本和巴塞尔的人文主义者的往来可以令他在智识上获益,但很多责任把他绑在尼德兰不得脱身。最终,他总算在勒芬定居下来,被当地神学部录用,一直住到1521年。尽管遭到神学部一些好争执的保守派的公开抨击,他和大部分新同僚都相安无事,还在修订新版本新约的过程中不断征求他们的意见。但是,当新教改革在德国越演越烈,勒芬学界也对他感到愈发不安,因为他不断受到指控,被称为路德异端之源,甚至是路德作品的真正作者。他坚决为自己的正统立场辩护,否认和路德有任何关系。但私底下,他认同路德的某些想法,也相信路德本质上是好人,只是被不讲原则的对手逼迫,才会作出唐突的宣言、造成不幸的局面。他反复表达了他的担忧——如果路德被判罪,所有"善学",即人文主义宗教和教育改革事业,将受危及。如果他留在尼德兰,就会被迫二选一——卷入反路德运动或公开反对大学学部和王廷——而这是无法承受的,毕竟他还是王廷的荣誉顾问。

伊拉斯谟必须频繁去巴塞尔处理出版事务,那座城市对他来说要安逸得多。巴塞尔是德国自治市,1501年加入瑞士联邦。愈发鼓噪的反路德舆论依然相对远离该市,而且作为出版中心和大学城,这里是跟进学术和宗教发展情况的绝佳场所。1515和1518年的多次造访期间,伊拉斯谟在这里结交了很多密友,包括弗罗本和他那由年轻人文主义编辑组成的才华洋溢的团队,还有当地神学部的首席教授路德维希·贝尔(Ludwig Baer),乃至教区主教——

167 他认同伊拉斯谟的学术工作,以及渐进温和地改革教会的想法。巴塞尔有友善的环境和发表学术演讲的机会,而勒芬的神学家与他日益交恶，两地的差异显而易见，伊拉斯谟遂于 1521 年 10 月迁至巴塞尔。他对外宣称是暂时的，但再未返回尼德兰，直到 1529 年该市附归新教改革后才离开。他不愿继续待下去，因为可以想见，此后这座城市一定会或多或少地服从新教教会的主张。他在附近的天主教大学城弗莱堡生活了几年，但 1535 年 6 月又返回巴塞尔，在弗罗本的出版社工作，直到 1536 年 7 月去世。

在新教改革前夕，伊拉斯谟一跃成为人文主义改革派的领袖人物，该派对中世纪的学术、智识乃至宗教传统大加质疑，追求由教会和世俗社会中最具启蒙精神的人物发起从上至下的改革。这一改革以古代最可敬的异教和基督教作者所提出的最佳原则为启迪，将带来更和平、更正义的世俗社会，以及播撒真实、内在精神和仁爱品格的教会，并减少（但不废止）中世纪逐步发展起来的、以外在和物质方式表达虔诚的做法。伊拉斯谟和其追随者完全明白，他们面对来自两方面的敌视，一是传统的信奉者，这些人害怕社会动荡；二是政教官员，他们是现状的既得利益者。但人文主义改革者相信，通过更好的教育所传播的启蒙思想、凭借更深入地了解圣经和教父文学所带来的启示，改革最终将获得成功。他们的目标是逐步掌握实权，以此用一到两代人的时间实现具有决定性的改良。1517 年，伊拉斯谟给年轻友人卡皮托（Capito）写了一封有名的信，表达了他的乐观预期。他认为大国统治者之间将达成和平，教皇列奥十世秉性温善，人文主义学术的传播即将带来新的黄金时代，带来和平、公正、崇学和虔诚。

伊拉斯谟和"路德问题"

带来这一乐观态度的和约成为废纸①，乐观本身也烟消云散。

---

① 指 1518 年的《伦敦条约》，是法兰西、英格兰、神圣罗马帝国、教廷国、西班牙、勃艮第、尼德兰签署的互不侵犯条约。数年后，英格兰、西班牙即对法兰西开战。——译注

宗教改革的实际历程非常困难。虽然大部分人文主义者都把路德视为襁褓中的人文主义改革的又一位强有力的发言人,但伊拉斯谟和路德都早就觉察到隐隐的异样。私底下,伊拉斯谟相信路德对赎罪券的攻击是正确的,不仅因为赎罪券造成肤浅而呆板的宗教惯例,其目的在钱而不在真正的灵魂救赎,也因为这种做法的神学依据非常站不住脚。他原谅了路德诉诸公开煽动的做法,认为这是只在乎钱和权的教士粗鲁而毫无原则地回应路德提出的问题,从而导致的不可避免的结果。但伊拉斯谟也对路德的宣言——人性彻底堕落、一切人类行为本质上有罪——感到不安。他把路德发表的文章中的这类元素称为"悖论",坚称其字面含义绝不是本意。但路德的福音教义、他的固执和火爆脾气,以及动不动就被批评者感染、和他们一起丢下身段骂脏话的秉性,都令伊拉斯谟担忧。伊拉斯谟害怕路德的运动会使他所致力的改革失去人心,甚至被推翻。但他也意识到,路德最高调的对手大多也是他自己的对头;他担心,如果他们压倒路德,就会立即把矛头转向自己和他的同道。

尽管世人经常批评伊拉斯谟对宗教漠不关心、对道德问题胆小怯弱,但他确实力所能及地尝试阻止基督世界中的这场即将发生的分歧。他直接写信给路德,称赞他的想法很好,但也恳求他别走极端、注意言论。他直接写信给教皇列奥,在路德的改革和他自己的改革之间谨慎地划清界限,但也指出教廷通谕对路德的谴责有失公允,没有不偏不倚地听取路德一方的辩解。1520 年末和 1521 年初,伊拉斯谟展开了一生中唯一一次的有计划的政治活动,前往新任罗马帝国皇帝查理五世和德国王公在亚琛的会议,协助起草了一份敦促和平仲裁的备忘录。在与支持路德的萨克森选帝侯腓特烈的私人会谈中,他喟叹路德的言论失之于极端、态度失之于傲慢,但也反对把路德交给教廷处置。他指出,用武力压制运动不能消除引发运动的民愤。1520 年,路德发表著名的三檄文,公然否定教廷权力的合法基础,批驳中世纪教会的整套圣礼体系。伊拉斯谟意识到妥协已无可能,便放弃个人的直接参与。此后,他把整个事件视为一场基督世界的大灾难，并设法从中脱身。他从勒芬迁往巴塞尔，也是为了回避。

但伊拉斯谟名气太大，和宗教改革的渊源太深，已无法全身而退。听说路德被杀的谣言后，纽伦堡的大艺术家阿尔布雷希特·丢勒（Albrecht Dürer）写下一篇激情洋溢的日记，表达了希望伊拉斯谟挺身而出、继续领导和推进改革大业的想法。但伊拉斯谟从未打算和传统教会决裂，尽管他相信路德有很多可取之处，但依然坚信对罗马天主教进行渐进改革才是自己的使命。他感到不安，害怕路德把改革导向其他方向，路德的彻底失败会连累他的改革，一并毁于一旦。伊拉斯谟陷于温和改良派常遇到的维谷之地，被激烈的两极化冲突夹在中间。

十六世纪二十年代，他和其他老一代人文主义者愈发担心路德的行为以及其追随者更加极端的行动，越来越多的德国人文主义青年从起初支持伊拉斯谟人文主义改革的立场逐渐转变，经历宗教信仰的变迁，成为新教改革的急先锋，不再追随伊拉斯谟，而是追随路德甚至其他更激进的领袖。很多杰出的年轻人文主义者演变为新教领袖：维滕贝格本地的梅兰克森、苏黎世的茨温利（Zwingli）、巴塞尔的厄科兰帕迪乌斯（Oecolampadius）和佩利坎（Pellikan）、圣加伦的瓦迪安（Vadian）、斯特拉斯堡的布策尔、巴塞尔和斯特拉斯堡两地的卡皮托，以及诸多其他地位稍逊的人物。这些人过去都是热忱支持伊拉斯谟的青年。伊拉斯谟和老一代人文主义者抽身事外后，就被他们所无视。在1518、1519年，伊拉斯谟是追随者队伍不断扩大的领袖，而路德只是无名之辈。人文主义者对路德的赞扬使他迅速成名，令维滕贝格改革者认真考虑他的想法，其著述也获得巨大的市场。以伊拉斯谟在1524年的《论自由意志》（*On Free Will*）中踟蹰但有力地直接攻击路德的事件为高潮，老一代人文主义者逐渐退居幕后。他们发现，路德成了红人，而他们反而无人问津。当必须作出抉择时，他们的许多最杰出的门徒都选择路德而非伊拉斯谟，尽管其中很多人依然敬仰后者。这种站队的选择往往是痛苦的。虽然伊拉斯谟一再强调，他从不因异端指控而抛弃友人,但宗教差异还是损害了他和一些最能干的年轻追随者之间的关系,例如卡皮托、厄科兰帕迪乌斯和佩利坎。

改革早期兴起的北方人文主义受到严重的伤害,伊拉斯谟、勒菲弗·戴塔普勒等人所受打击尤其沉重。甚至在 1517 年前,伊拉斯谟就发现,运用人文主义思想和方法进行宗教改革会招来猛烈的攻击。当路德的思想得到传播、对传统构成更极端的挑战,保守派批评者往往把基督教人文主义者控诉为路德异端的源头。当伊拉斯谟不再支持路德,乃至最终和他公开争论神学的基本要旨,这些保守派对他的攻击也没有消止,甚至当他获得教皇亲自颁发的诏令、禁止对他的批评后,这些攻击也没有停下。他曾在公开和私下场合力陈路德应得到公平申辩的机会,这些话被人挖出来当作口实,反复用来针对他;他继续公开批评旧教会的腐败和物欲,在其读者广泛的《对话录》中有精彩的表述。这一对话集被他不断扩充,其重要性甚至超过了他针对路德改革主要议题的直接质疑。这些议题包括恩典、自由意志、预定论等。十六世纪二十年代中期,伊拉斯谟和勒菲弗遭到一场有计划的、毫不留情的攻击,由巴黎神学部理事诺伊尔·贝达发起,导致巴黎神学部正式谴责两人作品中的部分文章,但法国国王阻止了神学部和最高审判庭(即巴黎法院)想要采取惩罚措施的企图。在生命的最后十年,伊拉斯谟和勒菲弗都不得安宁,不断受到两方的攻击,但诸多国王、贵族、主教乃至教皇的干预保护了他们个人的安全。伊拉斯谟 1517 年的辉煌梦想,即和平、公正、有序的宗教改革所带来的黄金时代即将破晓的梦想,无疑已完全破灭。

改革的后果

新教改革对人文主义运动所造成的后果是欧洲早期近代史中的一个经典议题。新教改革曾被视为人文主义崛起不可避免的逻辑结果,但这场改革也被视为保守派基督教对人文主义哲学的反作用,这套哲学动摇宗教在西方人类社会的主导地位,为之后的世俗理性主义的胜利打下根基。两种解释都依然有很多受众,但在现代学术的发蒙下都站不住脚。第二种观点的根据尤其存疑,因为尽管文艺复兴人文主义有批评传统的倾向,但本质并非反宗教运动。文艺复兴孕育新教改革的论调确实更有依据,因为伊拉斯谟派的方法和改革精神的确让很多人转向新教信仰,路德的思想之所以能迅速传播、无法阻挡,也绝对不能缺少人文主义者在学校、大学、宫廷和出版社中的关系网。但新教改革真正的驱动力并不来自文艺复兴人文主义,而是来自路德的深刻认识,即他和他的追随者所理解的、基督教真正的内在灵魂。对于路德和他最敏锐的追随者,改革的真正障碍不是狡猾的教士,甚至不是迷信的仪式,而是真正的教义。对于皈依福音信仰的人文主义者,人文主义学术从一种追求变成了发现和传播真正教义的手段。对于众多保留旧宗教观的人文主义者,人文主义成了重新打造和确立天主教信仰的手段。伊拉斯谟派的天主教温和改良者逐步被保守派压倒,遭到后者的怀疑乃至憎恨。特伦特会议(1545—1563)的主旋律是重新强调等级体制权威和传统——这是刚愎而强硬的天主教思想的两大特征。这一基调不赞同伊拉斯谟和受他启发的若干人文主义教士的希望,即温和的手段、合理的步骤和次要问题上的有限让步可以和平地终结宗教分歧。在那个媒体审查越来越严格的时代,伊拉斯谟的《对话录》《愚人颂》等宣扬改革的热门作品中存在的那些直白的、嘲讽和辱骂式的批评也是不被允许的。伊拉斯谟的作品被一本接一本地纳入禁书目录。在西班牙、意大利等严格奉行天主教的国家所找到的存世文稿中,可以看到伊拉斯谟的署名被大费周章地损毁,从而让人辨不出作者。

　　作为一场统一的、有意识的宗教改革和"善学"传播运动,伊拉斯谟人文主义未能熬过新教改革的惨烈分歧。但人文主义因此被毁灭的结论也不正确。下一章将解释其中缘由。

第六章　文艺复兴晚期的人文主义

　　伊拉斯谟在 1517 年写给年轻人文主义者卡皮托的著名书信（书信 541，收录于《伊拉斯谟全集》[*Collected Works of Erasmus*] 4：261—268）中表达的乐观希望——一个和平、社会正义和宗教重生的黄金时代即将来临——在宗教分歧的烈焰中化为灰烬。对伊拉斯谟个人来讲，把新教从天主教分离出去的苦涩分歧既是社会灾难也是个人悲剧，在他和很多年轻的追随者之间造成带刺的隔阂。作为宗教和文化复兴长期事业的基督教人文主义，即伊拉斯谟人文主义，不再成其为系统化的运动。于是，有些史家把新教改革的爆发和迅速蔓延设定为文艺复兴人文主义史的终点，把伊拉斯谟和路德在 1524 年的公开决裂视为具有象征意义的终章。虽然这一结论反映了伊拉斯谟和其友人看待宗教分裂的绝望心态，却忽视了人文主义学识的传播所带来的某些更深层次、更持久的后果。尽管新教改革时期充斥着各种无常和暴力，人文主义依然活着。虽然因信仰之争而分裂，人文主义还是宗教中的重要力量，不管是新教还是天主教。几乎在任何地方，人文主义继续在学校和大学中渗透，所以哪怕最保守的教育体系也会造就具有人文主义知识和技能的毕业生。人文主义在学校中的渗透还不可避免地导致新的拉丁语文化通过大众文学、宫廷文学、翻译、模仿和美术在通俗语世界中的传播，这种新文化或许比较浅薄，但其传播是毋庸置疑的。人文主义教育是高等公职的必要技能，这一观念不仅保留下来，还得到发展，而且人文主义确立了统治教育的地位，直到十九世纪末才失势。

追求宗教统一

十六世纪二十年代及之后的宗教分裂中，每个阵营里都有温和派，强调克制、尊重多元化，以及基于存世古典语言和文学的教育的价值，他们往往尊重伊拉斯谟，捍卫其正统性，抵御同宗的攻击；这些同宗不愿克制，否定伊拉斯谟及其一切追随者，斥他们为没有原则的墙头草。在第一代路德派改革者中，菲利普·梅兰克森一直是杰出的温和派领袖。路德公开谴责伊拉斯谟是言语不敬的无信者，没有真正的基督教信仰；和他不同，梅兰克森维护伊拉斯谟作品的价值，一生都和他保持通信往来。尽管梅兰克森积极参与教会政治、捍卫路德教义，他也是当时带有鲜明人文主义特征的教育改革最重要的推动者。充满人文主义色彩的教育改革成为新教改革的有机组成部分，不仅在路德派的地盘是这样，在对立的改革宗所掌控的区域也是如此，例如日内瓦。在约翰·加尔文眼里，其人文主义学校日内瓦学园（Geneva Academy）是改革的最高成就，不仅为日内瓦，而且为整个改革后的新教世界源源不断地提供受过教育的牧师和平信徒领袖。

伊拉斯谟和最亲近的追随者从未放弃那个已被世人遗忘的希望，即改革所撕裂的伤口可以通过理性措施和妥协来愈合。他在著述中反复强调克制和善意的必要性，从未把新教徒看作基督教的迷途人。梅兰克森、马丁·布策尔等新教温和派和约翰内斯·格罗佩尔（Johannes Gropper）、红衣主教加斯帕罗·孔塔里尼（Gasparo Contarini）等天主教温和派联手撰写一系列宗教对话集（1540—1541），试图弭平神学分歧，但最终失败。尽管如此，这些协商确实表明两边阵营还是有很多相同的信念。路德和教皇都对雷根斯堡达成的教理妥协予以否认后，罗马教会内部的天主教温和派人文主义者的影响力日渐式微。伊拉斯谟的名字在很多禁书目录中出现，第一份罗马禁书目录（1559）把他列为彻底查禁的作者之一。在新教的地盘还可以比较轻松地公开承认对伊拉斯谟和其他改良派人文主义者的尊重。《愚人颂》等反教士杂文以及《对话录》中的大量篇章,作为旧教会腐败的证据受到欢迎,梅兰克森在 1557 年的一次公开演说中把伊拉斯谟尊为新教改革的先驱。

作为批判方法的人文主义

新教改革后,古典语言和文学研究是人文主义继续保持活力的
174 领域之一。意大利人文主义者曾狂热地搜寻和传播古代拉丁文献,在十五世纪还加入希腊文献。但早期的人文主义者对古典语言文学的研究缺乏系统性,没有明确的目标和方法。如前文所述,洛伦佐·瓦拉实践并在一定程度上定义了文献批判和语言研究的原则,这些原则后来成为语言比较学科的基础。他比一切前人都更清楚地领悟如何通过档案和文学文献的批判分析来评价当代的信仰、传统和体制。下一代人文主义者当中,只有少数人意识到瓦拉的发现所具有的重要意义,并运用其语言比较学原则来修订古典文献中的缺陷。十五世纪后期最有批判才华的学者是安杰洛·波利齐亚诺。其《杂篇》是阐明古著疑难段落的论文集,此作不仅运用语言比较学知识,还独创一套搜集不同来源的手稿并按谱系分类的流程。这是卡尔·拉赫曼(Karl Lachmann)等德国语言学家在十九世纪早期确立的文本重构原理的雏形。

虽然这套文献批判法源自意大利,但经由欧洲北部的人文主义者发展臻备。伊拉斯谟从未见过波利齐亚诺,但在所有学者中,瓦拉、波利齐亚诺和威尼斯的埃莫劳·巴尔巴罗的修订和注释原则,对他的文献批判方法有最直接的影响。唯一可以在学识和声望两方面与伊拉斯谟匹敌的同代人是法国人纪尧姆·比代。伊拉斯谟在智识方面的吸引力更强,因为他明确地把学术工作和文化及精神复兴的目标联系起来。相比之下,比代则埋头于文献批判领域的人文主义学术研究。这一倾向体现在比代的《民法大全注释》

（*Notes on the Pandects*，1508）和《钱币与度量衡》（*De asse*①，1514）中。前者证明罗马法的希腊渊源，后者是罗马钱币和度量衡研究，但最吸引同时代人之处在于罗列了罗马人物质生活方面的丰富细节（Pfeiffer，1976，第 101 页）。十六世纪中后期，比代及其门生雅克·图桑（Jacques Toussain）、让·多拉（Jean Dorat）的著述使法国成为此类古典研究专门领域的中心。这一学术传承不仅孕育出很多优秀的、针对具体作者的古典批判版本，而且还为罗贝尔·艾蒂安（Robert Estienne）《同类语词典》（*Thesaurus*，1543）等学术创作提供指引和帮助，此作直到十八世纪还是拉丁语标准权威辞书。艾蒂安之子亨利不仅继承了父亲辉煌的印刷事业，还成为一名伟大的古典学者。凭借精湛的希腊文造诣，他不仅带来若干突破性的初版希腊文著述和一版在数百年间维持权威地位的柏拉图著述（其页码依旧是引用希腊文柏拉图著述的标准页码），而且还创作了一本古典学术早期史（1587）和五卷本的希腊文词典（1572），直至今日，这本词典也没有被完全取代。

还有很多其他学者丰富了这一专门学术领域的法国传承，但巅峰人物是约瑟夫斯·尤斯图斯·斯卡利杰尔（Josephus Justus Scaliger，1540—1609）。他在古拉丁语和年代学领域有非凡的学术造诣。他的《年代修订》（*De emendatione temporum*）结合了古典历史文献和天文学的出众知识，创建出完整的古代世界年表，从而在各个古代社会的历史之间构建起可信的年代关系。在他和同代人伊萨克·卡索邦（Isaac Casaubon，1559—1614）的著述中，人文主义传统放弃了日益高涨的文艺复兴式理想主义，降格为剥离想象的、纯为学者服务的学术细节。

虽然这条发展脉络看似乏味，但放弃了把古代看作一种理想化的抽象概念的定位后，这些法国古典学家才得以打开新的视角，以过去的马尔西利奥·菲奇诺和勒菲弗·戴塔普勒等充满热情、易于轻信的先驱所不可能具备的清醒眼光来看待古代文学传统中的

_____

① 全名是 *De asse et partibus*。

诸多要素。1614 年,卡索邦彻底推翻了所谓赫尔墨斯书源自人类文明发端、是古代智慧的神圣源头的说法。他的分析无可争议,根据书中内容和希腊文范式及词汇,可证明这些书籍是古代晚期的产物,在它们编纂的年代,基督教和新柏拉图主义都已兴起良久。与此相比,斯卡利杰尔重新判定大法官狄尼修论述的年代,则是批判学术成熟所带来的更令人瞩目的产物。瓦拉和伊拉斯谟都质疑过一个普遍的看法,即狄尼修就是因圣保罗皈依基督教的雅典哲学家(《行传》17:34)。但在激烈的反论面前,他们没有继续深究。斯卡利杰尔推翻了狄尼修的伪托身份,让他从圣保罗指引下的皈依者变成平平无奇的六世纪教父作家。这一论证无可辩驳(尽管很多人尝试过),因为其基础非常坚固,来自一名语言学者对语言的分析、一名历史学者对内容和来源的分析。

  这一批判性历史思考的发展对罗马法的研究有明显的启发意义,其基础是六世纪为拜占庭皇帝查士丁尼(Justinian)编写的《民法大全》。波利齐亚诺坚持,法学学术唯一的专注点就是阐明文献的来源和变迁。法国人文主义者比代也认可这一法学研究的基本
176 方法。这意味着否定十四和十五世纪的意大利法学教授们写下的卷帙浩繁的评注,他们以当代背景解读法律。比代认为这套被称为"意大利方法"(*mos italicus*)的中世纪法学学术并非务实和必要的变通,而是对法学的损害。他提出以标准化方式处理古代文献,否定中世纪注释家的权威性,在这一想法的启发下,罗马法解释领域出现了一套相对的"法国方法"(*mos gallicus*)。这一人文主义的、以文本为导向的法学学术的核心人物是一位年轻的意大利法学家安德烈亚·阿尔恰蒂(Andrea Alciati,1492—1550),他于1518 年到北方的阿维尼翁教法学课,后在布尔日教学并取得极大的成功。虽然他在法国只待了几年,但坚持奉行人文主义的文献研究标准,因此否定意大利学术传统。他认为波利齐亚诺把法学研究推上正轨。他还受伊拉斯谟的强烈影响,并在 1519 年与比代相识。他新创的"法国方法"应用语言文献批判来阐释文本,抛弃中世纪的释评笺注。返回意大利后,他的这些在法国畅行无忌的

想法,遭到了来自学生的激烈抵制。

中世纪史的诞生

　　法学人文主义研究专注于法律的起源,于是其领袖人物发现,并非所有法国法律都源自罗马。很多法律出自中世纪封建制度。因此,相当讽刺的是,人文主义的文本批判技术不仅成为罗马法新学的基础,也成为中世纪文献文本学的基础。法国法学家开始探究本国体制的中世纪起源。弗朗索瓦·奥特芒(François Hotman,1524—1590)虽然一生教授罗马法,但否认当代法国社会和罗马法有关。在追寻法国法律、习俗和制度起源的过程中,法学人文主义发展出一套根据批判性的文本分析来研究法国史的方法。而这些法律、习俗和制度都不是古代的产物,而是中世纪的产物。这些先驱试图确立基于文献档案的法国中世纪和当代制度史,其兴趣的根源并不出自人文主义思想,而是出自民族自觉意识。他们的目标是通过追溯起源强化民族尊严,丢弃当时盛行的观念——法兰西源自特洛伊或其他伪托的古典祖先;并通过仔细阅读古代和中世纪文献——从凯撒的《高卢战记》到中世纪法兰西诸王的宪章和法律——来重构古高卢史和中世纪法兰西史。这一新历史构建者使用的根本方法——批判和解读手稿,直接取自人文主义法学家。新史学最早的作品之一《法国研究》(*Recherches de la France*,1560)的著者艾蒂安·帕基耶(Etienne Pasquier),否认古代罗马法是亘古不变的纯粹正义理念的化身。在他眼里,罗马法只是过去某个特定时期的特定社会下的产物,具体且可变。因此,他认为罗马的法律和价值观都已过时。他研究古代和中世纪法源,只是为了厘清法国法律过去的状况和演变至今的过程。他研究的主要依据是十四世纪国王的正式法令和巴黎法院的档案,但也引用教廷通谕、钱币、雕塑、诗歌、审判记录和编年史。通过对老档案的研究,奥特芒和让·博丹(Jean Bodin)发表了一些植根于历史证据的重要政治理论;博丹还创立一套完整的理论,认为历史不仅仅是按年代编排的

177

事件,也包含一系列阐述,可以把这些事件追溯到纯人为的、无关神旨的动因。

十六世纪法国法学历史研究工作的另一个方向是收集、修订和发表档案(主要是中世纪档案),并探讨狭义范畴的历史问题。这类工作不需要博丹等人创建的那种博大的理论体系,其代表作是专注于本地史的皮埃尔·皮图(Pierre Pithou)的《地方志》(*Adversaria*, 1564)。作为王室官员出行时,皮图自学了古文书学和古文字学(根据语言和格式对古代档案进行批判性分析的学科),以便解读旧手稿、确定官方文献的真实性和日期。他还编写了本地的档案集目录和重要档案的摘要。这些工作并没有荒废他的人文主义学术生涯,他也修订并出版过古典著述。但他最伟大的成果是法国历史文献史料的编纂;十七世纪,他所作的档案目录和摘要(有很多后来佚失)存放在皇家图书馆,至今依然是法国早期历史的重要史料来源。

十七世纪,这类文献史在法国的热度逐渐降低。很多法学史家是新教徒,就连其中的天主教徒也表现出批判精神、反教权主义,以及高卢教会对教廷的不信任。这些倾向已令波旁诸君主无法容忍。一个强调专制的政体不会乐见于对法国社会和政府起源刨根究底,也不会喜欢出版物揭露其低贱的中世纪君主国起源,以及十四和十五世纪间几乎毁掉该政体的诸多危难。

178　　文艺复兴人文主义者高超的批判技巧流传下来,也依旧是古典学术传承的基础之一,这一传承沈博但极为孤立。十七世纪期间,运用这些技巧研究早期基督教文献的事业从过去可能反对教权乃至信奉异端的平信徒手中传递到地位更安稳的修会手中,尤其是本笃会。圣莫尔(St Maur)的本笃会会众修编了一系列蔚为大观的希腊文和拉丁文教父文集,这在某种意义上完成了伊拉斯谟的教父学术事业。文艺复兴后出自本笃会的另外两份长久流传的学术成果是《官文》(*De re diplomatica*, 1681)和《拜占庭古文书》(*Palaeographia Graeca*, 1708)。前者为让·马比荣(Jean Mabillon)所作,是第一部古文字学重要教材,后者为贝尔纳·德·

蒙福孔（Bernard de Montfaucon）所著。但有些学术成果并不出自修士之手。夏尔·迪康热（Charles du Cange）是蒙福孔的友人，受耶稣会教育，但依然是平信徒。他编写了一本超大部头的后古典拉丁词典，《中古及其后拉丁文词典》（*Glossarium mediae et infimae Latinitatis*，1678），其大量词条引自未发表的中世纪手稿。该词典依然是最全的中世纪拉丁语词典。这些十七世纪的文献研究成果颇有价值，但不再属于人文主义，而是十九世纪德国"科学"史学所定义的"相关科学"坚实的早期基础，这些相关科学包括：古文字学、古文书学、年代学和其他专门方法学。

持续的教育变革

这一技术程度极高的学术标志着文艺复兴人文主义的一项重大但狭隘的发展，但对于欧洲文明的整体历史而言，人文主义学科和教材在学校和大学的稳步渗透则更为重要。进入十六世纪的第二个十年后，人文主义影响力在德国大学文科部的壮大就已有明显的表征，在十六世纪余下的岁月，这种影响继续扩大，而且不仅在德国，在英格兰和法国也一样。新的拉丁语法、修辞和逻辑教科书取代了早先的人文主义者所鄙夷的中世纪旧教材。正式学术课程中的希腊文学习变得更为普及。巴黎大学依然对希腊文漠然处之，法国国王弗兰西斯一世不管学部的抗议，于 1530 年任命第一批在大学体制之外（因此也不受大学控制）教授希腊文的皇家讲师（Royal Readers）。到十六世纪后半叶，大部分以学识著称的人都精通拉丁文的语言和文学，也对希腊文有一定程度的掌握。不管是天主教还是新教控制地区，不管是阿尔卑斯以北还是意大利，都是这样的情况。

拉丁文法学校的数量比大学多得多。这些学校往往比大学更 179 快地采用人文主义课程和教材。1524 年，马丁·路德给德国市议会写了一封著名的公开信，力陈需要建立或改善接纳男童和女童的市立学校；有很多这类学校向男童传授拉丁语、希腊语和通俗语文学。十六世纪期间,法国诸多城市的市议会也办起市立学院(拉丁文法学校),其重要性应不亚于前者。这些学校为当地精英的后代提供人文主义式的教育,为他们以后进入大学学习、进入法律行业和王室行政机构开展职业生涯打下基础。通过这类教育,有决心和才能的家庭得以让子嗣踏上青云,首先是获取公职,然后得到可观的田产,最终经过两到三代人的经营得到贵族身份,以及与此相应的、有野心的中产阶级家庭所向往的赋税减免。这些学校里的大部分教师是在巴黎取得学士或硕士学位的年轻人。令宗教传统主义者沮丧的是,这些教师几乎都是平信徒,大多敬仰伊拉斯谟、勒菲弗·戴塔普勒甚至马丁·路德,所以这类学院的壮大有助于改革思想乃至新教思想对受教育阶级的渗透。下一个世纪,法国社会的基调越发坚定地偏向天主教,这些市立学校渐渐失宠,政教当局都向市议会施压,让他们把学校的控制权让给耶稣会等宗教机构。事实上,在路易十三和路易十四时期,王室政府系统性地施压,有意关闭几乎所有地方学院,甚至包括可靠的天主教学院,理由是教育的普及会令低阶层群体对当前生活状态心生不满。

十六世纪的西班牙社会受到的控制比法国严密得多,也从未经受新教的严重威胁,但在教育方面,其发展轨迹基本相同。有抱负的市民和同时代的法国市民一样,坚信让子嗣获得良好的人文主义教育是获取政府高官和攀升社会阶梯的法门。十六世纪,很多市镇政府开办文法学校,且聘用大学毕业生教授拉丁文法和人文主义(又和法国一样)。但运作学校、寻找胜任的校长对很多市镇来说是桩难事,他们试过让平信徒授课,也试过任用牧师,结果都不怎么样。相比法国,西班牙各市镇更能接受由耶稣会控制市立学校的情况,因为该国缺乏反教权意识。而且法国城市对西班牙存有偏见,也令他们执拗地抵制压力、不愿学校转型。到十七世纪早期,西班牙君主和法国国王一样有意识地减少市镇学校数量,理由也大致相同。归根到底,君主对社会流动性并不乐见,因此想抬高拉丁文法学校的门槛,只让特权阶级——贵族和上层市民——为孩子们获取政教高等官职铺路。教低社会层次的人拉丁文,只会产生大量眼高手低、没法工作的高等游民。他们将永远无法满足于其卑微的社会地位所允许的工作。

耶稣会是保全（但也改变）人文主义教育的一股重要力量，是天主教改革中涌现出的最重要的宗教团体。耶稣会创建者依纳爵·德·罗耀拉（Ignatius de Loyola）不喜欢伊拉斯谟的批判精神，也不喜欢他把宗教体验精神化，损抑外在的、物化的天主教典礼要素的主张，但他依然属于那个时代，坚信要学习神学和其他高端学科就必须掌握古典语言和文学。第一所耶稣会学院成立于1548年的梅西纳（Messina），其教育方式沿用了法国市立学院的教师在巴黎所接受的人文主义教育，正是这种教育令这些教师获得成功。教育成为耶稣会持续从事的一大活动领域，虽然他们的学校保持着宗教上的保守性，也有心添加尊重传统和权威的内容、有意识地对抗伊拉斯谟人文主义所培育的批判立场，但还是把拉丁文、希腊文和古典文学列为教学的基础。该世纪结束前，耶稣会学校已发展出一套标准化课程，初期强调人文主义学习，最后两年以哲学为课程结尾。十六世纪四十年代，耶稣会的教授已在多所依然受天主教控制的德国大学授课；最终，耶稣会彻底控制了因戈尔施塔特、科隆和维也纳的通才学部；不仅如此，在德国乃至欧洲各个天主教控制区域，未隶属于大学的耶稣会学院也得到发展。因此，特伦特会议之后，天主教保守主义的传播和伊拉斯谟思想的式微并没有终止人文主义对天主教国家的教育的影响。尽管改革中断了人文主义在某些方面的发展，但人文主义教育课程在十六世纪传遍欧洲，成为欧洲精英、政治机构职员、各类合法教会神职人员，以 181 及博学的法学和医学专业人士所接受的基础教育。

古典和通俗语文化

人文主义逐步深入学校和大学，古典主题不可避免地受到通俗语文学的影响。中世纪的流行文学中出现过一些古典主题和思想——尽管往往以古雅的中世纪形式出现；但在文艺复兴时期，古典主题和古典文学形式都压倒了持续数百年的民族主流文学。每一种通俗语文学都保留了很多当地的中世纪传统特征,并将这些特征和取自古代的主题及形式相结合。意大利最早的人文主义伟人彼特拉克和薄迦丘同时用拉丁语和意大利语写作,其作品成为佛罗伦萨文化传承中的瑰宝。十四世纪后期,意大利的文学创造有所式微,但到十五世纪中期,通俗语散文作品已崭露头角,以人文主义的公民和社会伦理概念剖析当下的现实生活,其中的佼佼者是马泰奥·帕尔米耶里所作《论公民生活》(Della vita civile)和多才多艺的人文主义者暨建筑师莱昂·巴蒂斯塔·阿尔贝蒂(Leon Battista Alberti)所作的《论家庭》(Della famiglia)。马尔西利奥·菲奇诺的新柏拉图哲学也有了通俗语的表达载体。菲奇诺把他本人对柏拉图《会饮篇》(Symposium)的评注译成意大利文,题为《爱之书》(Il libro dell'amore),阐述柏拉图式爱情的原理,即基于精神而非肉体吸引的爱。这一流行的柏拉图概念也体现在美第奇家族的另一门客克里斯托福罗·兰迪诺(Cristoforo Landino)的作品中;仅仅一代人的光景后,卡斯蒂廖内所作脍炙人口、被译成多种语言的《廷臣之书》中的第四册,就使这一概念成为后世的文艺复兴诗歌中的标准文学元素。事实上,通俗语诗歌的蓬勃复兴就以洛伦佐·德·美第奇的家宅为中心,这场复兴有意识地把古诗的灵魂和韵律引入意大利诗律。洛伦佐不仅资助这一诗人群体,他本人也有相当的诗才。他的资助对象安杰洛·波利齐亚诺在通俗语诗歌方面的成果更大,也是当时最杰出的古典学者。其韵格戏剧《奥菲欧》(Orfeo)以古典神话为基础,采用了田园诗这一世人喜爱的古典文学样式。其《美第奇锦标赛盛演》(Stanze per la giostra)则结合中世纪的英勇骑士主题,以及衍生自古典诗歌的灵性和优雅的形式。这类巧妙地糅合古代、中世纪和当代主题的通俗语典雅诗歌,在意大利持续到十六世纪。这种体裁的韵文往往

182 被批为矫揉虚浮。但凭借教廷人文主义者彼得罗·本博(Pietro Bembo,1470—1547)、生活在洛伦佐"宫廷"的青年画家米凯兰杰洛·博纳罗蒂(Michelangelo Buonarroti)等田园诗人,意大利的诗歌

传统得以延续。影响了欧洲诗学数百年之久的人文主义思想,对这些诗人也有很强的影响力。

即使在新人文主义文化热情最高涨的时候,取自中世纪传奇文学的主题也很兴盛,清晰地表现出人文主义文化和中世纪传世文化共存的态势。路易吉·普尔奇的《莫尔甘特·马焦雷》(*Morgante Maggiore*)取材自中世纪传奇文学中的亚瑟王传说,但首次与世人见面是在洛伦佐·德·美第奇的家中。文艺复兴时期的费拉拉宫廷是人文主义释放影响力的一大中枢,在这个典雅的宫廷,中世纪骑士主题与古典史诗相结合,诞生出两部作品,分别属于意大利文艺复兴诗人中的两位翘楚:马泰奥·博亚尔多(Matteo Boiardo)的《热恋的奥兰多》(*Orlando Innamorato*,1486)和卢多维科·阿廖斯托(Ludovico Ariosto)的《疯狂的奥兰多》(*Orlando Furioso*,1515),这些作品结合了维吉尔的史诗观和法兰西骑士罗兰的中世纪传说。两代人之后,受天主教改革精神的启迪,托尔夸托·塔索(Torquato Tasso)在其史诗《被解放的耶路撒冷》(*Jerusalem Delivered*,1581)中再次歌颂中世纪骑士和十字军的精神。尽管此诗用意大利文写成,但遵循最伟大的拉丁史诗维吉尔《埃涅阿斯纪》的语言用法和韵格。这类中世纪传统和受古典影响的人文主义世界观的融合,在卡斯蒂廖内的《廷臣之书》中也有所表现,此作是十五世纪乌尔比诺宫廷的理想化写照,赤裸裸地彰显了意大利对博学绅士的推崇和法国贵族传统中对知识的轻慢。此作版本和译本都很多,表明社会新贵和野心家都认可其价值,视之为追求宫廷荣华的文化指南。人文主义学识(略有减损,但没有消弭)依然是完美的廷臣应具有的主要品质之一,这从侧面反映了十六世纪人文主义浸淫贵族通俗文化的程度。从洛伦佐·德·美第奇之时起,意大利人文主义者抛弃了早期人文主义者认为严肃文学只能用拉丁文创作的偏见。意大利作家采用但丁和彼特拉克的托斯卡纳方言进行正式创作。才学兼备的人文主义者和诗人彼得罗·本博著有《论通俗语创作》(*Della volgar lingua*,1525),力陈选择托斯卡纳语进行文学创作的理由,尽管他自己是威尼斯人。

法国文艺复兴文学

当阿尔卑斯山的另一侧对意大利人文主义产生兴趣,就难免给
它染上通俗和拉丁文学的双重色彩——尤其是因为,意大利作家彼
特拉克、薄迦丘等人不仅有拉丁文作品,也有通俗语作品。在法
国,昂古莱姆的玛格丽特是尤为重要的人物,她是弗朗索瓦一世的
姐姐,资助过勒菲弗·戴塔普勒和很多有少许"福音派"倾向的人
文主义者。玛格丽特本人也创作诗歌和散文,才华不俗。她创作
了传奇故事集《七日谈》(*Heptameron*),结合了佛罗伦萨的柏拉图
式爱情理念、中世纪的骑士理想,以及对基督教复兴的渴望——这
场复兴的基础是对基督救赎之力的信仰。围绕在她的身边不仅有
温和改良派牧师和人文主义者,也有和她志趣相投的诗人。其门
客克莱芒特·马罗(Clément Marot, 1496—1544)的诗作,在结构
和风格上与中世纪法国诗歌有密切的关联,但也明显受到维吉尔、
奥维德、卡图卢斯等古代诗人和彼特拉克等当代意大利诗人的
影响。

质朴无华但广为人知的弗朗索瓦·拉伯雷(François Rabelais,
1483—1553)远比玛格丽特和马罗受欢迎,才能也高得多,其故事
集《巨人传》(*Pantagruel and Gargantua*, 1532、1534)及若干续篇
堪称法国文艺复兴散文中最早的巨著。拉伯雷的故事延续了深深
植根于法国中世纪的低俗娱乐传统。但这些故事对理想生活的追
求、对古代典范的尊重、对经院主义和教士市侩的无情鄙视,也表
现出人文主义的影响。拉伯雷并不认同同时代的约翰·加尔文的
教条主义思想,但从其作品中确实可以看出很多法国人文主义者
所具备的、隐约的福音派和改革派气质,尤其是玛格丽特人文圈内
的成员。他曾经是方济各会的修士,接受经院式教育,但他笔下脍
炙人口的故事中充斥着对经院主义的鄙夷和嘲讽,也表达了对隐
修生活的厌弃。尽管对修会中的上级修士心怀怨恨,拉伯雷还是
精通希腊文,还把希腊作者希罗多德和卢奇安的作品译成拉丁文。

巴黎神学家和巴黎法院试图查禁他写的这些滑稽故事，但未能成功，因为他得到昂古莱姆的玛格丽特等强势襄助者的庇护。虽然其作品因内容不恭遭到审查，但《巨人传》存在大量版本并出版两部续作的事实表明，它们在智识精英和法国普通读者中都很受欢迎。

在拉伯雷身上，人文主义和流行元素结为一体，形成一种特殊的流行文学类型，吸引大量受教育阶级，也通过某种粗鄙的、受众广泛的幽默传播其思想，使其作品拥有经久不衰的魅力。但人文主义的影响也形成了另一种大不相同的法国文学类型，那是一群宫廷诗人创造的典雅、精巧的诗歌，其中的七名主要人物统称**昂七星**（*la Pléiade*），诗才也堪比明星。他们的纲领性主张可见《捍卫和展示法语》（*La défense et illustration de la langue française*），这份宣言由若阿基姆·杜贝莱（Joachim du Bellay）在皮埃尔·德·龙萨（Pierre de Ronsard）的协助下发表于 1549 年。这篇文章支持法国作者使用法语（而非拉丁语）来创作文学，但否定传统的法国韵文体例，宣称新诗学的目标是结合本国语言的内在美和古典诗学的灵魂、形式和结构。这些法国新古典主义晚期的文艺复兴先驱重构了法国诗歌的风格和基调。昂七星中最有才华的诗人杜贝莱和龙萨经历多次文学欣赏风尚的变迁，始终保持极高的声望。

英国文学中的新文化

通过古典文学的人文主义研究所获得的思想、价值观和技巧融入了法国的通俗语文学，这种现象也发生在英格兰文坛，其中既有来自古典和现代意大利作者（如彼特拉克）的直接影响，也有来自法国的间接影响。和在法国一样，人文主义文学的影响从未消灭本地主题和传统，而是与它们相结合。英格兰的某些中世纪文学惯例——例如古老的头韵、无韵体——至十五世纪晚期已经不再流行。但传统的宫廷爱情主题在英国田园诗中保存下来，并在古典、意大利和法国作品的影响下发生变化。很多作品依然属于中世纪主题,也使用中世纪韵格。除了文学史家,如今几乎没有人读这些作品了。但接受过教育的英格兰人向别处寻求指引。在诗歌领域,新主题和体例崛起的标志是通称《陶特尔杂集》(*Tottel's Miscellany*,1557)的诗集。其中最重要的部分是勋爵托马斯·怀亚特(Thomas Wyatt,1503—1542)和萨里伯爵亨利·霍华德(Henry Howard,1517—1547)这两名年轻贵族的作品。怀亚特作为外交使节出访过法国和意大利,并醉心于意大利的美学造诣,尤其痴迷彼特拉克。他是第一个使用商籁韵体的英国诗人。萨里伯爵也颇为重要,因为他是第一个大量使用无韵诗来翻译维吉尔《埃涅阿斯纪》的诗人(约1554)。这反映了人文主义者在严肃诗歌中去除韵脚的渴望,后来有多名英国诗人(马洛、莎士比亚,还有弥尔顿尤其突出)都部分或完全避免韵脚,视之为中世纪蒙昧的产物。

185 这种新的韵文体例下诞生出一位重要诗人,埃德蒙·斯宾塞(Edmund Spenser,1552—1599),他沿用古英语范式,但也深受柏拉图主义的影响。在《牧羊人日历》(*The Shepherdes Calendar*,1579)和《仙后》(*The Faerie Queene*,1590、1596)中,他工巧地把源自古代的田园诗和源自中世纪的民族与骑士主题融为一体。在英格兰文艺复兴著者中,以典雅和受人推崇而论,菲利普·锡德尼(Philip Sidney,1554—1586)可谓翘楚。他的人文主义学识、贵族出身、战争英雄事迹、文学才华,使他成为源于十五世纪意大利宫廷的理想人性概念的化身。这些诗人都能认清现实,使用英语创作,而非拉丁语或意大利语。锡德尼的诗学理论著述《为诗辩护》(*An Apologie for Poetrie*,1595)影响甚大;其散文体传奇故事《阿卡迪亚》(*Arcadia*,1590)的灵感取自当代田园诗大家、那不勒斯的雅各布·桑纳扎罗(Jacopo Sannazaro)和葡萄牙人若热·德·蒙特马约尔(Jorge de Montemayor)。

威廉·莎士比亚(1564—1616)远胜于以上所有才华不凡的作家,其重要性首先在于他创作了很多成功的戏剧,藉此成为世界文学史上最伟大的人物之一;其次在于他以低微的出身——在其戏剧和诗歌中都有表现——赢得巨大的文学成就,表明人文主义文化已经彻底渗入英国社会的每个层面。莎士比亚的父亲并非作家,也不算绅士,只是小镇里籍籍无名的小市民。他不是受过大学培训的学者,而是某个无法确证的文法学校的学生,显然,他在那里掌握了拉丁语,也许还学了一点希腊语——见本·琼森(Ben Jonson)著名的讥讽"可怜的拉丁语、更可怜的希腊语"。他从籍籍无名到腰缠万贯,还能为其戏剧公司拉来大绅士的赞助(当然,如果读者对某些自以为是的不入流专家提出的疯狂假设将信将疑,笔者不妨在此强调一句:他是其名下诗歌和戏剧的真正作者),这证明他才能非凡。尽管受的正规教育很少,但莎士比亚精通其文学创作所需的人文主义关键知识。其诗歌表现出对十四行诗和古代神话及历史的精湛造诣;其戏剧表明他可以随心所欲地借鉴古罗马和中世纪英国史,可以同样娴熟地描绘幻想的田园景象和真实的城市场景。他不仅能用中世纪诗歌传统中的复杂韵文表达,也能用鄙夷韵脚、认为它不属于古典的当代人文主义者创造的无韵诗表达。这些不可思议的、令莎士比亚成为文学天才的能力,并不是从二手的(乃至一手的)人文主义和古典作品中获得的。但他能轻而易举地从人文主义文学的宝库中予取予求,撷取创作所需的传说、人名、神话、历史、妙语谐言,这足以证明人文主义学识已成为英国文化的有机组成部分。 186

西班牙黄金时代

　　西班牙是另一个在文艺复兴晚期达到文学成就巅峰的欧洲国家,那个时代被西班牙文学史家简略地称为黄金时代。尽管是思维狭隘的天主教正统国家,西班牙受教育阶级还是深受人文主义浸淫,其影响有的直接来自意大利,有的来自欧洲北部。十六世纪三十年代后期,伊拉斯谟及其改革派人文主义者的热情开始消弭;到该世纪中叶,谨慎之辈都不会注名引用伊拉斯谟的言论或著述。但同时,人文主义中的古典和教父学术已给当地的重要学者带来启发;圣经人文主义学术尽管审慎地避免以伊拉斯谟为典型的尖

锐批判立场,也已造就多语版《康普鲁顿合参本圣经》这部煌煌巨
著。西班牙严格遵循正统,严酷地推行宗教审判,这可能引导和约
束了该国的人文主义,但没有阻止其兴盛。通俗语文学的情况也
是如此。任何作者都不可能不意识到惹上宗教审判庭的危险,但
这没有阻止泉涌般的文学创作。和在其他国家一样,通俗语创作
的形态与本国传统主题、体例和态度关联密切;但受到人文主义的
强力影响——某些类别受影响较大(如田园诗),某些较小。叙事
型散文,例如杰作《塞莱斯蒂娜》和最早的也是最伟大的西班牙流
浪汉冒险小说《小癞子》(*Lazarillo de Tormes*,1554),应属于最原
汁原味的本土文学产物,除了频繁提及古典神话,未混杂什么人文
主义要素——虽然《塞莱斯蒂娜》的作者费尔南多·德·罗哈斯是
精通拉丁文和希腊文古典的律师和人文主义者。《小癞子》的作者
依然未知。另一方面,诗学则受到古典和意大利人文主义的强烈
影响。宫廷诗人胡安·博斯坎(Juan Boscán)和加西拉索·德拉·
维加(Garsilaso de la Vega)可为良证。加西拉索从彼特拉克的诗歌
风格转向更与时俱进的文艺复兴风格,其灵感来自古代的贺拉斯
和维吉尔,以及近代意大利的波利齐亚诺和雅各布·桑纳扎罗。
他们的诗作出版于身故后的 1543 年;但新版频出的事实证明其作
品广受好评。以塞维尔(Seville)为中心、费尔南多·德·埃雷拉
(Fernando de Herrera,1534—1597)为首的诗歌学派进一步借鉴和
发扬意大利式的优雅和精巧。路易斯·德·莱昂(Luís de Lcón,
1527—1591)的作品中意式修辞较少,但成果远甚他人。他是奥古
斯丁修会的托钵僧,也是萨拉曼卡神学部教授,思想保守但才能不
凡,还是杰出的古典和圣经学者,精通希腊文和希伯来文。其韵文
和神学都受柏拉图和圣经影响,而诗歌则受罗马诗人贺拉斯影响。
贡戈拉(全名路易斯·德·贡戈拉—阿戈特〔Luís de Góngora y
Argote,1561—1627〕)的诗歌工巧造作,但影响力极大,代表着西
班牙诗歌受古典和晚期文艺复兴时期的意大利诗歌影响下的后期
形态。
　　西班牙人文主义者和法国同道面临同样的问题,即定义其本国

187

语言作为严肃文学媒介的身份。十六世纪早期的主要人文主义学者之一安东尼奥·德·内夫里哈(1444—1533)不仅有古典研究和双语词典的建树,还著有《卡斯提语法》(*Gramática castellana*,1492),这是欧洲所有近代语言中的第一本语法书。受伊拉斯谟影响的西班牙作家中,胡安·德·巴尔德斯(Juan de Valdés,1509—1541)是获得评价最高的重要人物之一,他在《语言论集》(*Diálogo de la lengua*)中坚称卡斯提语适合严肃文学创作。与那不勒斯诗人雅各布·桑纳扎罗(1458—1530)的名字联系在一起的意大利田园小说颇为流行,这一文学类别在1558年由葡萄牙作家若热·德·蒙特马约尔引介到西班牙,启发了若干效仿之作,包括当时最伟大的西班牙作家米格尔·德·塞万提斯·萨韦德拉(Miguel de Cervantes Saavedra,1547—1616)的第一部小说《亚拉提亚》(*La Galatea*)。弗雷·路易斯·德·莱昂(Fray Luís de León)的散文作品是西班牙严肃文学崛起进程中的丰碑,但除了语言的精巧造作,其中受人文主义影响的痕迹不如其诗作来得明显。塞万提斯的《堂吉诃德》(1605、1615)依然是西班牙文学最伟大的杰作。他受过人文主义教育,研究过《亚拉提亚》等作品中的古典素材,但这部伟大的小说本质上是西班牙本土文化的产物,没有受到人文主义的强烈影响。

　　西班牙文学黄金时代的另一位重要人物是洛佩·德·维加(Lope de Vega,1562—1635),他在耶稣会学院和阿尔卡拉大学受过很好的教育。其文学生涯的开端是创作受意大利诗人托尔夸托·塔索及古典诗人影响的田园诗和其他诗歌。他的重要性仅限戏剧创作领域,而这些作品的主要影响来源不是人文主义,而是通俗语戏剧传统和他本人天才的融合。

北方文艺复兴艺术

　　就连意大利在文艺复兴时期的新艺术风格都是独立发展的,仅在特定时段、藉由特定人物和人文主义学识发生交叉,所以,欧洲

188 北方在文艺复兴时期的人文主义和艺术是否存在关系都值得怀疑。至少直到十五世纪最后十年,阿尔卑斯山以北的绘画、雕塑和建筑依然以哥特风格为主;艺术家(尤其是画家)寻求启迪的目标更多是佛兰德斯而非意大利传统。连马蒂亚斯·格吕内瓦尔德(Matthias Grünewald)这样的大画家(卒于1528)所表现出的受意大利影响的痕迹也很轻微,唯一确切的证明是一些古典建筑细节和对透视法的高度精通。他的绘画远胜于北方的大部分同代作品,但依然扎根于本地哥特传统,该传统的渊源是十五世纪早期佛兰德斯大师的作品,而非意大利十五世纪绘画。同时代的卢卡斯·老克拉纳赫(Lucas Cranach the Elder,1472—1553)和阿尔布雷克特·阿尔特多费(Albrecht Altdorfer,1480—1538)也是如此。

北方文艺复兴艺术的杰出人物阿尔布雷克特·丢勒(Albrecht Dürer,1471—1528)是一个例外。尽管他接受当时盛行的北方传统式教育,作品中保留了很多本地元素,但三次游学意大利(1494—1495、1505、1506—1507)的经历使他以意大利文艺复兴的门徒自居,具体表现是他运用透视法的科学原理,并将艺术视为一种以七艺为基础的智识活动,而不仅仅是技巧和匠艺。他的几份自画像特别值得一书。虽然其中最突出的一幅(成于1500年)显出扬·凡·艾克等北方肖像画家的影响,但其自我意识和基督般的形象表现了丢勒对画家身份的自尊,这种体认值得赞美。他在文化史中的地位尤其重要,因为他是当时最伟大的雕版画家,而雕版画随着印刷术的普及流传甚广。虽然他的某些著名画作,例如《天启四骑士》(*Four Horsemen of the Apocalypse*,1497—1498),偏近以雕刻师马丁·施恩告尔(Martin Schongauer,1430—1491)为代表的德国本土传统,但《亚当和夏娃》(*Adam and Eve*,1504)中的裸体人物来自古典概念,只有背景属于北方;其《骑士,死神,魔鬼》(*Knight, Death, and Devil*,1513)则可能受到伊拉斯谟在《骑士须知》中奠定的基督化人文主义思想的启发,这种思想表现了受古代和意大利文艺复兴艺术启发的理想化形式。丢勒本人的几何学著述表现出他对科学绘画法的兴趣。其宗教理念先后

11　阿尔布雷克特・丢勒,《二十八岁自画像》1500）。老绘画陈列馆（Alte
　　Pinakothek），慕尼黑（布里奇曼艺术图库图书馆）

190

12 阿尔布雷克特·丢勒,《圣哲罗姆在他的书房》(雕版,1514)。大英博物馆理
事会,伦敦

受伊拉斯谟的基督教人文主义和马丁·路德的影响,在镶板画《四使徒》(*The Four Apostles*)中有突出表现。1525 年,他的家乡纽伦堡正式成为路德宗的领地,一年后,他把这幅画赠给了这座城市。画中的圣徒保罗、约翰、彼得和马可形象突出,表明丢勒仔细研究过马萨乔、曼特尼亚和皮耶罗·德拉·弗兰切斯卡的作品;其几何学著述则基于皮耶罗的透视法研究。

汉斯·小霍尔拜因(Hans Holbein the Younger,1497—1543) 191
的创作结合了文艺复兴(但不限于人文主义)的影响和北方已有的肖像画技法。他敬仰伊拉斯谟,为他绘过一幅气派不凡的肖像,但大部分财富和名声都来自为英格兰亨利八世的宫廷所作的肖像画。尼德兰十六世纪最伟大的"文艺复兴"画家是彼得·老勃鲁盖尔(Pieter Bruegel the Elder,约 1569),他在 1552 至 1553 年间频繁造访意大利,但意大利乡间给他的震撼似乎比画家或人文主义者的作品更大。

十六世纪的欧洲北部建筑通常保持哥特传统,仅逐步地融入文艺复兴的风格,这一过程始于建筑装饰元素的古典化——但建筑本身的概念依然属于哥特式(例如卡昂[Caen]圣皮埃尔教堂的唱诗席,由埃克托尔·索耶[Hector Sohier]在 1528—1545 年建成①)。与之相反,香波(Chambord)的王室城堡保留大量传统哥特元素(塔楼、尖顶、高烟囱),但中心区域是意大利式样,可能出自意大利建筑师的设计,拱门、窗户和内部空间布局都是意大利风格。具有更明显的意大利精神的建筑作品是巴黎卢浮宫的重建部分,由皮埃尔·莱斯科(Pierre Lescot,1515—1578)设计,建于弗兰西斯一世和亨利二世时期。在巴洛克建筑(以及绘画和雕塑)中,带有意大利文艺复兴痕迹的古典风格非常多见,这种艺术是十六世纪晚期和十七世纪早期从意大利传至欧洲北部的;但虽然借鉴新古典式的细节,巴洛克是否算是人文主义的产物还值得商榷。

---

① 误,应为 1518—1545 年。——译注

人文主义学识的社会应用

人文主义对北方艺术的影响非常有限,但在十六世纪和十七世纪早期,它和统治阶级的关系就是另一种情况了。人文主义最早登场于十五世纪早期的佛罗伦萨共和国,彼时,作为独树一帜的统治精英文化出现,带有明显的共和主义和反君权色彩,其渊源可追溯到罗马共和国。但意大利人很快发现,人文主义教育能培养出适合统治阶级的技能和观念,也易于将这一功能与其共和政治理念相分离。于是,人文主义成为文艺复兴时期主导宫廷和教廷的文化风尚。

192   以这种宫廷化的变通形式,人文主义文化在西班牙和阿尔卑斯山以北确立地位。卡斯蒂廖内的《廷臣之书》,不管是原版,还是西班牙文、法文、英文、德文和波兰文译本,均大为流行,应证了文艺复兴晚期的人文主义文化大多偏向宫廷。另一些讲授行止进退的热门书籍,例如,约翰・埃利奥特(John Elyot)①勋爵的《行政官之书》(*The Boke Named the Gouvernour*, 1531),托马斯・威尔逊(Thomas Wilson)的《修辞艺术》(*The Arte of Rhetorique*, 1553),罗杰・阿谢姆(Roger Ascham)的《教师》(*The Scholemaster*, 1570),则是英语著述中表明人文主义在教育领域取得胜利、成为欧洲北部宫廷谋求要职必备能力的例证。至少精通一门古典语言和文学几乎是成为宫廷官绅的必备技能。这并不是说,所有——甚至连大部分都谈不上——朝臣和廷官都有了很深的学问,但确实意味着年轻人需要具备体面的人文主义学识,才能提升社会阶层、为统治者效劳。

这种人文主义学习的实用观不仅存在于社会和教育理论家的书本当中。欧洲各国政府的确在公共官职的选拔中优先擢用受过人文主义教育、具备人文主义技能的人士。有抱负的家庭很快意

---

① 误,应为托马斯・埃利奥特(Thomas Elyot)。——译注

识到,送儿子去人文主义学校对他在宫廷里的腾达大有裨益。都铎王朝时期的英格兰是最显见的例子,彼时英格兰有一套罕有的体系,保留本国的不成文法,在独立于大学的专业学校中提供法学教育,从而避免了法国、西班牙和德国的大学法学部对公共官职近乎垄断的状况。从亨利七世开始,都铎王朝表现出对人文主义和人文主义教育的偏好。人文主义者在宫廷事务中的价值早就得到体认的状况,也充分表现在伊拉斯谟的英国友人理查德·佩斯(Richard Pace)的生涯中,他作为亨利八世的使臣出使威尼斯,并著有一篇介绍人文主义教育实用性的短文。王室成员和朝臣在牛津和剑桥建立偏重人文主义学习的新学院,若干同情人文主义的英格兰主教对伊拉斯谟及其人文主义思想给予坚定而持久的支持,也是同一种倾向的体现。

人文主义和亨利改革

由于亨利八世休妻并最终让英国国教会脱离教廷,两位杰出英格兰人文主义者——托马斯·莫尔和约翰·费雪主教——为此付出生命的代价。但此事掩盖了人文主义者在亨利的宗教和王朝政策的规划和执行中扮演的绝对中心角色。莫尔和费雪的被处决固然令人扼腕,但这不是英国人文主义的末日。正相反,托马斯·克伦威尔崛起成为首席国务大臣,使英国不仅脱离罗马,更进一步实行偏向伊拉斯谟人文主义思想而非路德宗新教主张的宗教政策,这一路线至少持续到亨利八世 1547 年去世为止。国王身边的很多谏言者都支持以伊拉斯谟的著述为主要依据的渐进改良主义。连一些内心里向往新教教义的人士,例如坎特伯雷大主教托马斯·克兰麦(Thomas Cranmer),也支持改良。最终,亨利的改革集团分成两派,一是抛弃罗马教廷但坚持维护传统仪式和教义的保守派,二是支持新教教义和实践的激进派。但在英格兰脱离教廷的至关重要的头几年,一份白纸黑字的伊拉斯谟主义纲领将改革者团结在一起。其背后人物是精明的政治操盘手托马斯·克伦威

193

尔。他不算人文主义者，但意识到打着人文主义旗号的改革纲领所具有的吸引力，也了解人文主义者对于推行王室政策的价值。

这段时期，伊拉斯谟著述英译本的出版数量尤其惊人。伊拉斯谟的宗教改革理念已经得到英国人文主义者的广泛认可，这些理念又相当广义和模糊，适合政府政治宣传的需要，既有利于改革，又不必让政体拘泥于某份具体的纲领。其中，最早的译本之一是出自佚名之手的《圣神颂》(*Paraclesis*)，这是伊拉斯谟系统性阐述其《圣经》研究方法的著述。最多产的伊拉斯谟译者是理查德·塔弗纳(Richard Taverner)。早在 1531 年，他就出版了伊拉斯谟《婚姻颂》(*Encomium matrimonii*)的译本，此书经常受到保守派神学家的攻击。可能在同一时期，有个佚名译者出版了另一本曾令保守派教士火冒三丈的伊拉斯谟短篇著述的英译本：《论禁食肉类······的书信》①(*An Epystell ... concernyng the forbedynge of eatynge of flesshe*)。它肯定算不上传播异端，但的确指出，当时教会执行的复杂的斋戒律令只依附于人类的法律，只要是合法的权力机关，就可以更改这些律令，以满足社会变革的需求，且不会危害天主教的正统。到 1531、1532 年，人文主义者都向克伦威尔寻求王室的支持；当他 1534 年正式上任，身边已有一群人文主义才俊，汲汲于为捍卫王室宗教政策著书译书。希伯来文翘楚理查德·韦克菲尔德 (Richard Wakefield)先后在勒芬和图宾根任教，1523 年担任剑桥希伯来语教授，1532 年发表著述，以其希伯来语《圣经》的精湛造诣，证明国君亨利八世和阿拉贡的凯瑟琳的婚姻不合法度。1533 年，帕多瓦人文主义者托马斯·斯塔基(Thomas Starkey)和理查德·莫里森(Richard Moryson)求得王室青睐，旋即积极炮制捍卫亨利政策的书籍，襄助他们的是亨利八世的侄子雷金纳德·波尔

194

---

① 全名 *An epystell of [the] famous doctor Erasm [us] of Roterdam; unto the reuerende father [and] excellent prince Christofer bysshop of Basyle co[n]cernyng the forbedynge of eatynge of flesshe and lyke constitutyons of men*，& c.。——译注

（Reginald Pole）。同年，人文主义者威廉·马绍尔（William Marshall）译介瓦拉名作《君士坦丁御赐教产谕辨伪》，以及乌尔里希·冯·胡滕和库萨的尼古拉斯（Nicholas of Cusa）对这一历史捏造丑闻的批判。在当时的环境下，这类译本起到了有力的反教廷宣传作用。同在1533年，马绍尔翻译伊拉斯谟的《使徒信经》（Apostles' Creed），此书对天主教正统下了很宽泛的定义，令英国国教会的主教们大为受用。伊拉斯谟的译本在十六世纪三十年代继续泛滥，随之而来的是捍卫王室宗教政策的护教文浪潮。其中最为重要的，是斯塔基的《训民辞》（An Exhortation to the People，1536）[①]，以及主教斯蒂芬·加德纳（Stephen Gardiner）所作、支持王室控制教会的辩护文《论服从》（De vera obedientia，1535）。

克伦威尔麾下作家不仅限于人文主义者。例如，加德纳是教会法的大行家，也正凭此声誉有了政治宣传上的价值。但他否定教廷权威、确立王室至高无上性的护道主线，把以下伊拉斯谟的理念视为解读圣经的权威：对中世纪传统的历史批评（始终否定这一传统，视之为背离早期教会纯正性的妄创），无可无不可（adiaphora，不属于真信仰本质的、可有可无的部分，因此随社会需求而改变）的原则，以及对内在精神而非外在仪式的强调。一些伊拉斯谟的译本由独立对话集构成，例如《葬礼》（The Funeral）和《为宗教朝圣》（A Pilgrimage for Religion's Sake），两书都批判传统宗教习俗的滥用，而克伦威尔正在积极改革，旨在杜绝这类现象。这些人文主义者大多急于执笔支持官方政策。詹姆斯·麦克科尼亚（James McConica，1965，第166—167页）精辟地概括了这一现象："上廷循其志、轨其道，翰椽景从，趋附伊学，塞斯文于乡里。"

克伦威尔倒台，并于1540年遭处决，这是风向偏向保守改革派的明显标志，但伊拉斯谟的著述译介依然保持重要地位。在亨利八世统治即将结束的1547年，王室下诏，命令所有教区牧师在

195

---

① 全名 An Exhortation to the People Instructing them to Unity and Obedience。——译注

向公众开放的场所中不仅要提供钦定本圣经（1539），还要提供伊拉斯谟的《圣经释义》（*Paraphrases*）。尽管这些释义还没有英文版本，但译编工作已在进行之中，爱德华六世登基后不久就有两卷问世。第一卷（1548）是尼古拉斯·尤德尔（Nicholas Udall）翻译的《路加福音释义》（*Paraphrases on the Gospel of Luke*），《马太释义》（*Paraphrase of Matthew*）有时归在亨利末任王后凯瑟琳·帕尔（Catherine Parr）名下；马可的译本出自籍籍无名的牛津学者托马斯·基（Thomas Key）之手，约翰的部分则是未来的王后、都铎公主玛丽所译。尤德尔在序言中将伊拉斯谟称为堪与教会历史早期的伟大教父相提并论的权威。

爱德华七世治下的宗教政策带有越来越多的新教色彩，这印证了人文主义中存在的保守派和激进派之争。加德纳主教开始激烈地反对明目张胆的新教教义，且赢得支持，他早先支持使用伊拉斯谟著述的立场也彻底转变。但大部分保守派人文主义者和新政体达成谅解，有些情愿，有些不情愿。而就连英格兰的新教人文主义者也认同更温和、更普世主义的大陆新教徒，例如梅兰克森、厄科兰帕迪乌斯、布策尔和约翰·拉斯科（John à Lasco），他们都是伊拉斯谟的仰慕者。

亨利八世执政末期和爱德华七世执政期具有重要意义的另一个原因在于，更年轻的新一代人文主义者正在成形，这批人文主义者依然坚信伊拉斯谟的理念，但越来越受新教教义和实践的吸引。该群体的核心聚集于 1535 至 1544 年间的剑桥大学，其中的很多人来自圣约翰学院，这是约翰·费雪主教和玛格丽特·博福特夫人以通过人文主义教育改革宗教为公开目标兴办的新式学院之一。该群体的发端可追溯至 1542 年，当时，大学名誉校长斯蒂芬·加德纳主教、宫廷内的盎格鲁—天主教保守派的领袖，命令大学禁用由伊拉斯谟在 1528 年推出的新式希腊语发音，试图复归古代发音。曾有两名年轻的校内人文主义者提倡使用伊拉斯谟式发音，即圣约翰学院的约翰·奇克（John Cheke）和王后学院的托马斯·史密斯（Thomas Smith）。采用新式发音象征着他们对人文主义学术的极大坚持。他们吸引到一批热忱的追随者,这个群体后来得名"雅典人",其对手则被谑称为"特洛伊人"。问题的关键当然不是希腊语的读音,而是保守的加德纳感到年轻人文主义者当中存在创新的热潮、对传统的不敬和普遍的反抗精神,这使他不安。他真正想确立的不是希腊语的古音,而是对大学的掌控。对于这个"雅典部落",他的压制从未取得完全的成功。托马斯·史密斯成为颇有影响力的民法教授和政治理论著者,奇克一直被热忱的年轻人文主义者视为风采不凡的导师和朋友(这正是加德纳所害怕的),这些年轻人不仅被伊拉斯谟式的希腊语读音所吸引,还对更具新教特征的神学发生兴趣,尤其是在爱德华六世治期。

　　奇克身边的青年越来越多,和他一起,不仅认可伊拉斯谟式希腊语读音,也同情宗教改革,而这批青年未来必定会在大学乃至英国政教两界担任高位。在这些人当中,罗杰·阿谢姆和后来的坎特伯雷大主教威廉·格林德尔(William Grindal)都当过女王伊丽莎白一世的导师;威廉·塞西尔(William Cecil)不久就成为伊丽莎白公主的幕僚,最终成为其最重要的内阁成员;此外还有若干在伊丽莎白时代大放异彩的人物。这批人都是奇克在圣约翰学院的学生。"雅典人"之所以突出,并不在于这是一个由杰出的大学成员组成、未来显赫于世的群体,而是在于这个关系密切、人数众多的群体在爱德华六世治期几乎都是新教徒;此外,1558年在塞西尔领导下控制政教两界、领导伊丽莎白政体的团体,其中大部分成员都出自"雅典人"。这是人文主义作为一种教育力量,在英国新教统治阶级的创建过程中发挥重要作用的突出例子。这还表明,人文主义不仅没有因莫尔和费雪被处决而四分五裂,反而还延续了"使徒继统",以伊拉斯谟的英国朋友为起点,通过亨利、爱德华和玛丽治期的一系列宗教变革,最终传递到在1558、1559年帮助伊丽莎白安定大局的才俊手中。也许,在欧洲其他地区,人文主义教育都不曾如此直接地融入到统治精英的共同文化当中,连意大利都没有。

教育和社会地位的提升

在大陆,尽管获取高级官职普遍需要接受民法或教会法的教育,精通人文主义课程依然是进入特权阶级的重要条件。这是文艺复兴时期的创新。在中世纪,拉丁语言和文学教育并不是平信徒担任高级政府官职的重要条件,当然教士除外。在法国和西班牙,人文主义教育逐步兴起,成为提高社会地位所必须迈出的第一步,如前文所述,每个城镇都争相创办地方文法学校,即为这一发展的印证。早在十六世纪结束前,人文主义教育已在欧洲成为一种最广受认可的资格,用于进入特权阶级、染指高级行政和司法职位、获取各种教学职位(仅传授通俗语文学或商业、技术技能的教职除外)和一切教士职位。在很多大陆国家,为了跻身极高的官职、让一个富裕资产阶级家庭在两到三代人的时间内成为贵族,在法律学习的基础上还必须辅以人文主义学习。人文主义教育的筛选作用——首当其冲的是熟习拉丁语的要求——成为一种门槛,把一切低阶级成员挡在特权阶级之外。十七世纪,反对社会进步的法国和西班牙君主急于限制文法学校的入学,这证明人文主义教育的筛选效用已得到充分的体认。

最近,一些史学家在阐述拉丁文法学校的这一性质之余还加以责难,这显然是忽略了当时每个中产阶级家庭都了解的事实:在免费或廉价学校使人文主义教育得到普及的时期,有抱负和智识的家庭能通过人文主义教育获得社会地位的提升和有形的机遇。文艺复兴时期的社会从根本构造上就是精英主义的。但比起基于偶然的投胎和出身,基于能力和教育的评判机制更为合理,对社会整体福祉更有帮助。而且,教育筛选机制具有功能性,是有效的。人文主义教育无疑轻视原创性,过于强调智识和社会的趋同性,但的确传授让毕业生胜任工作职责的技巧,尤其是写作和谈吐。不管怎么说,史家和人类学者的使命并不是判断人类社会是否纯洁、道德是否高尚,而只是加以理解。

新文化的传播

虽然人文主义学术为统治精英带来统一的文化和社会等级资格，但其效用并不限于精英。瑞士史学泰斗雅各布·布尔克哈特在其开创纪元的作品《意大利文艺复兴的文明》中，用一节的篇幅介绍意大利文艺复兴时期的节日，他认为这是流行文化包含精英文化的证明——观众们可以完全理解并欣赏节日表演中使用的深奥的古典寓言，因为拉丁文学的很多元素已是日常文化中不可分割的一部分。十六世纪，印刷术开始传播，出版社聘请人文主义者参与手册、概要和按现代准则编纂的最早的百科全书的出版工作，两者都反映了人文主义文化在特权精英阶级之外的群体中也广泛渗透的进程。显然，只有获得古典教育的人才能完全领会当代人文主义及其古代楷模。对于不会拉丁语，或只知皮毛、无法流畅阅读的人而言，十六世纪译者用大量通俗语译本为他们打开了古代希腊和罗马文学的宝库。当然，有些古典文学通俗语译本成于中世纪，例如十四世纪早期的法国王廷，乃至阿尔弗雷德大帝（Alfred the Great）的盎格鲁—撒克逊宫廷。但在十六世纪，凭借印刷术的力量，拉丁读者以外的广泛受众都获得了古典阅读的渴求和途径。法国人最早，意大利人紧随其后；英国和西班牙读者到十六世纪末也有大量印刷成册的古典著述可供选择。德国人因为某些原因远远落后。如果抛开次要著者，且仅统计当时西方文化的五大通俗语种（意大利语、法语、西班牙语、英语和德语），其丰富性非常惊人：阿庇亚有英、法、意、西四种译本；阿里斯托芬的部分著述有意西两种；亚里士多德的部分著述有全部五种译本（但其作品以意译最为丰富）；迪奥斯科里季斯（Dioscorides）有法、德、意、西；欧几里得有英、法、意、西；欧里庇得斯和盖伦的部分著述有全部五种译本；希罗多德的部分著述有英、法、德、意译本，但没有西译；赫西俄德只有法译；希波克拉底有英、法、意译；荷马的两篇史诗或其中一篇，以及伊索克拉底和卢奇安，都有五种译本；柏拉图只缺德译（但

198

英译只有一篇）；普鲁塔克的《希腊罗马名人传》（*Parallel Lives*）和《道德论丛》（*Moralia*）都有五种译本；托勒密（Ptolemy）的部分作品和波利庇乌斯有英、法、意译；索福克勒斯有法、意译本；修昔底德和色诺芬有全部五种译本。有全部五种译本的重要拉丁作者甚至更多：阿普列尤斯（Apuleius）、博伊提乌、凯撒、西塞罗、贺拉斯、李维、奥维德、普劳图斯（Plautus）、老普林尼、萨卢斯特、小塞内加、塔西陀和泰伦斯。尤文纳尔只缺英译；马提亚尔只缺西译；小普林尼有英、德、意译本。大学专业授课教材的译本情况不一而足。查士丁尼的罗马法大全中，作为法学教材编纂的《法学总论》（*Institutes*）有法、德、西译本；但科学著者彭波尼·梅拉（Pomponius Mela）只有英译和意译，塞尔苏斯（Celsus，德）、维盖提乌斯（Vegetius，意）等中世纪作品则没有被广泛译介。维特鲁威影响深远的《建筑十书》有很多意文版本，但只有一个德文印本、一份法文全本和一份法文节选本，英译、西译皆见阙。[①] 若想全面熟习古代文学，精通拉丁语、掌握一定程度的希腊语依然是必须的。但主旨依然成立：古典文学知识的传播范围远超过统治精英的范畴，成为（至今依然是）全欧洲各国文学和一般文化中不可或缺的一部分。到文艺复兴晚期，除了农民和阶级很低的城市人口，人文主义的影响已经无处不在。

199

---

① 据 R. R. Bolgar《古典遗产》（*The Classioal Heritage*）第二版中的图表，纽约 1964 年版，第 508—541 页。

第七章　时代的终结

　　十六世纪的后几十年，在西欧和中欧、阿尔卑斯山两侧，文艺复兴人文主义已是受教育精英的主导文化，主宰既有的政体、官方承认的教会和学校。尽管经历了新教改革中的分裂和对抗，尽管媒体审查、宗教法庭和教会议会施加了各种限制，一种大一统的高等文化依然盛行开来。书籍和思想在新教和天主教区域间互通有无。有名的古典学者和新斯多噶派道德家尤斯图斯·利普修斯（Justus Lipsius，1547—1606）可以在学术生涯的不同阶段就职于新教和天主教大学，只要他愿意遵从当地既有的基督教形态。当然，这么做是会招来一些难听的评价——其最出名的伦理说教作品名为《论专一》（*Of Constancy*），在宗教立场上却如墙头草一般。此外，尽管文艺复兴晚期所盛行的人文主义文化在某种意义上局限于寥寥无几的可获得教育的特权人士，但译者和推广者的努力让比例大得多的人口得以分享这一新文化。出身普通的人，例如莎士比亚，也可以学到古典文本中的主题、思想和价值观，哪怕他永远不能像出身高贵的大学毕业生（如约翰·弥尔顿）那样充分吃透古典的传承。直到十九世纪晚期，在普通百姓和受教育阶级中，人文主义传统在很多方面依然保留统治地位。

人文主义的胜利有多大

　　人文主义学术在一般社会各个领域的渗透程度不一而足，取决于经济发展、城市化和教育普及的程度。在尼德兰等高度发展的国家,以及英格兰、法国和意大利的城市化部分,其通俗语文学也很受古典影响,而在以农民为主的区域,只有少数特权者可以充分欣赏古典学识和人文主义著述。

人文主义的胜利从来都不彻底。毕竟,人文主义从未真正有包容一切学识的想法。在教育方面,其核心始终是一套有限的课题,即西塞罗时代被称为**人文主义治学**的学科,这也是构建成熟人格的智识和道德所不可或缺的学科:文法和修辞(有效沟通和说服的艺术)、历史和诗学(被视为古代文学的一部分)及道德哲学(其重点不是一套需要理解的知识体系,而是一套让学生发自内心地接纳的价值观,可用于日常生活中遭遇的道德选择)。人文主义者大肆渲染语法、修辞和道德哲学的核心地位和重要性,批评传统教育家忽视这些学科、过于注重形式逻辑,但从未要求废除其他学术科目。实际上,欧洲各地的中世纪经院主义学术基本框架都没有被人文主义者破坏。学院里的哲学依然几乎完全以亚里士多德为基础,十七世纪中期,亚氏作为**第一**哲学家(*the* Philosopher)的核心权威地位最终垮台,但这不是人文主义教育改革的结果,而是自然科学家的震撼发现所导致的,这些新发现证明,亚氏自然哲学在具体结论和智识方法两方面都根本站不住脚。在此之前,尽管经过人文主义改革,大学教育依然以经院哲学为主。

通才课程之外的学术生活也被人文主义所改变。人文主义者表明立场——作为人文主义之外一切学识基础的古典文献,都是洛伦佐·瓦拉、伊拉斯谟等人文主义者创造的语言比较学方法批判分析的对象。如果人文主义者对其他学术领域的权威文本发表观点,就会引发极其惨烈的学术争执。因为,假如他们对古代文献原文进行批判分析,以此认定任何古代法学、医学甚至《圣经》文本是无效的,就会被视为其他学术领域的入侵者。人文主义者和自然科学、传统法学和医学界人士都发生过这样的冲突。但最激烈的冲突是人文主义者对经院主义神学的挑战。有一些多少有点激进的人文主义者否定经院主义使用亚里士多德逻辑分析和解读《圣经》的做法。他们的神学观,尤其在受瓦拉和伊拉斯谟著述影响之

后,质疑乃至否定理性思辨的价值,支持以《圣经》文本为主导。所 202
以,他们的神学研究以经文注释而非逻辑论证为基础。如果古代
原始文献在这些领域具有至高无上的权威性,那么作为解读文本
的专家,人文主义者即可控制自然科学、法学、医学和神学。整个
文艺复兴时期,不管是形式还是内容,大学教育和专业研究依然以
经院哲学为主;但其存续的代价是频繁地、逐步地让步于改革。

人文主义的转型

人文主义在文艺复兴晚期的欧洲高等文化中的发展轨迹难以
追寻,因为人文主义无处不在,存在的形式和程度都不一而足。真
相在文本之中,而精于此道的人文主义者控制着文本的批判权。
一方面,传统教育,拉丁和通俗语文学都浸染上人文主义的色彩,
另一方面,人文主义也发生改变。在某种意义上,人文主义在文艺
复兴末期的生存方式是化成若干独立但互相关联的分支。

人文主义中涉及语言、文献和文本的部分发展为复杂艰深但狭
隘的专业化领域,即语言文献学和古典研究。文学和美学部分发
展为一场文学运动,诞生出以古典为楷模的拉丁和通俗语诗歌、历
史和散文小说。这一发展支线还引出对美学原理的发掘和应用,
这是古典文学的基础;再加上新生的亚里士多德诗学的指引,最终
演变成十七世纪的新古典运动。

虽然文法名校的课程都以人文主义为主,而且几乎所有大学都
扩大了人文主义课程的规模,但实际教授的人文主义课程还是专
注于少量经过仔细遴选的古典文学,不动声色地封闭学生的视野,
不把古典文献完整呈现在他们面前、丰富他们的思想、激发他们的
兴趣。拉丁和希腊语文学中有很多挑战现行社会、政治和宗教思
想的内容,但这些作品都被煞费苦心地排除在课堂之外。实际教
学中,人文主义教育只让学生熟悉经过时间考验、往往也经过市场
考验的稳妥文本。人文主义教育允许采用尼科洛·马基雅维利和
约翰·弥尔顿的文本,跳出保守的敬神思想,质疑社会、政治和宗

203　教的既成秩序,但这不是批准、资助学校的控制者的初衷,也不是人文主义学习的正常结果。彼特拉克、伊拉斯谟等先驱者胸怀的以再发现完整的古典往昔来获得重生的梦想,虽然大而无当,却不乏壮丽色彩;这个梦想最终让位于卑微的目标:通过数量有限的"稳妥"的罗马和希腊著述、经过迟缓艰涩的学习,让学童毕业后掌握一定的古典拉丁语阅读能力,如果运气好,还有口头和书面表达的本事,并对古代有个笼统的了解。人文主义起初或许志在给世俗和教会重新注入活力,但经过两三个世纪,已成为权威主义的、小心谨慎的正统社会和等级体制所依靠的壁垒。人文主义的文本和历史批判方法所蕴含的激进潜力,被小心翼翼地限制在狭隘的、细枝末节的古典研究之中。马基雅维利和弥尔顿可以从古典学术中找到在十五世纪早期唤醒部分佛罗伦萨人文主义者的共和政治理念,但大部分情况下,人文主义已被驯服,服从极权君主和既有教会的需求(Grafton 和 Jardine,xii - xv、第 9—28 页)。有些现代评论认为这是人文主义失败的证明,但事实未必如此,因为人文主义从未设过定义明确、细节详实的行动纲领。也许,服从统治精英的要求不是背叛初衷,而是非凡的成功——能融入当下世界的肌理。作为一个群体,人文主义者向来不是真正激进的改革家,就连在教育领域也不是;不管某些现代批评家如何惋惜,他们乐于迎合文艺复兴晚期和十七世纪的权威政治体制,这并不是对第一代人文主义者大而无当的改革梦想的背叛。

　　人文主义确实取得了一些长久的成果。教育变得更偏向文学和古典,中世纪占主导地位的逻辑辩证有所淡化。统治精英也不再完全被封建和军事阶级垄断,文化水平大为提升;宗教也得到改革,虽然其代价是失去宗教统一。尽管特伦特会议后,改革后的天主教会否定了人文主义思想中的若干分支和部分人文主义者(尤其是伊拉斯谟)的思想,重新确立了其中世纪传统中的大量价值观,但每一场大型宗教改革——罗马天主教、路德宗、加尔文派、英国国教会——都非常倚赖文艺复兴人文主义的思想和成果。人文主义学识渗透到高等文化的一切领域,好似融化不见,不再是一场脱离主流的、挑战既成体系的运动——这恰恰是极大的成功。

反哲学运动

204

如果把人文主义看作一场独立存在的智识运动,它就显得犹豫而不明确。我们并不想对彼特拉克、洛伦佐·瓦拉、库萨的尼古拉斯、马尔西利奥·菲奇诺等充满智识魅力的人物不敬,但人文主义——事实上是整个文艺复兴时期,包括经院主义晚期——没有产生哪怕一个可以和柏拉图、亚里士多德、阿奎那等过去的哲学家,或伽利略、笛卡尔、休谟、康德等未来的哲学家比肩的哲学人物。该时期在哲学上的贫瘠不是偶然。人文主义者的出发点就不是发展新的哲学。作为专业修辞家,他们挑战整栋哲学大厦,尤其想要全面阐述现实图景。大部分头脑最清醒、最具影响力的人文主义者把人类的智识活动视为工具,对形而上学兴趣寥寥。他们相信,人类的智识只适合应对生活中出现的具体问题——通常是道德选择问题;不适合苦心孤诣地搭建宽泛的、抽象的哲学体系。第一位人文主义大思想家彼特拉克很明显地表现了这一倾向。他鄙视亚里士多德的智识主义道德哲学,偏好西塞罗的哲学著述所表达的雅典学园派怀疑主义和斯多噶派折衷主义。对抽象思维和系统性构建的鄙夷同样体现在人文主义者对修辞的强调中,这种态度令人困惑,但毫无疑问是存在的。在最一流的人文主义思想家(彼特拉克、瓦拉、伊拉斯谟)眼里,修辞不仅仅是粉饰言谈的技术,也是以有效的、令人信服的言论支持或反对某项事业的手段(Gray,1963;Seigel,1968)。道德哲学,作为人文主义治学中唯一的传统哲学分支,被视作最重要的哲学类型,因为它处理实实在在的人在日常生活中遇到的问题。推崇道德哲学和修辞(人文主义教育理论中真正的核心学科,尽管课堂中的现实是反复灌输语法和西塞罗文体的细节)的背后是一种广泛认可的人性论:人类是感情动物而非智识生物;人生的目标是在一个有血有肉的真实世界中行动,而非弃绝物质世界、在纯精神思辨中寻求满足;趋近上帝必须通过爱和恩典,而不是理性思辨(至少不以理性思辨为主)。

205　　可以想见,这些思想本可以发展成一套完整的、标为"人文主义"的哲学体系。但人文主义者普遍敌视一切过去的哲学体系,甚至包括古代的,这种态度阻碍了其自身哲学的发展。对此,克里斯特勒(P. O. Kristeller)说得不错:人文主义没有明确的哲学。人文主义者普遍回避形而上学问题,倾向于具体问题。正因此,菲奇诺、比科等人尽管具备人文主义技艺,却不能被视为人文主义的典型代表,而应被看作十五世纪某种特定哲学类型的领袖。

作为智识方法的人文主义

　　在欧洲历史中,人文主义的真正作用不是形成所谓"人文主义"的新哲学,而是作为一种智识方法,被用来打倒一切传统信仰。中世纪晚期的思想和社会因分歧、冲突和不确定性而四分五裂。现在,我们不能把晚期经院主义视为垂死和无能的存在,但其主要成就只是对阿奎那等经院哲学盛期的教会哲学伟人的著述加以负面批判。比起创建一套广泛接受的新学说,斯科特斯(Scotus)、奥卡姆(Ockham)等经院主义晚期思想家及其门徒在另一方面的成果要大得多:零敲碎打地破坏十三世纪经院哲学体系。当时,人文主义批评家以他们的争执心和派系对立为理由,指责经院主义哲学家,这种指控始于彼特拉克,传续到伊拉斯谟和拉伯雷,并且继续传承下去。人文主义者无意为经院主义哲学家和神学家所辩论的问题提供更好的答案。他们更乐于指出,这些老掉牙的问题不值得争辩,或是超出人类的认知范畴。如我们所见,人文主义者没有向哲学探寻知识和智慧之源,而是向扑朔迷离的古代——包括基督教和古典古代——探寻。

　　到头来,人文主义著者笔下的"古代"只是个理想化的、含糊的概念,并不能给同代人所困惑和担忧的难题带来充分的解答。人文主义者坚持不懈地挖掘这些古代文明的宝藏——文学、哲学、宗教乃至艺术。在哲学领域,他们不仅努力用从希腊原文翻译的亚里士多德著述新译来系统性地取代中世纪拉丁文本，而且还试图挑战亚里士多德作为第一哲学家的绝对权威。他们的挑战取得了一定的成功——发现并出版了和亚氏对立的古代哲学家的著述。他们之所以付出极大的努力来寻找和翻译其他希腊哲学家作品，其主要动力是希望找到一个能替代亚里士多德的权威。马尔西利奥·菲奇诺把希腊文的柏拉图全集译成拉丁文就是一个突出的例子。 206

　　虽然柏拉图主义成为流传最广的古代哲学并保持至今，但洛伦佐·瓦拉坚持强调伊壁鸠鲁哲学的价值。十六世纪晚期，新斯多噶哲学，以西塞罗、西尼加、马库斯·奥勒利乌斯（Marcus Aurelius）等斯多噶派罗马人对道德哲学的较真态度为着眼点，曾风靡一时，其代表作家包括米歇尔·德·蒙田（Michel de Montaigne）和尤斯图斯·利普修斯。但这些古代哲学的新瓶旧酒都未能取得扎实的立足点，只得到少数人不成气候的关注。连柏拉图哲学也无法动摇亚里士多德在学院派哲学中的统治地位，这主要是因为亚里士多德哲学是唯一包容一切哲学问题的体系，实际上也是唯一研究自然哲学（即自然科学）的体系。因此，到头来，人文主义者攻击中世纪解读亚里士多德的传统方式、攻击各种经院“方法”之间的尖锐分歧，只是让经院哲学对立派系之间的争执已造成的不安和疑问进一步扩大。人文主义运动带来更好的亚氏译本，让人们更清楚地认识到古代对亚氏思想的解读中存在的违和。人文主义者探寻可以替代亚氏的哲学权威，这表明就连备受尊崇的古代也无法达成哲学真理上的共识。在他们的期望中，对文献的再发现、更多古代思想的重见天日，将带来哲学的和谐、调和及统一，这是十五世纪的柏拉图主义者尤其孜孜以求的目标。但对古代哲学更深入研究仅仅揭示了更深层次的矛盾。不管是古代的解读者、菲奇诺等当代解读者，还是经院哲学中各个争执不下的对立派系，都无法终结这种矛盾。

哲学怀疑主义的重生

有一种论点可以应付无法达成哲学统一的困境,即一切人类知识皆可怀疑,一切人类学识——包括古代和经院的——都不可靠。人文主义对经院主义传统价值观的攻击、新教徒对不合经籍的行为及信仰的质疑,两者结合,使很多智识主义者产生了怀疑的态度。而且,在作为信仰最高级的神学领域,新教徒否认教会体制有判断宗教真理的最高权威,这提出了一个同属于神学和哲学范畴的疑问:什么才是判断真理的标准(所谓的智识准绳)。新教提供了一种替代教会权威的宗教真理判断标准,即圣经的文字;但人们在实践中很快发现,不同的人对《圣经》的理解方式不同,所以这一标准终归不如一个人类代表(教皇)所作的权威论断来得确定,当然,前提是人们相信教皇总是会做出正确的判断。神学辩论得不出任何结果,新的基督教正说或异端体系又不断涌现,这可能是哲学怀疑主义重新发端最重要的原因,其怀疑的焦点是人类究竟能不能取得形而上学的确定性,即证明知识完全真实、没有任何疑问。

古代怀疑主义哲学家得到更多关注是怀疑主义发端的另一较为次要的原因;当然,这也离不开人文主义文本研究。中世纪思想家对古代的怀疑主义不太感兴趣,但以学园派怀疑主义的形式,有些怀疑论观点流传下来,在西塞罗和圣奥古斯丁的著述中被后世所知(也被否定)。更激进的皮浪派怀疑主义则很少为人所知,因为该学派只有一名代表性作者的著述流传到当代,即塞克斯都·恩披里柯(Sextus Empiricus);十六世纪中期的人文主义修订者和译者重新发现他的著述并出版,在此之前,他一直无人知晓。1562年,巴黎人文主义界的大学者和出版人亨利·艾蒂安(Henri Estienne)出版了塞克斯都《皮浪怀疑主义大纲》(*Pyrrhonian Hypotyposes*,约公元200年)的拉丁文版,其拉丁文全集也于1569年问世。希腊原文版本直到1621年才付梓。塞克斯都著述的重要部分是通过比喻阐述无法解决的智识难题——不管是肯定还是否定,从而把它们归入皮浪主义所期望的范畴:悬而不决。这两种古代怀疑主义的最终目标是反对哲学教条主义。学园怀疑主义否认人类理性可以取得任何疑问的确定答案,但还是可以选出一个准确性最高的结论。而皮浪主义坚称一切判断都可质疑,针对疑问,唯一正确的应对就是悬而不决。古代怀疑主义还着力攻击一切知识的源头,孜孜不倦地批判感官经验的可靠性,论证感觉是多么容易、多么频繁地误导出错误结论。但相比古代怀疑主义文献的问世,路德质疑教会体制无法担当真理判断的绝对权威标准则更具重要意义。

关心知识是否可靠的作者开始引用塞克斯都·恩披里柯。詹弗朗切斯科·比科·德拉·米兰多拉(Gianfrancesco Pico della Mirandola,1470—1533;他的叔叔乔瓦尼·米兰多拉更有名)最终确信自大的理性主义是对信仰的侵犯,发表《论异端说教的狂妄和基督教义的真理》(*Examen vanitatis doctrinae gentium*,1520)[①]一书,抨击人类理性,尤其是理性主义的首要权威亚里士多德。该书有大量驳斥人类理性可靠性的论证援引塞克斯都·恩披里柯的著述。他想证明的结论是,理性只能导致罪与错,神启才是唯一可靠的真理之源。红衣主教阿德里亚诺·卡斯特勒西·达科尔内托(Adriano Castellesi da Corneto)的《论真哲学》(*De vera philosophia*,1509)比他略早,也颇有相似之处,同样运用怀疑主义攻击对理性的信任,支持仰赖神启。他反对菲奇诺试图让柏拉图主义成为基督教教理的哲学根基的做法,援引西塞罗的学园派怀疑主义展开反对理性的论证。其著述采用反哲学引文集的结构,引自古代拉丁教会的四大教父:圣安布罗斯(Saints Ambrose)、哲罗姆、奥古斯丁和格列高利(Gregory)。

认为理性主义对宗教构成潜在的威胁,这种不信任可追溯至教

208

---

① 全名 *Examen vanitatis doctrinae gentium et veritatis Christianae disciplinae*。——译注

会最早的时代,也是基督教智识分子始终存在分歧的焦点,所以这些身为权威的教父对于理性的价值也有不同看法。对理性的怀疑是十二世纪经院主义早期发展遭到反对的重要原因。一个例子是光明谷的圣伯纳德(St Bernard of Clairvaux)对神学逻辑论证方法的奠基人彼得·阿贝拉尔(Peter Abelard)的敌视。托马斯·阿奎那的理性主义所遭到的敌视在很大程度上来自这种怀疑,尤其是在1277年巴黎主教谴责其理性主义文集这一著名事件之后。在尼德兰的**现代虔信派**等十四、十五世纪的精神复兴运动中,受过哲学训练的学者的自大和无信仰是常见的批判对象,在托马斯·肯皮斯(Thomas à Kempis)的《效法基督》中有清晰的表达,此人既非理性主义者,亦非人文主义者。詹弗朗切斯科·比科和红衣主教阿德里亚诺认为知识源自信仰、强调盲信而非哲学证明,这和《效法基督》非常相似,不过比科和红衣主教阿德里亚诺还通过怀疑主义论证强化其观点。

这一对理性的宗教式怀疑在很多方面和人文主义并无瓜葛,但詹弗朗切斯科·比科和红衣主教阿德里亚诺的作品显示,其支持者有时会援引塞克斯都·恩披里柯、西塞罗的《论学园派》(Academica)等古代文献来支持自己的观点。十六世纪早期最伟大的人文主义者、鹿特丹的伊拉斯谟表达了人文主义的主流批判精神,以机智而有力的论调加深了世人对经院哲学的反感。他特别强调经院哲学敌对宗派和派系之间的琐碎纷争。尽管伊拉斯谟没有质疑早期的人文主义者对古典(与经院主义相区别)传统所表现出的虔敬态度,但他和马丁·路德就自由意志展开的著名争论直接挑战了路德的信念:在改革进程中出现的真理之争——例如预定论、自由意志——可以得出绝对确定的判断。伊拉斯谟刻意拿出怀疑主义观点,声称自由意志、预定论之类的问题非常复杂,连经籍中的证据都存在矛盾;从最初开始,最较真、最诚挚的基督徒就一再争论这些问题,这个事实足以证明不可能取得定论。明智的基督徒会承认,他们在这些问题上只能取得或然性的真理,所以,对于各种不同的或然性判断应审慎地保持宽容。针对保守派天主教,伊拉斯谟的论调是请求他们在路德的问题上加以克制。这么做的根本目的是好让伊拉斯谟继续留在旧教会,这是他个人的决定。抛开怀疑不论,并没有有力的证据能证明旧体制在重大教义上犯了错误,保留传统体制应是较为审慎的做法。

伊拉斯谟在 1524 年和路德公开决裂后不久,德国神秘学者暨人文主义者海因里希·科尔内留斯·阿格里帕·冯·内特斯海姆(Heinrich Cornelius Agrippa von Nettesheim,1486—1535)写了《论艺术与科学的傲慢和无常》(*On the Vanity and Uncertainty of Arts and Sciences*,1530),抨击一切人文主义学术和世俗追求。在某种程度上,这本书应归入讽刺类别,时而幽默时而严肃,针砭各个社会阶层和职业,尤其是教士,敦促这些人洗心革面、放弃邪道。这一类型的作品还有塞巴斯蒂安·布兰特(Sebastian Brant)的《愚人船》(*Ship of Fools*,1494),其德文原版、拉丁文和法文译本都广为流传;伊拉斯谟的《愚人颂》也属于该类别,是迄今为止最有影响力的人文主义讽刺作品。但阿格里帕的《论傲慢》显现出苛烈的攻击力和毫不妥协的决心,要证明一切学识、一切社会和职业团体(尤其是教士)、一切人类的政教体制都是腐败的,其中的人都有罪,一切智识基础都不可靠,纯粹基于猜测和错误的推理。此书在结尾强调信仰的重要性,坚称唯一真正的、确定的知识只能从福音中找到,谦卑的基督信仰者,例如单纯的、耐心的傻子,要比学究更接近救赎。这一思想和**谦卑的信仰者**(*idiota*)很接近。这是十五世纪哲学家库萨的尼古拉斯提出的概念,其著作《论博学的无知》(*On Learned Ignorance*)被阿格里帕引用。虽然唯信仰论的色彩不那么显著,但相同的理念也出现在伊拉斯谟的《愚人颂》中,此书所描绘 210 的完美基督徒,以世俗标准来看就是傻子。

除了言辞毒辣之外,阿格里帕的《论傲慢》和大部分社会讽刺作品的差别在于不加掩饰(尽管不成系统)地运用怀疑主义论证。阿格里帕算不上和蒙田或休谟同类的怀疑主义者,但他确实援引学园派和皮浪主义,也像古代怀疑主义者一样质疑人类探究因果的能力。他对知识论的直接探讨确实很简短,但运用大量怀疑主义论证来阐述感官体验的不可靠，以此证明一切人类知识都可以怀疑。他还指出，人类感官只能带来有关具体对象的知识，所以不可能从具体对象的知识推导出有关因果或任何普适原则的知识。一切科学的高层次概括都只是武断之见，一切概括的证伪都和证明一样简单。真正的真理难以捉摸，凭三段论和其他人类的证明都是无法掌握的，只能靠信仰获得。阿格里帕的这部作品往往被（例如他的 1528 年法文版译者）称作幽默、诙谐、不十分严肃的妙语集，其中的极端言论可供廷臣等想在谈话中卓显自己特立独行的人引用。但在幽默乃至肤浅背后，在对一切职业、教条和社会阶层的否弃背后，有一条不可动摇的普适论断：一切传统、一切知识领域、一切哲学证明都靠不住。我们已无从得知读者对阿格里帕的悲观主义究竟有多当真，不过此书的拉丁文版经常重印，还有英译本（詹姆斯·桑福德［James Sandford］译，1569）和路易斯·德·迈耶尼—蒂尔凯（Louis de Mayerne-Turquet）译的法语版。

表述文化虚无主义的著述中，更广为人知的是弗朗索瓦·拉伯雷所著《巨人传》（*Tiers Livre*，1546）中对皮浪主义的探讨。同样有着严肃的目的和幽默的表达。其笔下的"皮浪派"角色替巴努其（Trouillogan）并不使用标准的皮浪派修辞，使用这种修辞的塞克斯都·恩披里柯作品当时还未出版。他的回答含糊其辞、让人迷惑，因为巴汝奇（Panurge）一个劲地询问是否应该结婚，而他就是不想明确地回答。拉伯雷对怀疑主义并非一时兴起，当然，和很多人文主义者一样，他也对传统经院主义大吐鄙夷的口水。在他笔下，年轻的巨人高康大（Gargantua）为了重新接受更自然、更具人文主义特色的教育，服下强力泻药，好清空之前所接受的大学教育。

211　　在 1562 年塞克斯都·恩披里柯的出版物问世之前，有关怀疑主义的探讨就很常见，但通常流于肤浅和滑稽，更接近拉伯雷，而非詹弗朗切斯科·比科和阿格里帕的风格。神学家和哲学家无法取得共识，这一显著的失败所造成的不安，往往以幽默为伪装。不仅在经院主义学术领域，而且在语法、修辞、道德哲学和整个人文主义学术范畴，比科和阿格里帕的作品都显得更严肃、更有冲击力。他们的与众不同之处在于，两人对人文主义者通过重新发掘古代智慧实现文化和社会复兴的梦想的质疑，几乎和对经院主义的攻击同样猛烈无情。他们只承认人文主义学术有一点明确的优势，即强调语言和原始文本，也就意味着强调经籍，而经籍是可靠知识的唯一真实来源，但这种知识依赖信仰而非理性。

向亚里士多德开战

这类对理性、传统和学术的批评远非传统人文主义者抱怨既成学术文化那么简单。并非所有批判都采用怀疑主义的路线。很多批评以攻击亚里士多德为形式，尽管他依然是哲学和自然科学学术研究的核心权威。其中一个比较重要的批评群体由若干意大利哲学家构成，他们试图以柏拉图主义为基础重建哲学，同时也探讨自然科学问题，这是所有已知的柏拉图哲学文献都未提及的学科。他们常常被称为"意大利自然哲学家"。最重要的人物有弗朗切斯科·帕特里齐（Francesco Patrizi，1529—1597）、贝尔纳迪诺·泰莱西奥（Bernardino Telesio，1509—1588），及两名道明会僧人焦尔达诺·布鲁诺（Giordano Bruno，1548—1600）和托马索·康帕内拉（Tommaso Campanella，1568—1639）。他们都没有完成统一的、自圆其说的哲学体系，但各自援引人文主义学术对哲学文献的发现成果，提出可替代亚里士多德自然科学的其他哲学体系。除了泰莱西奥，其他人都是柏拉图主义者，他们不仅追随柏拉图和新柏拉图主义者（包括古亚历山大里亚的波菲利［Porphyry］、普罗克鲁斯［Proclus］和普罗提诺，文艺复兴时期佛罗伦萨的菲奇诺和比科），还信奉在历史上与柏拉图主义联系在一起的伪哲学和神秘学的作家及著述，包括卡巴拉、赫尔墨斯·特里斯墨吉斯忒斯、琐罗亚斯德、奥菲斯、西比尔神谕、毕达哥拉斯和伪狄尼修。帕特里齐、布鲁诺和坎帕内拉袭承菲奇诺，相信这些神秘学文献代表古代神学智慧、受希伯来和非犹太教圣贤的启示。帕特里齐和康帕内拉像菲奇诺那样强调这些古代或伪古基督教起源的和谐性。帕特里齐甚

至试图说服教皇下令在所有天主教学校传授他的新哲学。尽管被

道明会囚禁三十多年,康帕内拉依然以天主教徒自居,并在著名的乌托邦式政治论文《太阳之城》(*The City of the Sun*,1623)中形容了他所向往的社会——政治和宗教上都由一名高级司铎(教皇)统治,他可以呼唤来自上天的魔法和天体之力。

布鲁诺对神秘学的痴迷更加极端和异端。他认为赫尔墨斯书揭示了真神的智慧,把亚里士多德理性主义和正统基督教贬低为唯物质论的腐败,待他净化基督教、恢复真正的古埃及魔法占星式宗教,这些堕落的宗教都将被扫除。他还以明显的泛神论立场解读柏拉图哲学,传授一切皆上帝的思想。因此,宗教审判庭在1600年处决他的依据是宗教和哲学教义,与他支持哥白尼的日心说、提出宇宙无限大的论点都毫无关系。

和这三名柏拉图神秘学主义者不同,泰莱西奥所受到的异端指控相对较轻。因为他不像前三人那样痴迷于神秘学文献和思辨式的占星魔法,其思想也没有染上这些痕迹。他思想的主要古代来源是罗马诗人卢克莱修的唯物质论伊壁鸠鲁哲学,而非菲奇诺及其门徒玄之又玄的新柏拉图主义。他认为灵魂是细小的有形实物,这听起来是相当危险的理论,但他坚称人类还有一个非物质的灵魂,作为不朽和一切道德及宗教本能的源头,从而保全了天主教身份。这个灵魂是上帝用神迹赋予的,所以不属于自然或自然哲学的范畴。

尽管存在很多细节差异,这四名"自然科学家"都强烈敌视亚里士多德及其经院主义门徒的哲学。四人都把矛头对准亚里士多德在经院哲学思想中的统治力的主要来源——他的自然哲学。攻击的具体对象是他的实体性形式理论:他认为一切物质都由两种不同的因构成,一种是根本的、统一的、无形的质料(亚里士多德认为质料永恒、非创,但其天主教门徒不这么看),另一种是具体的、个别的形式,形式因决定质料因的形状,使每个存在对象成为它所具有的样子。(以人类为例,为其赋予生命的理性灵魂是形式因,这个因把无定无形的质料因塑造成男人或女人。)这四位哲学家都

不能提出令人信服的学说来取代实体性形式理论,但他们所攻击的,确实是亚里士多德自然哲学在十七世纪最终垮台时所消亡的主要理论。他们那些紊乱不经的哲学不能算作人文主义,只是借助人文主义对古代非亚氏文献的修订研究成果来攻击亚里士多德。

　　攻击亚氏自然哲学的当然不仅有帕特里齐、泰莱西奥、布鲁诺和康帕内拉等意大利自然哲学家。在维滕贝格大学,路德因攻讦经院主义神学而对亚里士多德产生敌意,最终决定寻找可在通才课程中取代亚氏自然哲学课本的文本。普林尼的《自然史》被选中,但这锅各种信息和谬误的杂烩毫无体系可言,不适合教学,亚里士多德的《物理学》(*Physics*)及其他科学课本渐渐悄无声息地重返课堂。不管有什么缺陷,至少这些书编排得当、适合教学;菲利普·梅兰克森等指导教育改革的福音派文主义者无法找到够格的替代品。

　　有不少医生开始思索自然科学的基础,对医学教育和实践所依据的亚里士多德理论表示反对。其中很多人援引人文主义对其他古代派哲学家的介绍,因为人文主义发掘出其他哲学文献,并构建出更为历史地思考古代哲学发展的方法,因此亚里士多德不再是"第一哲学家",而只是众多哲学家中的一个。这些不满的医生当中,就有维罗纳的吉罗拉莫·弗拉卡斯托罗(Girolamo Fracastoro,1470—1553)。他的《论传染病及其治疗》(*De contagione*,1546)①是对传染病学的先驱研究。他主张,以实证为基础研究医学,比局限于亚氏和盖伦等希腊医学家的著述更高明。受到苏格拉底以前的哲学家德谟克利特和罗马诗人暨伊壁鸠鲁派哲学家卢克莱修的影响,弗拉卡斯托罗坚持原子论的自然观,这和亚里士多德的实体性形式理论背道而驰。他认为传染病是四处散播的疾病种子或微粒渗透到体内所导致的。

　　亚里士多德科学和盖伦医学的另一名批评家更加出名,但他的理论要粗糙得多。他是瑞士医生特奥夫拉斯图斯·邦巴斯图斯·

---

① 全名 *De contagione et contagiosis morbis et curatione*。——译注

冯·霍恩海姆（Theophrast Bombast von Hohenheim，1493—1541），驳斥一切古典医学，自称帕拉塞尔苏斯（Paracelsus），以此象征他比最著名的古罗马医生塞尔苏斯（Celsus）更伟大。他否定用于分类和解释物质的古典和中世纪标准分类法，把物质对象解释成三种第一原质或元素（水银、盐和硫磺）的不同组合，但他认为这三种第一原质和同名的化学物质并不完全相同。他的学习广泛但不系统，既从古代文献汲取思想，又瞧不起人文主义者和大部分医生尊崇古代权威的态度。他的著述是神学、哲学、化学、专业医学、民间医术、魔法和个人经验的大杂烩。但在不信奉英国国教的从业医生中，他吸引到数量可观的追随者。他能出名、还有这么多追随者，明显可见整个医学圈都开始反对古代古典医学和中世纪阿拉伯医学。

214

　　还有一位十六世纪的反传统医生和哲学家，他叫吉罗拉莫·卡尔达诺（Girolamo Cardano，1501—1576），主要以代数和几何著述得名，尤其是对概率的兴趣。但当时，他的两本哲学著述也很有名。其中较早的一本是《论智慧》（*On Wisdom*，1544），他在此书中把"人文主义科学"和"自然知识"进行了鲜明的对比，前者的内容以修辞和道德为主，主要被统治者用来管理和欺骗人民，后者的目标是"通过理性发现真实的构造"。"自然知识"并不排斥神秘学，尤其是一直在欧洲医学里发挥重要作用的占星学。他的《论精妙》（*On Subtlety*，1550）是集自然哲学大成的作品，有强烈的反亚里士多德色彩。此书相当晦涩，但确实动摇了亚氏自然哲学的根基，被一再重印。

　　在中世纪和文艺复兴时期的大学里，自然科学和医学与一般哲学密切相关。两名"自然哲学家"和一批不信奉国教的医学著者都把矛头对准亚氏哲学，意图推翻其有效性。亚里士多德的权威性在神学领域也受到挑战，质疑者不仅有路德、加尔文和其他新教神学家，还有伊拉斯谟等人文主义神学家，他们也许不认同新教对教廷权威的否定立场，但有一点和后者基本达成共识。他们都认为，高等经院哲学采用亚氏逻辑辩证构造思辨式神学的努力完全没有出路，解释经文（主要通过语言学和文献学方法）才是适合神学的使命。不管是伊拉斯谟派人文主义者审慎而含糊地承认经院哲学对宗教依然存在有限的价值，还是新教徒在致力于使其教义体系化的过程中对很多经院主义惯例的复辟，都没有真正减轻他们的反逻辑论证批判所造成的震撼效果。尽管十六世纪早期出现过有迹可循的经院哲学复兴（尤其是托马斯·阿奎那思想研究的复兴），尽管新托马斯主义成为特伦特会议后天主教会的准官方哲学，新经院主义还是只在完全以天主教为主的国家兴盛——这是教会控制学校和媒体的结果。后来的经院哲学思想家确实也有一定影响力，甚至影响到新教地区，但他们的著述大多和现代西方文化中的主流哲学及科学发展无关，甚至相对立。文艺复兴后的西方思想史中，所有重要人物都不是任何中世纪经院哲学博士的传人，甚至没有一个算得上是亚里士多德或柏拉图哲学的真正传人。亚里士多德以及经院哲学之所以垮台，主要是十六世纪发端、直到十七世纪中期方才成熟的新科学思想造成的。但十六世纪反抗亚里士多德的声势也为后来的发展做了一定的铺垫。

探寻新的逻辑

不仅医学、自然哲学和神学领域出现了反亚里士多德主义，就连经院哲学思想的根本方法论和最后庇护所——逻辑——也不例外。作为中世纪逻辑辩证教学的核心，三段论从未非常有效地解释如何推演和证明新的命题。其强项在于从已被认可的命题出发，通过演绎得出结果。而对于归纳的过程，即通过研究具体现象找出有效的概括性结论，三段论就显得相当牵强和无效。晚期经院主义思想家已经明显意识到其弱点。几乎完全未受人文主义影响的晚期经院哲学家，在 1300 到 1600 年间进行了若干科学调查式的逻辑研究，尝试分析感官体验、综合重组为有效概括的思维过程。实际上，现代科学实验方法的首位成功的实践者伽利略（Galileo Galilei）就是这一学术路线的产物，但他更进一步，对这种方法的应用比所有前辈都更成功。

215

人文主义学者在十五世纪就加入到批判经院主义逻辑的行列，但和希望设计出用于科学发现的新逻辑的经院主义哲学家（以意大利人为主）相比，其批判的理由大不一样。人文主义者质疑的是占经院哲学主导地位的人性智识论。他们的目标并非追求绝对的、确定的证明，而是获得在日常生活中进行决策所需的指引，这种决策几乎不需要判断永远有效的普适真理。他们认为，现实生活中的大部分决定，是权衡两种或多种行动方案的利弊后做出的。这类决定——例如要不要结婚、要不要投资某项生意、要不要为某王公效力——本质上属于道德决策，和绝对真理无关。决定时要考虑的是或然性。因此，昆体良等古代著者大量使用或然性判断进行的修辞论证看来比正式三段论更符合人类的需要，后者只能用于大学里的清谈诡辩。洛伦佐·瓦拉的《逻辑论证论辩》（*Dialectical Disputations*）明确表达了这一修辞高于逻辑论证的立场。如第五章所述，伊拉斯谟用怀疑论驳斥路德的教条主义时，也体现了瓦拉所坚持的观点，即或然性决策在人生中不可或缺。人文主义者竭力改革教育，其一大目标就是用定义更宽泛的逻辑论证取代死板的、本质上无用的经院主义传统正式逻辑，把逻辑看作纯粹的基础学科，给予或然性判断更多的关注。因此，人文主义者编写的逻辑教材更注重修辞和或然证明。如前文所述，这类教材中最有影响力的是 1479 年鲁道夫·阿格里科拉所著《论辩证的发明》，但到 1515 年才出版。此书出版后，阿格里科拉的逻辑论证专著和若干衍生作品很快在大学里占得上风；从大约 1530 年开始，旧的中世纪逻辑指南、西班牙的彼得吕斯所著《逻辑大全》淡出课堂，几乎不再重印。

人文主义所构建的新逻辑并未直白地攻击亚里士多德逻辑，但在经院哲学的中心巴黎大学，有一名反传统的教师展开了这项直接挑战亚氏权威的事业。他是彼得吕斯·拉米斯（Peter Ramus，皮埃尔·德拉·拉梅[Pierre de la Ramée]，1515—1572），法国、尼德兰和英格兰的加尔文派对他的逻辑论证著述尤其感兴趣，也许主要原因不是拉米斯本身的才华，而因为他是 1572 年巴黎的圣巴托罗缪之夜被屠杀的雨格诺派殉教者之一。在其生涯早期,拉米斯就公开批评亚里士多德,甚至质疑其名下作品的真实性。作为文科学部的教师,他对亚里士多德的攻击超出了自己的经验范畴。他的结论是,亚里士多德的逻辑论文复杂艰深、毫无必要,难以向学生传授,而且占用学生太多课时,使修辞等更有用、更重要的学科得不到关注。他在 1543 年发表的两篇早期文章否定传统文科课程,要求完全废弃亚里士多德逻辑,这引起极大的愤怒,弗兰西斯一世查禁此书,并禁止拉米斯教哲学。他本人的逻辑论证学著 217 述在很大程度上源自阿格里科拉的专著,其大成者是《逻辑论证》(*Dialectic*,1555),他宣称此书具有智识上的重大意义,且无亚氏痕迹,但事实并非如此。不过,他发表的著述使逻辑改革成为哲学界和教育界的当下议题。作为教师的极大成功也是他影响力的来源。新王登基后,他重获王室青睐,1551 年获任王室学院(Collège Royal)的讲师职位,其课堂学生景集;整整一代年轻哲学家开始敬仰他、成为拉米斯主义者。而且,尽管其著述让大部分现代读者感到乏味艰涩,但他技巧性地运用印刷术的绘图潜力,把知识点组织成表格,帮助当时的人直观感受各种概念之间的关系、对自己的逻辑论证水平有更清晰的掌握。拉米斯未能完成其承诺——用新逻辑解放人类思想,脱离反自然的、人为扭曲的亚里士多德体系千百年来的禁锢,但其作品确实表达了对传统学术的不满,并引发共鸣。拉米斯煞费苦心,让智识方法成为热门话题,从而为下个世纪提出追求真理新方法的思想家铺平道路,其中比较突出的有培根和笛卡尔。

智识无序的危险

这林林总总的来自不同方向、不同源头的发展进程,使智识无序成为一种潜在的危险,如果任其滋蔓,可能无法收拾,除非追随詹弗朗切斯科·比科等唯信仰论者所提倡的盲信一途。按人文主义者总是大而化之的梦想,古典文献的再发现应该能轻易解决当代社会、宗教和智识上的疑惑，但这个梦并没有成真。事实上，后来有很多人文主义者倾向于钻研卡巴拉、赫尔墨斯书等所谓的古代智慧中包含的神秘学、魔法和占星之类的伪科学；可见，当人文主义者原本热衷的解决疑惑和不确定性的方案破产后，他们是多么走投无路。他们致力于发掘的魔法、占星、巫术和其他神秘学知识，深深扎根于古代文化，总能在经院哲学的高等文化和中世纪流行文化中找到一席之地。至少在受教育阶层中，以理性为主导的亚里士多德哲学原理对这类文化浮渣起到一定限制作用。菲奇诺、比科等严谨的、通常不乏才能的思想家会痴迷于古代和伪古的神秘学知识，这说明古代文学和哲学的主要成果未能达成智识和谐，仅仅揭示出越来越深层次的冲突和不确定性。投入人文主义事业、致力于恢复古代智慧的人在古代文明的文学遗迹中越挖越深，他们轻率地认为，既然从拉丁文作者塞内加和西塞罗、希腊文作者柏拉图和亚里士多德身上找不到终极智慧，就必须到埃及的赫尔墨斯、犹太的卡巴拉、毕达哥拉斯的神秘学等更古老的文本中寻找。作为文艺复兴晚期文化的特征，对魔法和占星的狂热以及野蛮的猎巫运动，植根于和新教改革有关的宗教动荡，以及丢弃传统价值观和习俗、迎接市场经济的不确定性所造成的社会冲突。但这些特征也有智识方面的根源，因为既接纳又限制神秘学信仰的经院哲学理性主义渐失孚信，新的思想产生越来越大的影响力。

218

人文主义学术让文化无序的萌芽更加苗壮——他们发现塞克斯都·恩披里柯的作品，并在 1561 和 1569 年出版拉丁译本。塞克斯都·恩披里柯在思想界的地位并不重要，但他概述了古代怀疑主义哲学中最激进的皮浪派学说，有助于文艺复兴晚期思想家表达其日渐高涨的疑虑。十六世纪后期在法国兴起的严肃和全面的怀疑主义哲学具有重要的历史意义，因为，比起同一时期的意大利所出现的各种最终偃旗息鼓的"自然哲学家"，这一怀疑主义哲学更清晰地表明，作为一种智识方法、一种解决当时智识界疑惑的解答，人文主义和经院主义一样，彻底江郎才尽。文艺复兴时期的智识界曾自信地以为，只要完成对古代的再发现，即可很快找到一切问题的解决办法。怀疑主义则唐突地指出，没有人能得到任何方案，真理和秩序绝非人类思想可及。

有一些蛛丝马迹表明，晚期经院哲学中也存在怀疑主义观点，尤其是奥卡姆的威廉（William of Ockham）及其门徒对哲学现实性的质疑，但这些观点没有进一步发展下去。我们已经看到，詹弗朗切斯科·比科运用塞克斯都·恩披里柯的观点质疑人类理性取得确然性的能力；阿格里帕至少小试过怀疑主义的深浅。彼得吕斯·拉米斯的友人奥默·塔隆（Omer Talon）用西塞罗的学园派怀疑主义为拉米斯攻击亚氏逻辑提供依据；尽管拉米斯不是怀疑主义者，却被其敌对者如此指责。拉米斯的另一友人居伊·德·布鲁斯（Guy de Brués）在一份对话集中否定怀疑主义，但也指出怀疑主义观点广为人知，是风靡一时的诗人团体昂七星所讨论的话题。219参与宗教争论的新教和天主教徒（但以天主教徒为主）经常使用怀疑主义来反驳否定其教义的论证。

桑切斯和蒙田

十六世纪法国哲学怀疑主义的两名核心人物是葡萄牙出生的医生弗朗西斯科·桑切斯（Francisco Sanches，约 1550—1623）和富裕贵族出身的米歇尔·德·蒙泰涅（Michel de Montaigne，通译蒙田，1533—1592）。前者在儿时全家移居波尔多，后在图卢兹行医教学；后者是波尔多议会参赞，曾在极其动荡的宗教战争期间担任波尔多市长，并作为新教领袖纳瓦拉的恩里克（Henry of Navarre）身边的天主教温和派，在战争期间扮演了重要的调停角色。桑切斯的怀疑论集《皆不可知》（*That Nothing Can Be Known*，1581）是对亚里士多德知识理论基础鞭辟入里的分析。他攻击亚氏定义原理，更攻击其科学证明原理，声称只有当构成大前提和小前提的命题都为真，三段论结论才为真（而不仅仅形式有效），而亚里士多德未能提供任何有效的、真实的证明命题为真的方法。因此，桑切斯认为，亚氏逻辑对科学发现毫无用处。剩下的只有直观感受对具体对象的认知,但就连这一认知也不可靠,因为感觉易于被表象欺骗。和阿格里帕或詹弗朗切斯科·比科的文章不同,桑切斯的短文是对人类获取知识的途径所进行的彻底的哲学批判,但很少重印,看起来也未产生很大影响。

而蒙田的境遇大不相同,他的法文《随笔集》出版于 1580 到 1595 年间,明显受到塞克斯都·恩披里柯的皮浪主义思想的影响。这些文章很快风靡起来,跻身法语文学的杰作之列。个人随笔、把自己设为著述主角这一文学形式是他的创新。他不是成体系的哲学家,其实也完全不以哲学家自居。除了皮浪主义怀疑论之外,他的思想中还有很多元素,比较突出的是在伦理问题上倾向于有限的斯多噶主义。虽然不是专业学者,但其拉丁文造诣不凡。他对 220 古典拉丁文学的熟悉、对希腊作品的法语或拉丁语译本(在本书所涵盖的文艺复兴晚期的欧洲,这类译本很多)的熟悉,哪怕放在那个人文主义教育盛行的年代看,也是非常不俗的。他的《随笔集》满是信手拈来的典故,但并不是刻意的掉书袋,而是生气勃发的思考。

蒙田通过学习总结出一条规律:人类对一切问题都存在广泛的分歧,万事无确定。极端文化相对主义在他对古代文学的探讨中贯穿始终;其思想也很有冲击力,因为他用欧洲大航海的新发现来支持这一文化相对主义观点。这是智识界不断了解古代和中世纪所未知的欧洲外部文化后,对欧洲既有传统发起挑战的漫长过程中的一个较早的例子。他的极端相对主义甚至连宗教也不放过,并由衷地坦承,"基督徒这一称谓之于我们,和佩里戈尔人或日耳曼人全无二致"——也就是说,宗教信仰取决于出身、地理位置等偶然因素。在其著名随笔"论蛮夷"中,他的文化相对主义表现得特别有力。此文描述了他和若干从被带到法国的美洲巴西土著的会面经过。他对古典的引用卓显其人文主义底子,但极端相对主义的论调和对现代发现的运用又与古典传统相背离,表明他已把传统人文主义远远抛在身后。

除了普遍的相对主义态度,他还有明确的皮浪派哲学立场,这在其篇幅最长的文章"为雷蒙·塞朋德辩护"中阐述得最为完备。这篇文章是为一位籍籍无名的十五世纪神学家的辩护,此神学家试图表明每条基督教教义的真实性都可以通过哲学论证来证明,但他的追求过于狂热,完全把信仰丢到一边,从而招致宗教审判庭的审查。蒙田为塞朋德无效的证明所进行的"辩护",实际上是阐述一切哲学证明都像塞朋德的证明一样违背理性、谬误百出。蒙田援引主要来自西塞罗和塞克斯都·恩披里柯的怀疑主义论证,声称人类思想的力量非常弱小,人类不但只是动物,而且在很多方面绝对不如其他动物。他以美洲土著为例,证明蛮夷的简单生活比博学的哲学家更纯洁高贵。他反复引用古代和现代哲学家的观点,以阐述哲学只能带来不确定和冲突的论点。真正的宗教绝不能以流沙般的人类理性为根基,而必须牢牢安置在信仰之上。一些蒙田的解读者认为这一唯信仰论的结论言不由衷,是作者骨子里的无信仰的伪装;而另一些人则视之为严肃的辩解,想解释为何尽管教会腐败、理性也无法证明其教义的真实,而作者依然保持天 221 主教信仰。蒙田毫不掩饰地推许皮浪派怀疑主义,支持该派对一切哲学问题不加判断的主张。他借用了塞克斯都惯用于证明一切肯定的断言都可质疑的比喻或悖论,并指出,定义和语言具有模糊性,思想无法控制、甚至无法察觉到自身的进程,而最让人崩溃的是,一切人类知识的来源都是极不可靠的感官,所以这来源也是不可靠的。蒙田的《随笔集》流传甚广。一些他的追随者把他的思想进一步发扬光大,虽不如他那样才华横溢,但系统性更强,例如皮埃尔·沙朗(Pierre Charron,1541—1603),他有意识地运用蒙田的皮浪派哲学来捍卫天主教,反驳加尔文派的批评。

文艺复兴梦想的死去

文艺复兴人文主义不是一种哲学。它和蒙田及其传人的怀疑主义不是一回事,这点毋庸置疑。但它与一个梦紧紧维系在一起,这个梦想是重新发现古代文献——更重要的是,重新发现希腊和罗马文明的价值和内在的秘密,从中找到解决欧洲一切弊病和不足的万能灵药。蒙田固然精熟于古典文学,但其《随笔集》却宣告了这个梦想的破灭。弗朗西斯·培根(Francis Bacon)、勒内·笛卡尔(René Descartes)等早期现代科学和哲学的奠基人宣称,他们已抛开陈腐旧学(不唯中世纪,还有古代)的包袱,开启了探求真理的新篇章。这些话颇有夸大,可谓自欺欺人。现代研究表明,培根相当熟悉泰莱西奥和布鲁诺的思想,他自己的思想体系也受文艺复兴晚期的魔法观的影响。笛卡尔承认年轻时受到康帕内拉的影响;现代学者在其成熟体系中找到很多已被丢弃的亚里士多德自然哲学的蛛丝马迹,这是他在耶稣会的老师教的。但十七世纪,欧洲科学和哲学确实翻开了新的篇章,尽管都继续受到往日传统的滋润和拖累。不管是对笛卡尔这样的理性主义者,还是培根和牛顿这样的实证主义者,怀疑主义对传统学术的攻击都为他们提供了一个起点,否则,他们就只能小心翼翼地缩小探寻的范围,仅研究少数定义狭隘的问题。培根在《伟大的复兴》(*The Great Instauration*)中评价,希腊和罗马人代表的不是古代智慧的结晶,

222 而是人类年轻时不成熟的猜想,这种想法在他以前的任何时代都是不可想象的。这表明,人文主义通过古代智慧的再发现重生文化的梦想一去不复返了。培根在 1626 年去世,此后两代人的时间跨度内,科学的定义和实践都彻底改头换面。到该世纪末,科学这一术语的含义限定为通过实证研究开展定量分析解答问题的学问(至少在引领新文化的英国是这样),而其他一切知识,包括很多曾经是古典、中世纪和文艺复兴文明核心的学科,都降格成单纯的观念。当然,这些发展内容远超出本书的主题。

人文主义的后世

人文主义学识在某种意义上过时了,但依然熏陶西方文化数百年,并存续至今,只是形式已变,不再属于纯粹的古典。人文主义学识中的某些部分以古典语言比较学的形式存续下来,这是对古

代文学的研究。还有史学对过去具有现代性和批判性的独特思考方式,也是人文主义的余韵。更宽泛地讲,文艺复兴人文主义已给现代人的自我认识烙下永久的印记,因为是人文主义历史观首先教导我们,我们也是无常世事所造就,在人类生理的局限范围内,一切人类价值观、思想和习俗都是时间和空间的偶发产物。作为把现代和传统文化区别开来的独有特征之一,文化相对主义因欧洲人发现非西方社会而得到有力的佐证;但其最早的根源在人文主义者的历史观之中,这是一种对变化和偶然性的认识,任何其他文明,包括古代希腊和罗马,都未尝得出这样的认识。与这一历史观明显相联系的,是这些修订、翻译和疏证古书的人文主义者发展出的反思式、批判式的思维模式。对确信的对象进行批判分析是很难的,很多精干的人文主义文献批评家不愿承认他们所坚信和衷爱的权威靠不住,即可见其一斑,例如伪狄尼修和赫尔墨斯·特里斯墨吉斯忒斯,他们的伪经特征其实相当明显。只有瓦拉、伊拉斯谟、斯卡利杰尔、卡索邦等思路清晰、立场坚定、不乏勇气的思想家,才能向世人尊崇的古代举起致命的刀刃,去伪存真,把大法官狄尼修和埃及智者赫尔墨斯彻底扫入垃圾堆。这种人文主义者是罕见的,也是伟大的。大部分人文主义者(类似大部分经院主义思想家,以及一切时代的大部分学术界人士)是畏缩不前、缺乏创新精神的学究,他们回避争端,谨小慎微地服从当时当地主流的宗教和政治体系,对古典宝库中可能让智识界耳目一新的瑰宝视而不见,只择取少量当局认可的、稳妥的著述做学问。这些著述被老师和学生字斟句酌地死读,不为探寻醍醐灌顶的新思维,只为钻研合适的古典拉丁用词、用语和用例,以及关于古代的各种零碎信息,让学生写出合于文法、稳妥而枯燥的文章,讲出类似的演说,以此表明他们是受过教育的人。223

　　但对传统智慧的批判和质疑始终在文艺复兴人文主义思想中不安分地骚动。人文主义者整体上也许是一群驯服的庸才,然而批判的潜力始终存在;从彼特拉克开始,一些重要的人文主义者对他们自己的群体展开批判。在现代西方文明中,令当局乃至民众失望的是,智识阶级并没扮演好作为旁观者和批判者剖陈时弊、寻求良方的角色。智识阶级未必是革命者,有时只发牢骚;但他们无疑是批判者,也是潜在的改革者。智识阶级在古代通常不是这一角色,在中世纪则肯定不是——尽管格列高利七世(Gregory VII)、光明谷的伯纳德等人确实开展改革活动。人文主义者有独特的新史观,把历史看作延续的、不断变化的人类文明,因此他们给自己确立了批评者、改革者和追求美好往昔的复古者的身份。彼特拉克、瓦拉、马基雅维利、伊拉斯谟等人文主义者,率先把智识阶级定义为有是非观的苛求者和批判者,他们的方式和程度各不相同,但始终怀着同一梦想——把握古代精髓,藉此创造更好的未来。所以毫不意外的是,人文主义者中最优秀的头脑也更受苏格拉底和西塞罗的吸引,前者自称雅典人的牛虻,后者是爱国的政治家,竭力防止罗马元老院的贵族亲手毁掉自己的共和国,但徒劳无功;相比之下,古典传承中以注重精神层面、政治上逆来顺受为典型特征的柏拉图和新柏拉图派,则不太受他们的青睐。崇古信古、相信古代有治世良方的信仰的消弭,从蒙田时代已见端倪,至十七世纪成为定势;但批判的精神、改良的希望(不独依靠“再发现”古代),乃至于使用媒体、诉诸民意的习惯则一一保留,这一切俱为文艺复兴人文主义文化的遗产。

参考书目

引言（及全书）

人文主义及意大利文艺复兴学术研究的开山经典之作是 Jakob Burckhardt，*The Civilization of the Renaissance in Italy：An Essay*，翻译 S. G. C. Middlemore，3rd edn(有很多版本，包括 London：Phaidon，1950)；德文首版出版于 1860 年。尽管现代研究对其阐述提出质疑，还更改了部分事实陈述，但此书依然值得严肃的学习者关注，而非单纯的史学史地标。学识沈博的 Wallace K. Ferguson，*The Renaissance in Historical Thought：Five Centuries of Interpretation*(Boston，1948)一书追溯了布尔克哈特的论点从文艺复兴到二次大战的兴衰过程。研究中世纪的史家提出质疑的代表性作品是 Charles Homer Haskins，*The Renaissance of the Twelfth Century*(Cambridge，Mass.，1927)，但书中没有直白地攻击布尔克哈特。研究中世纪的史家对文艺复兴时期和人文主义整体上带有极大的敌意，特别能体现这一点的是 Lynn Thorndike，'Renaissance or Prenaissance?'，*Journal of the History of Ideas* 4 (1943)：65 - 74，更全面的论述见其宏篇 *History of Magic and Experimental Science*，8 vols.(New York，1923 - 1958)，尤其是第 3—6 卷。但他对"文艺复兴"和"人文主义"的定义带有偏见，如今的严肃学者应不会支持。弗格森一书按年代记载了文艺复兴史在二十世纪四十年代几乎不复为学术学科的过程；但当时，后续的"文艺复兴"和"人文主义"概念重建的基础研究已经出现。整体介绍这一新学术领域的早期著述中，较有影响力的是 Myron P. Gilmore，*The World of Humanism*，*1453 - 1517*(New York，1952)、Denys Hay，*The Italian Renaissance in Its Historical Background*(Cambridge，1961；2nd edn，1977)。关于为这些早期学术综述奠定基础的专门研究，William J. Bouwsma，*The Interpretation of Renaissance Humanism*(Washington，1959；2nd edn 1966) 是一份不错的简要指南，后经修订并改名为 *The Culture of Renaissance Humanism*（1973）。Christopher S. Celenza，*The Lost Italian Renaissance：Humanists，Historians，and Latin's Legacy*(Baltimore，2004)是对"文艺复兴

问题"用心颇深的再思考,对克里斯特勒、加林和巴龙的著述中蕴含的智识前提假设给予了相当的关注。另见 Benjamin G. Kohl, *Renaissance Humanism*, *1300 -1550*: *A Bibliography of Materials in English*(New York, 1985)。

关于意大利的整体社会和经济背景,见 Lauro Martines, *Power and Imagination*: *City-States in Renaissance Italy* (New York, 1979), 及 John Larner, *Culture and Society in Italy*, *1290 -1420*(New York, 1979)。Robert S. Lopez,'Hard Times and Investment in Culture',收录于 *The Renaissance*: *A Symposium*(New York, 1953),是以文艺复兴的经济萧条为背景的经典叙述。这篇论文一直存在争议,虽然被广泛接受,但在如今的经济史界不再代表流行的观点。见 Judith C. Brown,'Prosperity or Hard Times in Renaissance Italy?', *Renaissance Quarterly* 42(1989): 761-780。真正的困难在于缺乏全面了解十四和十五世纪的整体经济状况所需的证据。

Roberto Weiss, *The Dawn of Humanism in Italy*(London, 1947)是一份针对帕多瓦的前人文主义以及城市社会对于平信众文化崛起之重要性的前沿研究,但在篇幅和完整度上都已被 Ronald G. Witt, '*In the Footsteps of the Ancients*': *The Origins of Humanism from Lovato to Bruni*(Leiden, 2000)所取代。一些大学标准教科书(Ernst Breisach、De Lamar Jensen、Charles G. Nauert、Jr, F. H. New、Lewis W. Spitz)提供了政治、社会、宗教和文化的总体背景;但这些叙述相当简略,其中引用的 Wallace K. Ferguson, *Europe in Transition*, *1300 -1520*(Boston, 1962)值得一提,此书对这些背景的介绍丰富详实、学识沈博,惜乎对人文主义历史意义的探讨有所保留。

人文主义学习者都应阅读人文主义者的著述,但这颇为困难,因为大部分著述都以拉丁文写成;除了少数重要人物的著述,大部分人文主义者的拉丁评注版本、英文及其他现代语译本都非常稀少。当代评注本和英译本的缺乏是 Celenza, *The Lost Italian Renaissance* 一书的中心主题。有两个重要人物的著述是例外,即 *Collected Works of Erasmus* 和 *The Yale Edition of the Complete Works of St Thomas More*,前者致力于呈现伊拉斯谟所有作品的英译本;后者为拉丁文和英文双语本,部分内容和 *The Selected Works of St Thomas More* (仅英译)重复。伊拉斯谟和莫尔还有单行英译本,*The Praise of Folly* 和 *Utopia* 是两大主要作品。另有若干伊拉斯谟选集,最新版本出自 Erika Rummel。马基雅维利的 *Prince* 有很多语言的译本,篇幅更长的 *Discourses* 也有译本,但重印较少;*History of Florence* 和 *The Art of War* 也有可读的译本。尽管彼特拉克是人文主义的核心人物之一,他的拉丁作品只有少量被英译,大部分还是通俗语诗歌。本书后半部分讨论的、与人文主义有关的主要文人都有丰富的英文版作品,例如薄迦丘(但只有通俗语作品)、卡斯蒂廖内、拉伯雷、昂古莱姆的玛格丽特和蒙田。比科·德拉·米兰多拉的 *Oration on the Dignity of Man* 有多个版本。洛伦佐·瓦拉的著述有 *On the Donation of*

226

Constantine（1922；New York 再版，1971）和同书节选的拉丁—英译本，以及 *The Profession of the Religious*，拉丁—英译，（2nd edn，Toronto，1994），两书译者均为 Olga Zorzi Pugliese；另有 *On Pleasure/De voluptate*，A. Kent Hieatt & Maristella Lorch 拉丁—英译（New York，1977）。佛罗伦萨书商 Vespasiano da Bisticci 著有 *Lives of Illustrious Men* 一书，内容琐碎但很丰富，此书再版为 *Renaissance Princes，Popes，and Prelates*（New York，1963）。学生只能通过文集了解大部分人文主义者的著述。*The Renaissance Philosophy of Man*，Ernst Cassirer et al. 主编（Chicago，1948）；Benjamin G. Kohl & Ronald G. Witt，*The Earthly Republic：Italian Humanists on Government and Society*（Philadelphia，1978）；Renée Neu Watkins 主编，*Humanism and Liberty：Writings on Freedom from Fifteenth-Century Florence*（Columbia，SC，1978），这三部文集都被广泛用于教学。以下文集可提供不同版本的文本：Paul F. Grendler 主编，*An Italian Renaissance Reader*（Toronto，1992）；Kenneth R. Bartlett 主编，*The Civilization of the Italian Renaissance*（Lexington，Mass.，1992）；Werner L. Gundersheimer 主编，*The Italian Renaissance*（Englewood Cliffs，NJ，1965）以及 Arthur B. Fallico & Herman Shapiro 主编，*Renaissance Philosophy*，vol. 1：*The Italian Philosophers：Selected Readings from Petrarch to Bruno*（New York，1967）。一些北方人文主义者的著述收录于 Fallico & Shapiro 主编，*Renaissance Philosophy*，vol. 2：*The Transalpine Thinkers*（New York，1969）和 Lewis W. Spitz 主编，*The Northern Renaissance*（Englewood Cliffs，NJ，1972）。收录作者更多但篇幅较简的两份文集是 James Bruce Ross & Mary Martin McLaughlin，*The Portable Medieval Reader*（New York，1949）和 *The Portable Renaissance Reader*（New York，1960），两者展示了中世纪和文艺复兴 227 之间的界线是多么模糊。编纂中的"I Tatti Renaissance Library"丛书将改善缺乏人文主义著者英译本的状况，该丛书由 Harvard University Press 出版。至今已出版的书目包括 etrarch、Boccaccio、Pope Pius II、Leonardo Bruni、Angelo Poliziano、Marsilio Ficino 等人著述的拉丁文版本和英译本，以及 Craig W. Kallendorf 主编的 *Humanist Educational Treatises* 选集。对于能够阅读拉丁文的读者，老版 Eugenio Garin 主编，*L'educazione umanistica in Italia*（Bari，1959）是一套有价值的文献。考虑到中世纪和文艺复兴社会普遍厌恶女性的风气，芝加哥大学出版社出版、Albert Rabil，Jr 主编的丛书"近现代欧洲早期的另类观点（The Other Voice in Early Modern Europe）"提供了丰富的译文，介绍了女性在文艺复兴和后文艺复兴文化中的角色。丛书收录了 Agrippa von Nettesheim、Juan Luis Vives 等男作家谈论女性的作品，也有杰出女性作家的作品，包括 Laura Cereta、Cassandra Fedele、Tullia d'Aragona、Olympia Morata 和 Vittoria Colonna。

第一、二、三章（意大利）

对文艺复兴人文主义的当代探讨,以推翻十九世纪后期和二十世纪初的一批作者语焉不详的定义为开端,他们把人文主义定义为完整的、与中世纪经院哲学相抗衡的哲学体系,代表了唯物主义、政教分离主义、反宗教主义等现代哲学主导思潮的崛起。有一批学者致力于用人文主义者自己的语言来定义文艺复兴人文主义而不依赖现代自由主义语境,其领导者是保罗·奥斯卡·克里斯特勒(Paul Oskar Kristeller),他的大量著述给出了严格狭隘的人文主义定义,这种定义可以在人文主义者自己的著述中找到。最好地表达其思想的是他的演讲和论文集 *Renaissance Thought*: *The Classic*, *Scholastic*, *and Humanist Strains*(New York, 1961),另两部文集 *Renaissance Thought II*: *Papers on Humanism and the Arts*(New York, 1965)和 *Renaissance Concepts of Man and Other Essays*(New York, 1972)也有所表现。另一方面,有一些重要的研究著述探讨了人文主义更宽泛的文化意义:例如 Eugenio Garin, *Italian Humanism*: *Philosophy and Civic Life in the Renaissance*, Peter Munz 译(New York; 1965); Charles Trinkaus, *In Our Image and Likeness*: *Humanity and Divinity in Italian Humanist Thought*, 2 vols. (Chicago, 1970); Jerrold E. Seigel, *Rhetoric and Philosophy in Renaissance Humanism*: *The Union of Eloquence and Wisdom*, *Petrarch to Valla* (Princeton, 1968); Nancy S. Struever, *The Language of History in the Renaissance*: *Rhetoric and Historical Consciousness in Florentine Humanism* (Princeton, 1970); Hanna H. Gray, 'Renaissance Humanism: The Pursuit of Eloquence', *Journal of the History of Ideas* 24(1963): 497 - 514。关于人文主义群体中不同思潮的碰撞,下文是宽泛的解读式研究:William J. Bouwsma, 'The Two Faces of Humanism: Stoicism and Augustinianism in Renaissance Thought', 收录于 *Itinerarium Italicum*: *The Profile of the Italian Renaissance in the Mirror of its European Transformations*, Heiko A. Oberman & Thomas A. Brady, Jr 主编(Leiden, 1975),第 3 - 60 页,重印收录于 Bouwsma, *A Usable Past*: *Essays in European Cultural History*(Berkeley, 1990),第 19 - 73 页。一部以极大心血全面分析人文主义诸多分支领域的著述是 Albert Rabil, Jr 主编, *Renaissance Humanism*: *Foundations*, *Forms*, *and Legacy*, 3 vols. (Philadelphia, 1988)。Hay, *The Italian Renaissance* 简明扼要地解释了人文主义的含义。一部尝试以较短的篇幅进行解读的作品是 Sem Dresden, *Humanism in the Renaissance*, Margaret L. King 译(London, 1968),书中还提到了北方的人文主义。Eugene F. Rice, Jr, *The Renaissance Idea of Wisdom*(Cambridge, Mass. ,1958)追溯了一个重要概念从中世纪到文艺复兴末的发展轨迹。

在重新以历史角度发掘彼特拉克思想的过程中,关键著述是 Theodor E.

228

Mommsen,'Petrarch's Conception of the "Dark Ages"', *Speculum* 17(1942):
226-242,重印并收录于 *Medieval and Renaissance Studies*, Eugene F. Rice, Jr
主编(Ithaca, NY, 1959),106-129。关于彼特拉克,另见 Garin, *Italian
Humanism*; *Trinkaus, In Our Image*; *J. H. Whitfield, Petrarch and the
Renascence*(Oxford, 1943);Ernest Hatch Wilkins, *Life of Petrarch*(Chicago,
1961);Charles Trinkaus, *The Poet as Philosopher*: *Petrarch and the Formation
of Renaissance Consciousness*(New Haven, Conn. ,1976);及 Marjorie O'Rourke
Boyle, *Petrarch's Genius*: *Pentimento and Philosophy*(Berkeley, 1991)。

关于"公民人文主义"在佛罗伦萨共和主义思想背景下的概念及起源,
Hans Baron, *The Crisis of the Early Italian Renaissance*: *Civic Humanism and
Republican Liberty in an Age of Classicism and Tyranny*,修订版(Princeton,
1966)一书开启了争议,遭到 Jerrold E. Seigel, '"Civic Humanism" or
Ciceronian Rhetoric? The Culture of Petrarch and Bruni', *Past and Present*, no.
34(July 1966),3-46 尖锐的批评,也得到 Baron, 'Leonardo Bruni:
"Professional Rhetorician" or "Civic Humanist"?', *Past and Present*, no. 36
(April 1967),21-27 毫无保留的支持;另见 Seigel, *Rhetoric and Philosophy*。
Hay, *The Italian Renaissance* 倾向于巴龙的观点,而 Gene A. Brucker,
Renaissance Florence(New York, 1969)认为人文主义对佛罗伦萨统治阶级的
渗透更加渐进,此观点在其 *The Civic World of Early Renaissance Florence*
(Princeton, 1977)中也有明显的表达。人文主义论文集 *Renaissance Civic*   229
Humanism: *Reappraisals and Reflections*, James Hankins 主编(Cambridge,
2000)中的文章普遍否定巴龙的论点。关于佛罗伦萨人文主义者真正的社会
状况,Lauro Martines, *The Social World of the Florentine Humanists*, *1390-
1460*(Princeton, 1963)尤有价值,因为作者以档案为依据而不在意理论。
Douglas Biow, *Doctors, Ambassadors, Secretaries*: *Humanism and Professions
in Renaissance Italy*(Chicago, 2002)探讨了若干意大利人文主义者的人文主义
学习和职业生涯的关系。关于人文主义确立为佛罗伦萨精英主流文化的过
程,George Holmes, *The Florentine Enlightenment*(London, 1969);*Florence,
Rome, and the Origins of the Renaissance*(Oxford, 1986)以及 Donald J.
Wilcox, *In Search of God and Self*: *Renaissance and Reformation Thought*
(Boston, 1975)都是有益的叙述。关于萨卢塔蒂为佛罗伦萨确立意大利人文
主义的领导地位所发挥的作用,见 Trinkaus, *In Our Image*; Berthold L.
Ullmann, *The Humanism of Coluccio Salutati*(Padua, 1963);及 Ronald G.
Witt, *Hercules at the Crossroads*: *The Life, Works, and Thought of Coluccio
Salutati*(Durham, NC, 1983)。关于佛罗伦萨共和主义思想后来的接班人马
基雅维利,见 Felix Gilbert, *Machiavelli and Guicciardini*: *Politics and History
in Sixteenth-Century Florence*(Princeton, 1965);Roberto Ridolfi, *The Life of*

Niccolò Machiavelli，Cecil Grayson 译（London，1963）；Sebastian de Grazia，*Machiavelli in Hell*（Princeton，1989）；把马基雅维利和十五世纪佛罗伦萨人文主义者联系在一起，但否定公民人文主义概念的著述，见 Peter Godman，*From Poliziano to Machiavelli：Florentine Humanism in the High Renaissance*（Princeton，1998）。对于佛罗伦萨共和主义思想和共和主义观念后期历程之关联的经典研究，见 J. G. A. Pocock，*The Machiavellian Moment：Florentine Political Thought and the Atlantic Republican Tradition*（Princeton，1975）。佛罗伦萨以外的人文主义常常被忽视，但也不尽然。关于威尼斯，William J. Bouwsma，*Venice and the Defense of Republican Liberty：Renaissance Values in the Age of the Counter-Reformation*（Berkeley，1968）把威尼斯人文主义的发展和其独立所受到的外部威胁联系在一起，和巴龙对佛罗伦萨的分析非常类似；另见 Oliver Logan，*Culture and Society in Venice，1470 - 1790*（London，1972）；和 Margaret L. King，*Venetian Humanism in an Age of Patrician Dominance*（Princeton，1986）。关于罗马的人文主义，见 John F. d'Amico，*Renaissance Humanism in Papal Rome：Humanists and Churchmen on the Eve of the Reformation*（Baltimore，1983）；Charles L. Stinger，*The Renaissance in Rome*（Bloomington，1985）；John W. O'Malley，*Praise and Blame in Renaissance Rome：Rhetoric，Doctrine，and Reform in the Sacred Orators of the Papal Court，c. 1450 -1521*（Durham，NC，1979）；以及 Ingrid Rowland，*The Culture of the High Renaissance：Ancients and Moderns in Sixteenth-Century Rome*（Cambridge，1998）。关于那不勒斯，见 Jerry H. Bentley，*Politics and Culture in Renaissance Naples*（Princeton，1987）。除了威尼斯，意大利人文主义晚期历史常常被忽视；但可见 Eric Cochrane 主编，*The Late Italian Renaissance，1525 -1630*（New York，1970）和他的另一作品 *Florence in the Forgotten Centuries，1527 -1800：A History of Florence and the Florentines in the Age of the Grand Dukes*（Chicago，1973）。意大利文艺复兴后期，严密的审查给人文主义学术界要人带来的困难，在 William McCuaig，*Carlo Sigonio：The Changing World of the Late Renaissance*（Princeton，1989）中有清晰的写照。

关于拉丁和希腊文的古典文学文本的恢复，见 Witt，*Hercules，Holmes，The Florentine Enlightenment*，及 Wilcox，*In Search of God and Self*，更详细的介绍见 R. R. Bolgar，*The Classical Heritage and Its Beneficiaries：From the Carolingian Age to the End of the Renaissance*（Cambridge，1954；重印，New York，1964）；Rudolf Pfeiffer，*History of Classical Scholarship，1300 - 1850*（Oxford，1976）；及 L. D, Reynolds & N. G. Wilson，*Scribes and Scholars：A Guide to the Transmission of Greek and Latin Literature*，2nd edn（Oxford，1974）。关于希腊语学习在西方的发展，见 N. G. Wilson，*From Byzantium to Italy：Greek Studies in the Italian Renaissance*（Baltimore，1992）。Paul Botley，

Latin Translation in the Renaissance(Cambridge，2004)以三名希腊文重要译者为例分析文艺复兴时期的翻译实践(Bruni、Manetti 和伊拉斯谟)。Ann Moss，*Renaissance Truth and the Latin Language Turn*(Oxford，2003)探讨了与人文主义者的拉丁语从中世纪转向人文主义风格的过程有关的智识转变,颇有启发意义。关于洛伦佐·瓦拉,见 Trinkaus,'In Our Image',第三章以降,这是对瓦拉思想评价得最好的英文著述。关于瓦拉著述的具体层面,见 Anthony Grafton，*Joseph Scaliger：A Study in the History of Classical Scholarship*，vol. 1(Oxford，1983)，Chapter 1；Jerry H. Bentley，*Humanists and Holy Writ：New Testament Scholarship in the Renaissance*(Princeton，1983)；关于他对哲学和逻辑的贡献,见 Peter Mack，*Renaissance Argument：Valla and Agricola in the Traditions of Rhetoric and Dialectic*(Leiden，1993)。对于意大利语读者,Franco Gaeta(1955)、Giovanni di Napoli(1971)和 Salvatore Camporeale(1972)做过重要的瓦拉当代研究；德语读者可参考 Hanna-Barbara Gerl，*Rhetorik als Philosophie：Lorenzo Valla*(Munich，1974)。关于波利齐亚诺对古典语言文献学的重要性,见 Anthony Grafton，*Defenders of the Text：The Traditions of Scholarship in an Age of Science，1450 - 1800*(Cambridge，Mass.，1991)，Chapter 2,以及他所著 *Joseph Scaliger*，Chapter 1。

关于文艺复兴时期的教育,尤其是人文主义理论家和学院,William Harrison Woodward，*Vittorino da Feltre and Other Humanist Educators*(Cambridge，1897；重印，New York，1963)，以及 *Studies in Education During the Age of the Renaissance，1400 - 1600*(Cambridge，1906；重印，New York，1967)这两部旧作依然有价值。前者还收录重印了一些重要的教育论文；后者提到某些意大利以外的教育家。Paul F. Grendler，*Schooling in Renaissance Italy：Literacy and Learning，1300 - 1600*(Baltimore，1989)是一个全新的开端,以艰苦繁琐的档案研究为基础；他本人的 *The Universities of the Italian Renaissance*(Baltimore，2002)在大学层面继续了这一研究。他对大学前教育的一些论点受到质疑,见 Robert Black，*Humanism and Education in Medieval and Renaissance Italy*(Cambridge，2001)。关于人文主义课程在实践中的狭隘,见 Anthony Grafton & Lisa Jardine，*From Humanism to the Humanities：Education and the Liberal Arts in Fifteenth and Sixteenth-Century Europe*(Cambridge，Mass.，1986)；R. R. Bolgar，'From Humanism to the Humanities'，*Twentieth-Century Studies* 9(1973)：8 - 21；及 Lisa Jardine，'Humanism and the Sixteenth Century Arts Course'，*History of Education* 4(1975)：16 - 31。关于女性教育,见 Grafton & Jardine，*From Humanism to the Humanities*，Chapter 2；Grendler，Schooling；以及 Margaret L. King，*Women of the Renaissance*(Chicago，1991)；另见 King's 'Booklined Cells：Women and Humanism in the Early Italian Renaissance'，收录于 Rabil 主编，*Renaissance*

231

Humanism，1：434 - 453 和文集 Margaret L. King and Albert Rabil，Jr 主编，*Her Immaculate Hand：Selected Works By and About the Women Humanists of Quattrocento Italy*（Binghamton，NY，1983）。关于女性在文艺复兴文化中的地位，一篇质疑陈规的论文把该话题带入现代语境，见 Joan Kelly，'Did Women Have a Renaissance?'，收录于本人的 *History，and Theory*（Chicago，1984），12 - 50，重印于 Renate Bridenthal 等主编，*Becoming Visible：Women in European History*，2nd edn（Boston，1987），175 - 202。总体上，关于女性在文艺复兴时期的地位，最近的学术研究大多属于社会学，而非智识史的范畴。

　　印刷业的崛起是很多著述的主题，其中最值得一读的是 S. H. Steinberg，*Five Hundred Years of Printing*，2nd edn（Harmondsworth，Middlesex，1961）和 Lucien Febvre & H. J. Martin，*L'Apparition du livre*（Paris，1958）。关于印刷业对文明的长期效果，有若干具有启发性的评述，见 Elizabeth L. Eisenstein，*The Printing Press as an Agent of Change*，2 vols（Cambridge，1979）、*The Printing Revolution in Early Modern Europe*（Cambridge，1983），以及 Marshall McLuhan，*The Gutenberg Galaxy：The Making of Typographic Man*（Toronto，1962）。

232　　关于积极生活和思辨生活的理念冲突、关于人类尊严，可在之前提到的若干书籍中找到文艺复兴时期的讨论，包括 Holmes，*The Florentine Enlightenment*；Garin，*Italian Humanism* 和 Trinkaus，*In Our Image*。关于文艺复兴时期的柏拉图主义，前述克里斯特勒作品中包含重要论文，克里斯特勒还写过菲奇诺研究的权威专著 *The Philosophy of Marsilio Ficino*，Virginia Conant 译（New York，1943；重印，Gloucester，Mass.，1964）。另见其 *Eight Philosophers of the Italian Renaissance*（Stanford，Calif.，1964），以及前文提到的 Garin Trinkaus 的著述。Michael J. B. Allen，*Plato's Third Eye：Studies in Marsilio Ficino's Metaphysics and Its Sources*（Aldershot，1995）中收录重印了他的很多关于菲奇诺的宝贵文章。他对菲奇诺的若干双语版著述的介绍文章也比较重要。关于新柏拉图主义和其他哲学主题，Brian P. Copenhaver & Charles B. Schmitt，*Renaissance Philosophy*（Oxford，1992）是一份重要的参考；另有按专业分章的 *The Cambridge History of Renaissance Philosophy*，Charles B. Schmitt & Quentin Skinner 主编（Cambridge，1988）。关于柏拉图主义，有两本重要近期著述是 Arthur Field，*The Origins of the Platonic Academy of Florence*（Princeton，1988）；James Hankins，*Plato in the Italian Renaissance*，2nd edn，2 卷（Leiden，1991）。其中大部分著述还提到与菲奇诺及其门徒有关的神秘学、魔法和宗教普救主义。Wayne Shumaker，*The Occult Sciences in the Renaissance：A Study in Intellectual Patterns*（Berkeley，1972）是一份不错的介绍，最近的文集 *Hermeticism and the Renaissance：Intellectual History and the Occult in Early Modern Europe*，Ingrid Merkel & Allen G. Debus 主编

（Washington，1988）是有益的补充。关于文艺复兴时期柏拉图主义的神秘主义思想，如果学生想只读一本书，可以选择 D. P. Walker，*Spiritual and Demonic Magic from Ficino to Campanella*（London，1958；重印，Nendeln，Liechtenstein，1969），不过同一作者的 *The Ancient Theology：Studies in Christian Platonism from the Fifteenth to the Eighteenth Century*（Ithaca，NY，1972）也值得一读。Frances Yates 也写了几本关于这一主题的书，其中最重要的是 *Giordano Bruno and the Hermetic Tradition*（Chicago，1964）。未被柏拉图主义吸引的佛罗伦萨智识分子见 Holmes，*The Florentine Enlightenment*。关于人文主义和艺术中的佛罗伦萨新柏拉图主义，马克思主义视角的解读见 Alfred von Martin，*Sociology of the Renaissance*，W. L. Luetkens 译（London，1944；重印，New York，1963；德文原版 1932）；Friedrich Antal，*Florentine Painting and its Social Background*（London，1948）；及 Arnold Hauser，*The Social History of Art*（New York，1952）。关于意大利文艺复兴时期的艺术通史，过去的标准研究材料是 Heinrich Wölfflin，*Classic Art：An Introduction to the Italian Renaissance*，Peter &Linda Murray 译，2nd edn（London，1953）；Bernard Berenson，*Italian Painters of the Renaissance*（London，1938；重印，New York，1957）；还有 Erwin Panofsky，*Studies in Iconology：Humanistic Themes in the Art of the Renaissance*（New York，1939；重印，1972）和 *Renaissance and Renascences in Western Art*，2 卷（Stockholm，1960）。其他较有影响力的著述有 Michael Baxandall，*Giotto and the Orators：Humanist Observers of Painting in Italy and the Discovery of Pictorial Composition*，*1350 - 1450*（Oxford，1971）和 *Painting and Experience in Fifteenth-Century Italy：A Primer in the Social History of Pictorial Style*（Oxford，1972）；J. B. Trapp，*Essays on the Renaissance and the Classical Tradition*（Aldershot，1990）；Anthony Blunt，*Artistic Theory in Italy*，*1450 - 1600*（Oxford，1956）；以及 S. Y. Edgerton，Jr，*The Renaissance Rediscovery of Linear Perspective*（New York，1975）。关于古典影响，见 Panofsky 的著述，以及 Jean Seznec，*The Survival of the Pagan Gods*，Barbara F. Sessions 译（New York，1953）。对个别画家的研究著述数量极多，在此不作讨论。

233

第四、五章（北方人文主义）

关于意大利人文主义文化向其他国家的传播，Hay，*The Italian Renaissance*，第 7 章包含有益的提示，但没有详细展开。Roberto Weiss，*The Spread of Italian Humanism*（London，1964）的标题是意大利，但这本小书有将近一半的篇幅介绍意大利以外的情况。一些文集中有关于不同国家的人文主义的章节，包括 Anthony Goodman and Angus MacKay 主编，*The Impact of Humanism on Western Europe*（New York，1990）；Roy Porter & Mikulás Teich

主编,*The Renaissance in National Context*(Cambridge, 1992),Rabil,Renaissance Humanism,以及 Oberman & Brady,*Itinerarium Italicum*。后者包含关于各个国家的重要论文,著者有 Sem Dresden、Jozef IJsewijn、Denys Hay 和 Lewis W. Spitz。

关于荷兰的现代虔信派是欧洲西北部人文主义的主要来源(之一)的观点,关系最密切的著述是 Albert Hyma,*The Christian Renaissance:A History of the 'Devotio Moderna'*(Grand Rapids, Mich. ,1924;第 2 版,新增五章,Hamden, Conn. ,1965)。在 Hyma 之前,Paul Mestwerdt,*Die Anfänge des Erasmus:Humanismus und 'Devotio Moderna'*(Leipzig, 1917)提出过类似的观点。这一北方人文主义的主要来源也在北方的论点后来成为主流,至今依然有影响力;R. R. Post,*The Modern Devotion:Confrontation with Reformation and Humanism*(Leiden, 1968)固然失于言辞的激烈和冗长,但依然对此观点造成沉重打击,使其难以自续。关于中世纪晚期的人文主义先驱,见 Beryl Smalley,*English Friars and Antiquity in the Early Fourteenth Century*(New York, 1960)和 Franco Simone,*The French Renaissance:Medieval Tradition and Italian Influence in the Shaping of the Renaissance in France*,H. Gaston Hall 译(London, 1969)。关于德国的人文主义先驱,见 Frank L. Borchardt 和 Antonin Hruby 的文章,收录于 Gerhart Hoffmeister 主编,*The Renaissance and Reformation in Germany:An Introduction*(New York, 1977),关于真正意义上的人文主义的后续发展,见 Eckhard Bernstein,*German Humanism*(Boston, 1983)和 *Die Literatur des deutschen Frühhumanismus*(Stuttgart, 1978)。关于西班牙的早期人文主义,见 Jeremy N. H. Lawrance,'Humanism in the Iberian Peninsula',收录于 Goodman & MacKay 主编,*The Impact of Humanism*;关于西班牙文学,见 Otis H. Green,*Spain and the Western Tradition:The Castilian Mind in Literature from El Cid to Calderón*,4 卷(Madison, Wis. ,1963 – 1966)。关于英格兰,Roberto Weiss,*Humanism in England During the Fifteenth Century*,第 2 版(Oxford, 1957)相当详细地记述了这段不为人知的时期。关于早期人文主义者鲁道夫·阿格里科拉,见 Walter J. Ong,Ramus,*Method, and the Decay of Dialogue*(Cambridge, Mass. ,1958;重印,New York, 1974),第 5 章;Theodor E. Mommsen,'Rudolph Agricola's Life of Petrarch',收录于本人的 *Medieval and Renaissance Studies*,第 236 – 261 页;John Monfasani,'Lorenzo Valla and Rudolph Agricola',*Journal of the History of Philosophy* 28(1990):181 – 200;F. Akkerman & A. J. Vanderjagt 主编,*Rodolphus Agricola Phrisius, 1444 – 1485*(Leiden, 1988);以及内容更广泛的 Mack,*Renaissance Argument*。关于尼德兰拉丁语法教学的新趋势,见 Jozef IJsewijn,'The Coming of Humanism to the Low Countries',收录于 Oberman & Brady 主编,*Itinerarium Italicum*,和 James K. Cameron,'Humanism in the Low

234

Countries'，收录于 Goodman & MacKay 主编，*The Impact of Humanism*。

关于大学对于欧洲阿尔卑斯山以北的人文主义传播的作用，直到最近才有人关注。较老的中世纪大学标准史，Hastings Rashdall，*The Universities of Europe in the Middle Ages*，新版，F. M. Powicke & A. B. Emden 主编，3 卷（Oxford，1936）依然有价值，但偏重中世纪盛期，其涵盖时段收尾于 1500 年，靠近结尾年份的篇幅明显减少。若干学者所做的更近期的研究可见 James M. Kittelson & Pamela J. Transue 主编，*Rebirth*，*Reform and Resilience*：*Universities in Transition*，*1300 – 1700*（Columbus，Ohio，1984）。Terrence Heath，'Logical Grammar，Grammatical Logic，and Humanism in Three German Universities'，*Studies in the Renaissance* 18(1971)：9 - 64 是一篇重要的文章，表明人文主义者的语法教学改革提议为何会对经院哲学课程构成整体威胁。James H. Overfield，*Humanism and Scholasticism in Late Medieval Germany*（Princeton，1984）是关于德国大学被人文主义渗透的整体研究；Erika Rummel，*The Humanist-Scholastic Debate in the Renaissance and Reformation*（Cambridge，Mass. ，1995）对 Overfield 的部分结论提出挑战。Charles G. Nauert 的一系列研究从稍为不同的视角解读这一问题，有两篇文章的相关度很高：'The Clash of Humanists and Scholastics：An Approach to Pre-Reformation Controversies'，*Sixteenth Century Journal* 4，no. 1（April 1973）：1 - 18 和 'Humanism as Method：Roots of Conflict with the Scholastics'，*Sixteenth Century Journal* 29(1998)：427 - 438；另有 'Peter of Ravenna and the "Obscure Men" of Cologne：A Case of Pre-Reformation Controversy'，收录于 Anthony Molho & John A. Tedeschi 主编，*Renaissance Studies in Honor of Hans Baron*（De Kalb，Ill. ，1971），609 - 640 页；'Humanists，Scholastics，and the Struggle to Reform the University of Cologne，1523 – 1525'，收录于 James V. Mehl 主编，*Humanismus in Köln / Humanism in Cologne*（Cologne，1991），第 39 – 76 页；还有两份关注面更广的研究，'Humanist Infiltration into the Academic World：Some Studies of Northern Universities'，*Renaissance Quarterly* 43（1990）：799 – 812；及 'The Humanist Challenge to Medieval German Culture'，*Daphnis*：*Zeitschrift für mittlere deutsche Literatur* 15(1986)：277 - 306。过去大部分大学的单行史几乎只关注体制结构，对结构内的教育或智识生活认识有限。两个例外是 Erich Kleineidam，*Universitas Studii Erffordensis*：*Überblick über die Geschichte der Universität Erfurt*，3 卷（Leipzig，1969 - 1983），和 Erich Meuthen，*Kölner Universitätsgeschichte*，卷 1：Die alte Universität(Cologne，1988)。John M. Fletcher，'Change and Resistance to Change：A Consideration of the Development of English and German Universities During the Sixteenth Century'，*History of Universities* 1(1981)：1 - 36 是很有启发性的比较研究。关于英国大学和人文主义，见内容全面的

Allan B. Cobban, *The Medieval English Universities*: *Oxford and Cambridge to c. 1500* (Berkeley, 1988) 和 Hugh F. Kearney, *Scholars and Gentlemen*: *Universities and Society in Pre-Industrial Britain*, *1500 - 1700* (Ithaca, NY, 1970)。Mark H. Curtis, *Oxford and Cambridge in Transition*, *1558 - 1642* (Oxford, 1959)是一份突破性研究，它所指明的研究方向又得到两项综合研究的完善：James McConica 主编, *The Collegiate University*, *The History of the University of Oxford*, 卷 3, T. H. Aston 主编(Oxford, 1986)和 Damian Riehl Leader, *The University to* 1546, *A History of the University of Cambridge*, 卷
236 1, Christopher Brooke 主编(Cambridge, 1988)。关于法国大学人文主义的学术研究数量稀少。James K. Farge 针对巴黎神学部的研究颇有价值，但和人文主义关系较浅。对于法语读者，Augustin Renaudet, *Préréforme et humanisme à Paris pendant les premières guerres d'Italie*(1494 - 1517), 第 2 版 (Paris, 1953), (初版 1916)仍是未被超越的经典，但其研究对象是巴黎整个智识圈，而不仅仅是大学。关于西班牙大学，见 Richard L. Kagan, *Students and Society in Early Modern Spain*(Baltimore, 1974)。

两篇著述提到阿尔卑斯山以北的预科学校和位于德文特的名校及其伟大的校长 Alexander Hegius: Post, *The Modern Devotion*; 收录于 Oberman & Brady 主编的 *Itinerarium Italicum* 中的 IJsewijn 著述。Susan Karant-Nunn, 'Alas, a Lack: Trends in the Historiography of Pre-University Education in Early Modern Germany', *Renaissance Quarterly* 43(1990): 788 - 798。该标题体现了当代缺乏德国语法学校研究的状况。George Huppert, *Public Schools in Renaissance France*(Urbana, Ill., 1984)是一份有价值的法国市镇学校研究，以十六世纪为主。关于英格兰，见 Joan Simon, *Education and Society in Tudor England*(Cambridge, 1969), 以及 Rosemary O'Day, *Education and Society*, *1500 - 1800*: *The Social Foundations of Education in Early Modern Britain* (London, 1982)。

Lewis W. Spitz, *The Religious Renaissance of the German Humanists* (Cambridge, Mass., 1963)是德国人文主义研究的首要通述，他还著有一名重要早期人文主义者的生平: *Conrad Celtis*, *the German Arch-Humanist* (Cambridge, Mass., 1957)。还有很多关于其他德国人文主义者的有益研究，其中部分收录于 Lewis W. Spitz, *The Protestant Reformation*, *1517 - 1559* (New York, 1985)。Reinhard P. Becker 主编, *German Humanism and Reformation*(New York, 1982); *XVIIIe Colloque International de Tours*: *L'Humanisme allemande*(1480 - 1540)(Paris, 1979); Hoffmeister 主编, *The Renaissance and Reformation in Germany*; 以及 Gerald Strauss 主编, *Pre-Reformation Germany*(London, 1972) 中收录的 Paul Joachimsen 和 Hans Rupprich 的著述，都有阅读的价值。其中最重要的是 Bernd Moeller, 'The

German Humanists and the Beginnings of the Reformation',收录于他的 *Imperial Cities and the Reformation*: *Three Essays*, H. C. Erik Midelfort & Mark U. Edwards, Jr 译(Philadelphia, 1972)。另见 Maria Grossmann, *Humanism in Wittenberg*(Nieuwkoop, 1975);以及 Steven Ozment, *The Age of Reform*, 1250-1550: *An Intellectual and Religious History of Late Medieval and Reformation Europe*(New Haven, 1980),第8章。关于德国人文主义者的代差问题,见 Moeller 的论文和 W. Spitz, 'The Third Generation of German Renaissance Humanists',收录于 Archibald R. Lewis 主编, *Aspects of the Renaissance*(Austin, Tex., 1967)。关于拉韦纳的彼得在科隆的麻烦,见 Nauert(前述)的论文。关于远比前者著名的罗伊希林一案,见 Hajo Holborn, *Ulrich von Hutten and the German Reformation*(New Haven, 1937),以及 James H. Overfield, 'A New Look at the Reuchlin Affair', *Studies in Medieval and Renaissance History* 8(1971): 167-207;同作者 *Humanism and Scholasticism*,第7章的重新分析。Francis Griffn Stokes 修订并翻译 *Letters of Obscure Men* (London, 1909);英文版重印于 *On the Eve of the Reformation*(New York, 1964)。关于尤以德国为重的北方人文主义研究,很多参与新教改革的人文主义者都编撰过,既有支持的、也有反对的。一份解读这一关系的研究是 William J. Bouwsma, 'Renaissance and Reformation: An Essay on Their Affnities and Connections',收录于 Heiko A. Oberman 主编, *Luther and the Dawn of the Modern Era*(Leiden, 1974),第127-149页,重印于 Bouwsma, *A Usable Past*, 第225-246页。

关于法国人文主义,Donald Stone, Jr, *France in the Sixteenth Century*: *A Medieval Society Transformed*(Englewood Cliffs, NJ, 1969)是一份不错的通要。还有已引用的 Simone, *The French Renaissance*。Werner L. Gundersheimer 主编, *French Humanism*, 1470-1600(London, 1969)——尤其是 Eugene F. Rice, Jr 关于勒菲弗·戴塔普勒及其门徒的著述;以及 A. H. T. Levi 主编, *Humanism in France and in the Early Renaissance*(Manchester, 1970),都是有价值的文集。Augustin Renaudet 的 *Préréforme* 及其他若干著述(都是法文);还有 Eugene F. Rice, Jr 主编, *The Prefatory Epistles of Jacques Lefèvre d'Etaples and Related Texts*(New York, 1971)也很重要。关于比代,见 David O. McNeil, *Guillaume Budé and Humanism in the Reign of Francis I*(Geneva, 1975)。Bentley, *Humanists and Holy Writ* 研究了圣经人文主义的起源和意义。很多传记以伊拉斯谟为研究对象。年代较老的标准传记出自 Johan Huizinga(英文初版,1924;重印,Princeton, 1984);年代较新的两份重要研究出自 Cornelis Augustijn(Toronto, 1991)和 Lisa Jardine(Princeton, 1993)。Roland H. Bainton(New York, 1969);Margaret Mann Phillips(London, 1949)两人所著传记,以及 James D. Tracy, *Erasmus, the Growth of a Mind*(Geneva,

237

1972)、*Erasmus of the Low Countries*(Berkeley，1996)，也有一定价值。

关于都铎时期的英格兰人文主义，除了前述大学历史，另见突破性研究 John B. Gleason，*John Colet*(Berkeley，1989)，及 James McConica，*English Humanists and Reformation Politics*(Oxford，1965)，作为后者的补充，还有 Thomas F. Mayer，*Thomas Starkey and the Commonweal：Humanist Politics and Religion in the Reign of Henry VIII*(Cambridge，1989)，以及 Winthrop S. Hudson，*The Cambridge Connection and the Elizabethan Settlement of 1559* (Durham，NC，1980)。关于英国最著名的人文主义者托马斯·莫尔，见 R. W. Chambers(New York，1935)所著老传记，和 Alistair Fox(New Haven，1983)、Richard Marius(1984)的较新作品，另见 J. H. Hexter，*More's Utopia：The Biography of an Idea*(Princeton，1952)、R. S. Sylvester & G. H. Marc'hadour 主编，*Essential Articles for the Study of Sir Thomas More*(Hamden，Conn.，1977)。*Douglas Bush，The Renaissance and English Humanism*(Toronto，1939)是一部具有影响力的解释性研究。另见收录于 Oberman & Brady 主编，*Itinerarium Italicum* 的 Denys Hay 所著论文。

关于人文主义在西班牙的发展，经典著述是 Marcel Bataillon，*Érasme et l'Espagne*，新版，3卷(Geneva，1991)。初版的单卷本(Paris，1937)被译成西班牙语版 *Erasmo y España*(Mexico，1950；重印，1966)，但没有英文版。Lu Ann Homza，*Religious Authority in the Spanish Renaissance*(Baltimore，2000) 对 Bataillon 的一些论点提出了质疑。Green，*Spain and the Western Tradition*、Lawrance，'Humanism in the Iberian Peninsula'也有参考价值。

第六章

关于新教和天主教人文主义者结束宗教冲突、恢复宗教统一的失败尝试，见 Clyde L. Manschreck，*Melanchthon，the Quiet Reformer*(New York，1958)；Elisabeth G. Gleason，*Gasparo Contarini*(Berkeley，1993)。Erika Rummel，*The Confessionalization of Humanism in Reformation Germany*(Oxford，2000)研究了德国宗教改革冲突所导致的人文主义转型。关于古典语言文献学的发展，见前文所引 Bolgar、Pfeiffer、Reynolds & Wilson 的著述，但尤其重要的是 Grafton、Joseph Scaliger 以及 *Defenders of the Text*。后者出色地记述了赫尔墨斯·特里斯墨吉斯忒斯和大法官狄尼修失去地位的过程，并阐明早期语言文献学研究不仅针对文艺文学(*belles lettres*)，也针对很多其他古代文献。关于语言文献学对法律文献和法国中世纪史原始文档的应用，见 Donald R. Kelley，*Foundations of Modern Historical Scholarship：Language，Law，and History in the French Renaissance*(New York，1970)；George Huppert，*The Idea of Perfect History：Historical Erudition and Historical Philosophy in Renaissance France*(Urbana，Ill.，1970)。前文已列出对学校和大学中的人文

主义的研究。耶稣会学校在文艺复兴晚期非常重要,但令人吃惊的是,该主题得到的学术关注很少。英文著述很少,A. Lynn Martin, *The Jesuit Mind: The Mentality of an Elite in Early Modern France*(Ithaca, NY, 1988),第 3 章是有用的材料,但以法国为焦点。要把范围扩大到其他语言,可见仅涵盖德国大学的 Karl Hengst, *Jesuiten an Universitäten und Jesuitenuniversitäten*(Munich, 1981);以及 Gabriel Codina Mir, *Aux sources de la pédagogie des Jésuites* (Rome, 1968);François de Dainville, *Les Jésuites et l'éducation de la société française: La naissance de l'humanisme moderne*(Paris, 1940)。关于人文主义对法国通俗语文学的影响,Marcel Tetel(New York, 1967)和 M. A. Screech (Ithaca, NY, 1979)都提供了针对拉伯雷的有益研究,还有内容更广泛、堪称文化史经典的 Lucien Febvre, *The Problem of Unbelief in the Sixteenth Century: The Religion of Rabelais*, *Beatrice Gottlieb* 译(Cambridge, Mass., 1982;法文原版,1942)。关于古典和人文主义对西班牙文学的影响,Green, *Spain and the Western Tradition*、Gerald Brenan, *The Literature of the Spanish People*(Cambridge, 1965)是有益的指南。关于英国文学, C. S. Lewis, *English Literature in the Sixteenth Century, Exclusive of Drama*(Oxford, 1954)堪称标准指南。关于古典影响通过英国学校传播的主题,一份极有价值的过往研究是 T. W. Baldwin, *William Shakspere's 'Small latine and lesse Greeke'*,2 卷(Urbana, Ill., 1944)。另见 McConica, *English Humanists and Reformation Politics*。

关于北方文艺复兴艺术,Otto Benesch, *The Art of the Renaissance in Northern Europe*,修订版(London, 1965)是过去的标准指南。Jeffrey Chipps Smith, *The Northern Renaissance*(London, 2004)是全面论述该课题的近期研究。关于把意大利人文主义影响传播到北方艺术界的无可争议的第一人丢勒,可见 Erwin Panofsky, *The Life and Art of Albrecht Dürer*, 2 卷(Princeton, 1953)。

第七章

关于亚里士多德在整个文艺复兴时期维持哲学和科学权威地位的课题,Charles B. Schmitt 的研究必不可少,尤其是他的 *Aristotle and the Renaissance* (Cambridge, Mass., 1983)。前文已列出关于文艺复兴时期新柏拉图主义(第 1—3 章)和瓦拉批判亚里士多德、捍卫伊壁鸠鲁哲学的研究;但关于柏拉图主义,另见较老(1926)但依然有影响力的 Ernst Cassirer, *The Individual and the Cosmos in Renaissance Philosophy*, *Mario Domandi* 译(Oxford, 1963)。Jason L. Saunders, Justus Lipsius: *The Philosophy of Renaissance Stoicism*(New York, 1955)研究了文艺复兴时期最突出的新斯多噶哲学。John Herman Randall, Jr, 'The Development of Scientific Method in the School of Padua',

Journal of the History of Ideas 1(1940)：177－206 是研究科学调查的逻辑、强调经院主义而非人文主义发展的前驱性论文。Marie Boas，*The Scientific Renaissance*，*1450－1630*(New York，1962)、Grafton，*Defenders of the Text*，更偏重人文主义学术对自然科学的贡献；但 Thorndike，*History of Magic and Experimental Science*，嘲讽一切人文主义有益于科学的观点，甚至嘲笑文艺复兴人文主义具有历史意义的观念。Robert Mandrou，*From Humanism to Science*，*1480－1700*，Brian Pearce 译(Harmondsworth，1978)是具有启发性的短篇著述。大部分哲学史对中世纪晚期和文艺复兴时期的发展关注甚少，但有两个突出的例外，*The Cambridge History of Renaissance Philosophy*、Copenhaver and Schmitt，*Renaissance Philosophy*(前文均引过)。这两部历史有关于意大利"自然哲学家"的丰富内容。关于这些"自然哲学家"，另见 Kristeller，*Eight Philosophers*，第 6－8 章；Yates，*Giordano Bruno*。Ong，*Ramus*，*Method*，*and the Decay of Dialogue* 是关于彼得·拉米斯的重要研究，Wilbur Samuel Howell，*Logic and Rhetoric in England*，*1500－1700*(Princeton，1956)；Neal W. Gilbert，*Renaissance Concepts of Method*(New York，1960)；Frances A. Yates，*The Art of Memory*(London，1966)同样有帮助。

关于怀疑主义的发展和意义，见 Richard H. Popkin，*The History of Scepticism from Erasmus to Descartes*(Assen，1960)，此书后扩充为 *The History of Scepticism from Erasmus to Spinoza*(Berkeley，1979)。Luciano Floridi，*Sextus Empiricus：The Transmission and Recovery of Pyrrhonism*(New York，2002)，研究了古老的庇罗主义在怀疑主义发展过程中的作用。其他有帮助的研究包括 *Cambridge History*；Copenhaver & Schmitt，*Renaissance Philosophy*；Victoria Kahn，*Rhetoric*，*Prudence*，*and Scepticism in the Renaissance*(Ithaca，NY，1985)；以及 Zachary Sayre Schiffman，*On the Threshold of Modernity：Relativism in the French Renaissance*(Baltimore，1991)。之前章节列出过关于拉伯雷的著述，另见 Barbara C. Bowen，*The Age of Bluff：Paradox and Ambiguity in Rabelais and Montaigne*(Urbana，Ill.，1972)。关于阿格里帕·冯·内特斯海姆思想中的怀疑主义成分，见 Charles G. Nauert，Jr，*Agrippa and the Crisis of Renaissance Thought*(Urbana，Ill.，1965)，第 8、11 章；Michael H. Keefer，'Agrippa's Dilemma：Hermetic Rebirth and the Ambivalence of De vanitate and De occulta philosophia'，*Renaissance Quarterly* 41(1988)：614－653；以及 Christopher I. Lehrich，*The Language of Demons and Angels：Cornelius Agrippa's Occult Philosophy*(Leiden，2003)。关

241 于蒙田，较短的传记见 Peter Burke(New York，1982)，较长的传记见 Donald M. Frame(New York，1968)。蒙田《随笔集》现有两个杰出的英译本，分别是 Donald M. Frame(Stanford，Calif.，1948；重印，New York，1960)和 M. A.

Screech（London，1991）。与大部分培根研究不同，Paolo Rossi，*Francis Bacon：From Magic to Science*，Sacha Rabinovitch 译（London，1968）阐释了柏拉图和神秘学影响的重要性；另见 Lisa Jardine，*Francis Bacon：Discovery and the Art of Discourse*（Cambridge，1974）。

索　引^①

---

① 索引中所标页码,均为原书页码,即中译本边页码。——译注

245

68,70；influence on Celtis（对策尔蒂斯的影响），117；influence on Colet（对科利特的影响），123；influence on Italian 'philosophers of nature'（对意大利"自然哲学家"的影响），211－212；influence on Lefèvre d'Etaples（对勒菲弗·戴塔普勒的影响），122；influence on Reuchlin（对罗伊希林的影响），116；occultist interests（对神秘学的兴趣），70，71－73，217；philosopher（哲学家），not humanist（不是人文主义者），69，205；philosophy minimizes need for grace（哲学减少对优雅的需求），73；on Platonic love（论柏拉图式爱情），69，181；translates Plato（翻译柏拉图），Hermes（赫尔墨斯），and Neoplatonists（及新柏拉图主义者），68－69；uncritical towards sources（对来源不加批判），175；vernacular translation of Plato's *Symposium*（翻译柏拉图《会饮篇》的通俗语版本），181；另见 Plato/Platonism/Platonists（（柏拉图/柏拉图主义/柏拉图主义者）Neoplatonism/Neoplatonists（新柏拉图主义/新柏拉图主义者））

Filelfo（菲莱尔佛），Francesco（弗朗切斯科），37

Fisher（费雪），John（约翰），bishop of Rochester（罗切斯特主教），126，129，162，163，192，195，196

Flemmyng（弗莱明），Robert（罗伯特），108

Florence（佛罗伦萨），123，191；and birth of Renaissance art（和文艺复兴艺术的诞生），83；centre of early humanism（早期人文主义中心），26－27，60；cultural hegemony in Quattrocento（在十五世纪意大利的文化霸权），25－28；cultural change in Medicean period（在美第奇统治期间的文化变迁），66，69，73－74；culturally backward in Middle Ages（中世纪的文化倒退），6；republican ideology did not imply democracy（共和理念不代表民主），33－34；Rome replaces as cultural centre（罗马取代了文化中心的地位），60，95；social matrix for humanism（人文主义的社会构成），13－14

Fracastoro（弗拉卡斯托罗），Girolamo（吉罗拉莫），213

Francis I（弗兰西斯一世），king of France（法国国王），153，178，183，191，216

Frederick III（腓特烈三世），emperor（皇帝），117

Frederick（（腓特烈）the Wise（智者）），elector of Saxony（萨克森选侯），142，168

Free（弗里），John（约翰），108

Freiburg-im-Breisgau（弗莱堡），167

Froben（弗罗本），Johann（约翰），155，163，164；Froben press（弗罗本出版社），167

Frulovisi（弗鲁洛维西），Tito Livio（蒂托·利维奥），108

Gaguin（加甘），Robert（罗贝尔），120，122，156，157；not a religious reformer（不是宗教改革者），151

Galen（盖伦），213

Gropper(格罗佩尔),Johannes(约翰内斯),173

Grünewald(格吕内瓦尔德),Matthias(马蒂亚斯),188

Guarini(瓜里尼),Battista(巴蒂斯塔),110

Guarini(瓜里尼),Guarino(瓜里诺),of Verona(维罗纳的),37,53,57,91,
108,109

Gunthorpe(冈瑟欧佩),John(约翰),109

Haneron(哈奈隆),Antonius(安东尼厄斯),111-112

Haskins(哈斯金斯),Charles Homer(查尔斯·霍默),3

Hauser(豪泽),Arnold(阿诺尔德),73

Hay(海),Denys(德尼斯),3

Hebrew studies(希伯来语学习),74,116;salaried chair at Wittenberg(维滕贝格
的带薪讲师职位),142

Hegius(黑吉乌斯),Alexander(亚历山大),105-106,114,134,155

Henry(恩里克),king of Navarre((纳瓦拉国王)Henry IV(亨利四世),king of
France(法国国王)),219

Henry II(亨利二世),king of France(法国国王),191

Henry V(亨利五世),king of England(英格兰国王),108

Henry VI(亨利六世),king of England(英格兰国王),108,109,127

Henry VII(亨利七世),king of England(英格兰国王),109,126,192

Henry VIII(亨利八世),king of England(英格兰国王),123,125,157,161 162,
191,192,193,194-195,196

Hermes Trismegistus/Hermetic literature(赫尔墨斯·特利斯墨吉斯忒斯/赫尔
墨斯文献),70-71,74,222;Bruno regards as divine revelation(布鲁诺视其为
神启),212;influence on Lefèvre d'Etaples(对勒菲弗·戴塔普勒的影响),
122;influence on Reuchlin(对罗伊希林的影响),116;intellectual shoddiness
(智识上的杂劣),218;proved inauthentic by Casaubon(被卡索邦证伪),175;
source of ancient wisdom(古代智慧的来源),68,70,211,217;translated by
Ficino(被菲奇诺翻译),68

Herrera(埃雷拉),Fernando de(费尔南多·德),186

Hochstraten(霍赫斯塔顿),Jakob von(雅各布·冯),146,147-148

Hofmann(霍夫曼),Crato(克拉托),114

Holbein(霍尔拜因),Hans(汉斯)the Younger(小),191

Hotman(奥特芒),François(弗朗索瓦),176,177

Howard(霍华德),Henry(亨利),earl of Surrey(萨里伯爵),184

human nature(人性):according to Quattrocento humanists(根据十五世纪意大
利人文主义者的观点),65-66;in Ficino's philosophy(在菲奇诺的哲学中),

247

early life and studies(早期生活和学习),74－75;human nature(人性),treatise on(论著),69,74－76;influence on Italian 'philosophers of nature'(对意大利"自然哲学家"的影响),211;influence on Lefèvre d'Etaples(对勒菲弗·戴塔普勒的影响),122;influence on Reuchlin(对罗伊希林的影响),116;occultist interests(对神秘学的兴趣),74－75;Platonic philosopher(柏拉图主义哲学家),not humanist(不是人文主义者),69,76,205;religious universalism(宗教普世主义),75;studies Hebrew language and Cabala(学习希伯来语和密宗),74

Piero della Francesca(皮耶罗·德拉·弗兰切斯卡),92－95,188

Pirckheimer(皮克海默),Willibald(维利巴尔德),103

Pistoris(皮斯托利),Maternus(马特),139

Pithou(皮图),Pierre(皮埃尔),177

Plato/Platonism/Platonists((柏拉图/柏拉图主义/柏拉图主义者)Neoplatonism/Neoplatonists(新柏拉图主义/新柏拉图主义者)),9,35,66,67,74,76,123,175,187,198,212,218;affinity to despotic regimes(和极权政体的密切关系),73－74;appeals to small elite(吸引少数精英),70;Council of Ferrara-Florence stimulates(费拉拉—佛罗伦萨大公会议的激发),67;Ficino's Platonic Academy(菲奇诺的柏拉图学园),68,70;and Florentine culture(和佛罗伦萨文化);69,73－74;influence on Colet(对科利特的影响),123;influence on Italian 'philosophers of nature'(对意大利"自然哲学家"的影响),211－212;influence on Lefèvre d'Etaples(对勒菲弗·戴塔普勒的影响),122,152;influence on Reuchlin(对罗伊希林的影响),116;and magic(和魔法),71－73;influenced by late Byzantine culture(受晚期拜占庭文化影响),67－68;medieval familiarity with(中世纪对……的熟悉),67;and modern philosophy(和现代哲学),215;opinions on human nature(对人性的看法),72,75－76;Platonic love(柏拉图式爱情),69,181;popularized in vernacular translations and literature(通过通俗语翻译和文学流行),77,181,185;and Renaissance art(和文艺复兴艺术),95,97;result of Greek revival(希腊文复兴的结果),37－38;source for More's *Utopia*(莫尔《乌托邦》的源头),124;universities did not teach(大学不教授……),206;works of Plato and major Neoplatonists translated by Ficino(菲奇诺翻译的柏拉图和主要新柏拉图主义者著述),68－69;另见 Ficino(菲奇诺),Marsilio(马尔西利奥);Pico della Mirandola(比科·德拉·米兰多拉),Giovanni(乔瓦尼)

Pléiade(昴七星),the(French poets(法国诗人)),183－184,219

Pletho(卜列东),Georgios Gemistos(乔治斯·格弥斯托士),67－68

Pliny the Elder((老普林尼)Caius Plinius Secundus(盖尤斯·普林尼乌斯·塞昆都斯)),38,92,198;*Natural History* replaces Aristotle at Wittenberg(《自然

251

253

exclusion from Latin schools(被拉丁语学校拒收的后果),55－56;exceptional educated women face social discrimination(受过教育的女性特例面临社会歧视),56;lack of educational opportunities(缺乏教育机会),55－56;marriage as impediment to intellectual aspirations(婚姻是智识追求的障碍),56－57;misogyny and social restrictions(女性歧视和社会限制),54－56;printing and vernacular translations mitigate exclusion(印刷术和通俗语翻译缓解了……被智识圈排斥的状况),55
Wyatt(怀亚特),Sir Thomas(勋爵托马斯),184
Wykeham(威克姆的),William of(威廉),bishop of Winchester(温彻斯特),126
Wyle(怀尔),Niclas von(尼克拉斯·冯),110

Ximenes de Cisneros(希梅内斯·德·西内罗),Francisco(弗朗西斯科),Cardinal(红衣主教),131

Zoroaster(琐罗亚斯德),as source of ancient wisdom(作为古代智慧来源),74,211
Zwingli(茨温利),Huldrych(乌尔里希),169

上海三联人文经典书库

已出书目

（上、下） ［美］亨利·富兰克弗特　著　郭子林　李　岩　李凤伟　译

15.《大学的兴起》 ［美］查尔斯·哈斯金斯　著　梅义征　译

16.《阅读纸草，书写历史》 ［美］罗杰·巴格诺尔　著　宋立宏　郑　阳　译

17.《秘史》 ［东罗马］普罗柯比　著　吴舒屏　吕丽蓉　译

18.《论神性》 ［古罗马］西塞罗　著　石敏敏　译

19.《护教篇》 ［古罗马］德尔图良　著　涂世华　译

20.《宇宙与创造主:创造神学引论》 ［英］大卫·弗格森　著　刘光耀　译

21.《世界主义与民族国家》 ［德］弗里德里希·梅尼克　著　孟钟捷　译

22.《古代世界的终结》 ［法］菲迪南·罗特　著　王春侠　曹明玉　译

23.《近代欧洲的生活与劳作(从 15—18 世纪)》 ［法］G.勒纳尔　G.乌勒西　著　杨　军　译

24.《十二世纪文艺复兴》 ［美］查尔斯·哈斯金斯　著　张　澜　刘　疆　译

25.《五十年伤痕:美国的冷战历史观与世界》(上、下) ［美］德瑞克·李波厄特　著　郭学堂　潘忠岐　孙小林　译

26.《欧洲文明的曙光》 ［英］戈登·柴尔德　著　陈　淳　陈洪波　译

27.《考古学导论》 ［英］戈登·柴尔德　著　安志敏　安家瑗　译

28.《历史发生了什么》 ［英］戈登·柴尔德　著　李宁利　译

29.《人类创造了自身》 ［英］戈登·柴尔德　著　安家瑗　余敬东　译

30.《历史的重建:考古材料的阐释》 ［英］戈登·柴尔德　著　方　辉　方堃杨　译

31.《中国与大战:寻求新的国家认同与国际化》 ［美］徐国琦　著　马建标　译

32.《罗马帝国主义》 ［美］腾尼·弗兰克　著　宫秀华　译

33.《追寻人类的过去》 ［美］路易斯·宾福德 著 陈胜前 译

34.《古代哲学史》 ［德］文德尔班 著 詹文杰 译

35.《自由精神哲学》 ［俄］尼古拉·别尔嘉耶夫 著 石衡潭 译

36.《波斯帝国史》 ［美］A.T.奥姆斯特德 著 李铁匠等 译

37.《战争的技艺》 ［意］尼科洛·马基雅维里 著 崔树义 译 冯克利 校

38.《民族主义：走向现代的五条道路》 ［美］里亚·格林菲尔德 著 王春华等 译 刘北成 校

39.《性格与文化：论东方与西方》 ［美］欧文·白璧德 著 孙宜学 译

40.《骑士制度》 ［英］埃德加·普雷斯蒂奇 编 林中泽 等译

41.《光荣属于希腊》 ［英］J.C.斯托巴特 著 史国荣 译

42.《伟大属于罗马》 ［英］J.C.斯托巴特 著 王三义 译

43.《图像学研究》 ［美］欧文·潘诺夫斯基 著 戚印平 范景中 译

44.《霍布斯与共和主义自由》 ［英］昆廷·斯金纳 著 管可秾 译

45.《爱之道与爱之力：道德转变的类型、因素与技术》 ［美］皮蒂里姆·A.索罗金 著 陈雪飞 译

46.《法国革命的思想起源》 ［法］达尼埃尔·莫尔内 著 黄艳红 译

47.《穆罕默德和查理曼》 ［比］亨利·皮朗 著 王晋新 译

48.《16世纪的不信教问题：拉伯雷的宗教》 ［法］吕西安·费弗尔 著 赖国栋 译

49.《大地与人类演进：地理学视野下的史学引论》 ［法］吕西安·费弗尔 著 高福进 等译 ［即出］

50.《法国文艺复兴时期的生活》 ［法］吕西安·费弗尔 著 施诚 译

51.《希腊化文明与犹太人》 ［以］维克多·切利科夫 著 石敏敏 译

52.《古代东方的艺术与建筑》 ［美］亨利·富兰克弗特 著 郝

海迪　袁指挥　译

53.《欧洲的宗教与虔诚:1215—1515》　[英]罗伯特·诺布尔·斯旺森　著　龙秀清　张日元　译

54.《中世纪的思维:思想情感发展史》　[美]亨利·奥斯本·泰勒　著　赵立行　周光发　译

55.《论成为人:神学人类学专论》　[美]雷·S.安德森　著　叶汀　译

56.《自律的发明:近代道德哲学史》　[美]J. B.施尼温德　著　张志平　译

57.《城市人:环境及其影响》　[美]爱德华·克鲁帕特　著　陆伟芳　译

58.《历史与信仰:个人的探询》　[英]科林·布朗　著　查常平　译

59.《以色列的先知及其历史地位》　[英]威廉·史密斯　著　孙增霖　译

60.《欧洲民族思想变迁:一部文化史》　[荷]叶普·列尔森普　著　周明圣　骆海辉　译

61.《有限性的悲剧:狄尔泰的生命释义学》　[荷]约斯·德·穆尔　著　吕和应　译

62.《希腊史》　[古希腊]色诺芬　著　徐松岩　译注

63.《罗马经济史》　[美]腾尼·弗兰克　著　王桂玲　杨金龙　译

64.《修辞学与文学讲义》　[英]亚当·斯密　著　朱卫红　译

65.《从宗教到哲学:西方思想起源研究》　[英]康福德　著　曾琼　王涛　译

66.《中世纪的人们》　[英]艾琳·帕瓦　著　苏圣捷　译

67.《世界戏剧史》　[美]G.布罗凯特　J.希尔蒂　著　周靖波　译

68.《20世纪文化百科词典》　[俄]瓦季姆·鲁德涅夫　著　杨明天　陈瑞静　译

69.《英语文学与圣经传统大词典》　[美]戴维·莱尔·杰弗里(谢大卫)主编　刘光耀　章智源等　译

70.《刘松龄——旧耶稣会在京最后一位伟大的天文学家》 [美]斯坦尼斯拉夫·叶茨尼克 著 周萍萍 译

71.《地理学》 [古希腊]斯特拉博 著 李铁匠 译

72.《马丁·路德的时运》 [法]吕西安·费弗尔 著 王永环 肖华峰 译

73.《希腊化文明》 [英]威廉·塔恩 著 陈恒 倪华强 李月 译

74.《优西比乌:生平、作品及声誉》 [美]麦克吉佛特 著 林中泽 龚伟英 译

75.《马可·波罗与世界的发现》 [英]约翰·拉纳 著 姬庆红 译

76.《犹太人与现代资本主义》 [德]维尔纳·桑巴特 著 艾仁贵 译

77.《早期基督教与希腊教化》 [德]瓦纳尔·耶格尔 著 吴晓群 译

78.《希腊艺术史》 [美]F.B.塔贝尔 著 殷亚平 译

79.《比较文明研究的理论方法与个案》 [日]伊东俊太郎 梅棹忠夫 江上波夫 著 周颂伦 李小白 吴玲 译

80.《古典学术史:从公元前6世纪到中古末期》 [英]约翰·埃德温·桑兹 著 赫海迪 译

81.《本笃会规评注》 [奥]米歇尔·普契卡 评注 杜海龙 译

82.《伯里克利:伟人考验下的雅典民主》 [法] 樊尚·阿祖莱 著 方颂华 译

83.《旧世界的相遇:近代之前的跨文化联系与交流》 [美] 杰里·H.本特利 著 李大伟 陈冠堃 译 施诚 校

84.《词与物:人文科学的考古学》修订译本 [法]米歇尔·福柯 著 莫伟民 译

85.《古希腊历史学家》 [英]约翰·伯里 著 张继华 译

86.《自我与历史的戏剧》 [美]莱因霍尔德·尼布尔 著 方永 译

87.《马基雅维里与文艺复兴》 [意]费代里科·沙博 著 陈玉聃 译

88.《追寻事实：历史解释的艺术》 ［美］詹姆士.W.戴维森 马克.H. 利特尔著 刘子奎 译

89.《法西斯主义大众心理学》 ［奥］威尔海姆·赖希 著 张峰 译

90.《视觉艺术的历史语法》 ［奥］阿洛瓦·里格尔 著 刘景联 译

91.《基督教伦理学导论》 ［德］弗里德里希·施莱尔马赫 著 刘平 译

92.《九章集》 ［古罗马］普罗提诺 著 应明 崔峰 译

93.《文艺复兴时期的历史意识》 ［英］彼得·伯克 著 杨贤宗 高细媛 译

94.《启蒙与绝望：一部社会理论史》 ［英］杰弗里·霍松 著 潘建雷 王旭辉 向辉 译

95.《曼多马著作集：芬兰学派马丁·路德新诠释》 ［芬兰］曼多马 著 黄保罗 译

97.《自然史》 ［古罗马］普林尼 著 李铁匠 译

欢迎广大读者垂询，垂询电话：021－22895557

图书在版编目（CIP）数据

欧洲文艺复兴的人文主义和文化/［美］查尔斯·G.纳尔特
著；黄毅翔译.—上海：上海三联书店，2018.12
（上海三联人文经典书库）
ISBN 978-7-5426-6506-5

Ⅰ.①欧⋯　Ⅱ.①查⋯②黄⋯　Ⅲ.①文艺复兴-历史-研
究-欧洲　Ⅳ.①K503

中国版本图书馆 CIP 数据核字（2018）第 225964 号

欧洲文艺复兴的人文主义和文化

著　　者 /［美］查尔斯·G.纳尔特
译　　者 / 黄毅翔
责任编辑 / 黄　韬
封面设计 / 徐　徐
监　　制 / 姚　军
责任校对 / 张大伟

出版发行 / 上海三联书店
　　　　　（200030）中国上海市漕溪北路 331 号 A 座 6 楼
邮购电话 / 021-22895540
印　　刷 / 上海展强印刷有限公司

版　　次 / 2018 年 12 月第 1 版
印　　次 / 2018 年 12 月第 1 次印刷
开　　本 / 640×960　1/16
字　　数 / 255 千字
印　　张 / 19
书　　号 / ISBN 978-7-5426-6506-5/K·500
定　　价 / 80.00 元

敬启读者，如发现本书有印装质量问题，请与印刷厂联系 021-66510725